长沙文旅产业价值提升效应研究

李花　夏泽军　著

北京
冶金工业出版社
2021

内容提要

文化与旅游的融合发展是未来旅游发展的新动向。本书将以长沙为例，主要从文化旅游产业发展态势、长沙文化旅游资源、长沙文化旅游产业发展现状、长沙文化旅游产业价值提升路径、长沙文化旅游产品的品牌建设、长沙文旅产业之湘绣以及长沙文旅产业之浏阳河文化旅游产业带等方面探讨长沙文旅产业价值提升。

本书适合于从事文旅产业发展的研究人员，从事文旅产业事业发展及对文旅产业发展感兴趣的读者阅读。

图书在版编目（CIP）数据

长沙文旅产业价值提升效应研究/李花，夏泽军著．—北京：冶金工业出版社，2021.3

ISBN 978-7-5024-8517-7

Ⅰ．①长…　Ⅱ．①李…　②夏…　Ⅲ．①地方文化—旅游业发展—研究—长沙　Ⅳ．①F592.764

中国版本图书馆 CIP 数据核字（2020）第 264726 号

出 版 人　苏长永

地　　址　北京市东城区嵩祝院北巷 39 号　邮编　100009　电话　（010）64027926

网　　址　www.cnmip.com.cn　电子信箱　yjcbs@cnmip.com.cn

责任编辑　夏小雪　美术编辑　郑小利　版式设计　禹　蕊

责任校对　李　娜　责任印制　禹　蕊

ISBN 978-7-5024-8517-7

冶金工业出版社出版发行；各地新华书店经销；北京中恒海德彩色印刷有限公司印刷

2021 年 3 月第 1 版，2021 年 3 月第 1 次印刷

169mm×239mm；12.5 印张；204 千字；189 页

68.00 元

冶金工业出版社　投稿电话　（010）64027932　投稿信箱　tougao@cnmip.com.cn

冶金工业出版社营销中心　电话　（010）64044283　传真　（010）64027893

冶金工业出版社天猫旗舰店　yjgycbs.tmall.com

（本书如有印装质量问题，本社营销中心负责退换）

前　言

旅游依托文化得以发展，文化依托旅游得以传承。步入新时代后，文化与旅游的融合发展成为未来旅游发展的新动向。为推动我国文化产业与旅游业的进一步融合发展，2018 年 3 月，原国家旅游局和原文化部合并，组建文化和旅游部。国家政策的推动以及文化产业与旅游业互动融合发展的生动实践使文旅融合的研究引起了学者们的高度关注。相关研究从自发的、零散的状态逐渐过渡到规范有序的状态，研究的深度和广度都取得了较大进展。

长沙是一个旅游资源十分丰富的城市，是我国首批公布的 24 个历史文化名城之一。20 世纪 90 年代以来，长沙市委市政府就一直非常重视文旅产业资源的开发与建设，并提出要逐步把文化资源大市转变为旅游强市，让长沙走向世界。本书首先梳理文旅产业的相关概念及内涵，然后从长沙市文旅资源分析入手，了解长沙市文旅资源的现状，并在此基础上分析长沙市文旅产业发展现状，并对这些现状进行深入分析，从而找出长沙市文旅产业价值中存在的一些问题，在分析制约因素的基础上，探索出长沙市文旅产业未来发展对策，从而提升长沙文旅产业价值效应，重点围绕以文化产业和旅游产业融合发展为中心内容进行分析，结合长沙特有的红色文化、旅游资源及产业发展现状，探讨如何从价值提升角度进行开发和发展。

本书适用于从事文旅产业发展研究人员、从事文旅产业事业发展及对文旅产业发展感兴趣的读者阅读，在阅读之前希望读者可对长沙市地区的历史文化背景做相关了解，以更好地为阅读本书提供一定基础。

在本书撰写的过程中，作者得到了 2019 年度长沙社科规划重点项目《长沙文旅产业价值提升效应研究》（2019csskkt58）的资助，同时走访了长沙市多个旅游景点，并与文旅产业的行政管理部门的相关工作人员、众多的专家学者和景点管理机构等部门同事展开了深入的交流，更加深入地了解了长沙市文旅产业的发展；并参阅了大量报纸、杂志、网络资料、相关论著等，吸取了其中的有益成果，在此要对他们表示衷心的感谢！

由于时间仓促，在编写过程中难免有疏漏和不妥之处，敬请广大读者对内容提出宝贵的意见和建议，以助我们不断改进和完善。

李　花

2020 年 7 月

目　录

第一章　文化旅游产业发展态势 …… 1
第一节　文化旅游的概念 …… 1
第二节　文化旅游产业的发展趋势 …… 3
一、文化旅游产业相关概念 …… 3
二、文化旅游产业发展原则 …… 5
三、文化旅游产业发展模式 …… 7
四、文化旅游产业发展趋势 …… 9
第三节　长沙发展文化旅游产业的重要意义 …… 15
第四节　文化旅游融合应注重创造更大价值 …… 16
一、文化≠旅游 …… 16
二、文化产业价值≠旅游产业价值 …… 19
三、产业价值是文旅融合的关键 …… 20
第二章　长沙文化旅游资源 …… 22
第一节　长沙文化旅游资源概况 …… 22
一、长沙概况 …… 22
二、长沙的区位特征 …… 23
三、长沙的地脉特征 …… 25
四、长沙的文脉特征 …… 28
第二节　长沙文化旅游资源的分类 …… 29
第三节　长沙文化旅游资源的特点 …… 31

第三章　长沙文化旅游产业发展现状……32
第一节　长沙文化旅游产业 SWOT 分析……32
一、优势……32
二、劣势……35
三、机遇……39
四、威胁……42
第二节　长沙文化旅游产品的开发……45
一、文化旅游综合体是文化旅游开发的重点……45
二、演艺节庆产品成为文化旅游盈利引爆点……46
三、文化旅居成为文化旅游产品核心吸引物……47
四、文创产品成为文化旅游传播的载体……49
五、分权与共享创新文旅产品……50
六、文化媒介跨界旅游营销大有可为……52
七、研学类文旅教育产品发展潜力大……53
八、旅居生活方式的打造成为主流趋势……55
第三节　长沙文化旅游产品的市场营销……57
一、旅游产品营销现状……57
二、旅游营销渠道现状……58
三、文化旅游促销现状……58
第四章　长沙文化旅游产业价值提升路径……60
第一节　科学制定发展规划，突出长沙旅游发展优势……60
第二节　整合资金使用机制，注重每个景区的重点景区建设及基础设施的再建……61
第三节　加大宣传促销力度，拓宽外引内联的旅游市场……61
第四节　改善和优化文化旅游发展环境，做好文化旅游配套设施建设……62
一、旅游交通……63
二、旅游住宿……63
三、旅游餐饮……63

四、旅游娱乐………………………………………………………… 64
五、旅游信息系统建设………………………………………………… 64
第五节 建立政府主导、市场运作的发展机制……………………… 64
一、转变政府角色……………………………………………………… 64
二、培育文化旅游龙头企业…………………………………………… 67
三、建立健全智慧营销市场推广机制………………………………… 68
四、建立权变营销市场推广机制……………………………………… 68
五、实施整合营销市场推广机制……………………………………… 69
第六节 建立多元化投融资机制……………………………………… 70
一、构建政府引导型的文化旅游产业融资模式……………………… 70
二、不同类型文化旅游产业融资方式的选择………………………… 87
三、选择适合文化旅游企业不同生命周期的融资渠道……………… 95
四、构建和完善文化旅游企业产业融资支持的保障体系…………… 99
第七节 建立以旅游业为引擎的产业联动发展机制 ………………… 105
一、发展文化旅游产业的可行性 ……………………………………… 105
二、文化旅游产业的推动及关联性 …………………………………… 105
三、长沙文化旅游产业联动发展对策 ………………………………… 106
第八节 建立生态环境和文化资源保护机制 ………………………… 109
一、生态环境保护机制 ………………………………………………… 109
二、文化资源保护机制 ………………………………………………… 111
第九节 建立人才保障机制 …………………………………………… 114
一、强化人才意识 ……………………………………………………… 115
二、加强旅游人才教育培训工作 ……………………………………… 115
三、加大旅游人才培养力度 …………………………………………… 117
四、加强文化旅游创意人才的培养 …………………………………… 118
五、培育发展旅游人才市场 …………………………………………… 119
第十节 创新文化旅游产品的设计及定位，打造长沙特有的品牌 …… 119
一、长沙旅游业对外宣传口号应该更为鲜明和成熟 ………………… 119
二、创新文化旅游项目的形式 ………………………………………… 120
三、故事性促进文化深度体验 ………………………………………… 120
四、拓宽文化旅游纪念品消费市场，深化纪念品文化开发层次 …… 121

五、挖掘开发长沙历史无形资源 …… 122
第十一节 运用四大战略，整体提升长沙文化旅游竞争力 …… 122
一、质量战略 …… 122
二、科技战略 …… 123
三、人才战略 …… 123
四、参与性战略 …… 124
第十二节 加大政策扶持力度 …… 124
一、加大财政资金投入，加强资金使用监管 …… 124
二、实行积极的财税政策，吸引多元化投资主体 …… 125
三、采取多种方式回报，鼓励资助行为 …… 125
第十三节 加强组织领导 …… 126

第五章 长沙文化旅游产品的品牌建设 …… 127

第一节 长沙文化旅游产品的品牌定位 …… 127
一、当前定位 …… 127
二、理想定位 …… 128
第二节 长沙文化旅游的形象塑造 …… 129

第六章 长沙文旅产业之湘绣 …… 132

第一节 湘绣市场业态演进 …… 132
一、湘绣市场业态演进 …… 132
二、湘绣产业发展模式创新——以湘绣城为例 …… 134
第二节 湘绣文化旅游及其形成机制 …… 137
一、湘绣文化旅游概念界定 …… 137
二、湘绣文化旅游形成机制 …… 138
第三节 湘绣文化旅游基本属性 …… 157
一、学术界对于旅游属性和文化旅游特征的界定 …… 158
二、湘绣文化旅游的概念及属性 …… 158
三、湘绣文化旅游属性分析 …… 159
第四节 湘绣文化旅游适应机制 …… 163
一、湘绣文化旅游现状 …… 164

二、湘绣文化旅游主体适应分析——重点是“时空促绣”战略 …… 164
三、湘绣文化旅游客体适应分析——重点是“形象塑绣”战略 …… 169
四、湘绣文化旅游通道适应性分析——重点是“规划助绣”战略和“产业强绣”战略 …… 173
五、湘绣文化旅游的本体适应性分析——重点是“品牌立绣”和“特色兴绣”战略 …… 178
六、湘绣文化旅游适应性机制 …… 181

第七章　长沙文旅产业之浏阳河文化旅游产业带 …… 183

第一节　浏阳河文旅产业带概述 …… 183
第二节　浏阳河文旅产业带的现状分析 …… 184
第三节　提升浏阳河文旅产业带发展水平的建设思路 …… 185
一、综合统筹，全面铺开基础设施重点项目建设 …… 185
二、文化复兴，集中诠释湖湘历史文化核心特质 …… 186
三、推动产业带走产业集成的旅游发展模式 …… 186
四、用创意旅游的理念指导产业带旅游开发 …… 187
五、多方融合开拓产业带旅游价值体系 …… 187
六、双向联动促进旅游产业链价值增值 …… 188
七、全面协同实现产业带动态平衡发展 …… 188
八、筑巢引凤，充分发挥产业对人才的聚集效应 …… 189

参考文献 …… 190

第一章　文化旅游产业发展态势

第一节　文化旅游的概念

“文化旅游”这个概念是于1977年上海文艺出版社出版的书名为《旅游学——要素·实践·基本原理》当中首次提出的。书中指出，“文化”一词囊括了旅游的不同方面，并且人们可以借助文化媒介达到探索不同行业之间存在的深层想法。根据世界旅游组织于1985年对文化旅游做出的定义可以看出，认为文化旅游指的是人们为了进一步探索彼此之间存在的深层想法实施的旅行，换言之，指的是以具体的载体或者是表达方式为沟通和表达桥梁，让广大游客能够身临其境地切身感受到不同地区的旅游文化内涵，同时也能够让广大旅游爱好者体验到丰富的旅游活动，具有十分深远的意义。根据Reisinger（1994）的研究提出，对于文化旅游做出的定义为“针对特定地区存在特殊爱好的游客，同时带着一定的目的去体验地方性的特色旅游项目，可以是游玩也可以是了解地方的旅游文化。文化旅游不单单囊括了历史文化遗产旅游，同时还囊括了地方的文学以及艺术，还有风俗习惯等，较为常见的如部分地区开展的民族宗教活动以及有着较强地方特色的风味小吃，还有地方的特色音乐舞蹈以及戏剧，同时也囊括了体育赛事等，农家乐也被纳入到了文化旅游范畴中”。

从整体来看，我国文化旅游行业的整体发展起步非常晚。根据国内学者对我国文化旅游发展方面的研究可以看出，主要的研究内容都是在国外部分权威机构对于文化旅游行业发展的研究基础之上进行的。针对文化旅游的具体概念，因为概念本身存在十分丰富的内涵以及外延，并且国内学术界也分别从不同的剖析视角提出了关于文化旅游的独特看法。在我国，有关文化旅游这个词语概念的提出，最早可以追溯到魏小安（1987）在其编撰的《旅游文化与文化旅游》文章中。但是，我们从这篇文章中也可以看出，魏小安并未对文化旅游做出明确的概念界定，只提出关于旅游活动对爱好旅游的人而言是有着较强经济性的一类文化活动。如今，随着我国文化旅游产业在全球范围内的快速发展，越来越多的国内学者也纷纷对文化旅游产业展开了多个视角的研究，关于文化旅游的相关话题也成了社会的热点问题。对于国内众多学者针对“文化旅游”的具体概念的研究，主要可以将其整理为以下几个观点：

（1）从学科这一角度进行分析，指出文化旅游可归入到旅游的某种类型。比如，徐娥和黄震方（2005）二者均指出，文化旅游指的是旅游者为了充分实现某种特殊的、不同于大众审美的文化感受，将会对旅游资源的具体内涵做出深入的体验，进而实现全方位的文化以及精神享受的旅游类型。

（2）文化旅游可以看成是一种产品。比如蒙吉军和崔凤军（2001）二者均指出，文化旅游指的是提供旅游产品的一方为消费旅游产品的一方提供的主要以学习以及研究和考察其游览国家（或者是地区）文化的某些方面为主要核心的旅游产品，常见的有历史文化旅游以及文学旅游，还有民俗文化旅游等。

（3）文化旅游被认为是一种意识或观念形态。比如林岚（2002）指出，文化旅游指的是以传统文化的内在价值为根本依据，并且以行、吃、住、游、购、娱六大要素为重要依托，在旅游主体、客体以及介体和旅游等要素之间展开研究所表现出的相互关系为重要基础，在开展旅游活动进程中进而形成的一种观念形态和外在表现的总和。此外，郭丽华（1999）也指出：“文化旅游并不只是一个孤立存在的旅游产品，相反的，文化旅游是观念意识的一种反映，同时也是旅游经营人员对旅游产品进行设计的一种思维，更是广大旅游者开展旅游活动十分重要的一种方法”。因此，从这里我们可以看出，旅游属于文化产业的一种。旅游者出行的根本动机均是为了暂时离开当前所处的较为熟悉环境，并且去到一个自己并不是十分熟悉或者是十分不熟悉的地方去尝试某种新的生活体验，进而达到丰富自身阅历的目的。然而，旅游的具体项目以及目的必然会对文化量带来决定性影响，除了传统的旅游项目之外，还存在许多能够满足某些专门目的而实施的旅游活动，常见的有汉诗旅游、书法学习旅游以及历史探秘旅游，还有名人足迹寻游以及民族风俗旅游等。不同的旅游项目有着不同的主题，可谓旅游种类众多，而且文化寓意深厚。

我们从国内外学者对于文化旅游的研究角度可以看出，国外学者对文化旅游也做出了相应的解释，同时对文化旅游的研究大部分体现在描述性以及概念性方面，大多可归入定性研究，整体缺乏对文化旅游的定量研究。不同的文化旅游内容也是各有特点，而且各有侧重点，分别表现出不同的特长，然而整体都指出了发展文化旅游的核心动机就是文化，为了进一步学习、鉴赏以及考察不同的旅游地区所表现出的文化艺术，掌握地区名胜古迹以及风土人情等不同的文化内容，为了实现在开展旅游体验的过程中能够不断提升对文化的认识、欣赏以及体验，进而提升旅游者的文化品位。

针对文化旅游产业的具体定位，通常将其看成是第三产业当中发展旅游业十分重要的一个分支产业，对这方面有着较强开创性研究观点的是国内著名学者陈永正（2007），他认为文化旅游的最具灵魂的地方是创意，切不可将其笼统地纳入到服务行业当中。由此可以看出，文化旅游产业是从第三产业以及旅游业当中分离出来的，我们可以将其称之为第四产业。

从以上的诸多观念能够看出，针对文化旅游方面的研究，我国国内众多学者的研究结果都存在明显的不足，而且总体并没有形成统一的定论，其根本问题表现在以下几个方面：第一，常常把文化旅游和“旅游文化”的概念混淆；第二，目前还停留在比较浅显的文化类资源开发领域的论述上，缺少系统性和整体性研究；第三，针对文化旅游所表现出的产业属性方面的研究依然不够深入；第四，依然存在泛化以及狭隘化等不同的研究缺陷和倾向。

第二节　文化旅游产业的发展趋势

一、文化旅游产业相关概念

随着我国知识经济的快速发展以及文化产业的逐步兴起，发展文化旅游产业在促进我国国民经济的发展中占有愈发凸显的地位，成为众多地区发展市场经济的支柱性产业。尤其是在经济发展领域，我国的文化旅游业已经创造了巨大的财富，并且具有地方特色及文化特征的文化资源逐步成为地区经济发展十分重要的金字招牌。如今，文化产业作为依据工业标准进行生产以及再生产，实施储存和分配的一种文化产品以及服务。文化产业也可以看成是一个综合性的概念，囊括了多个不同层面的内容。结合国家统计局对此做出的界定可以看出，文化及其相关产业之间可以划分为以下三类：一类属于核心层，主要囊括了新闻服务、版权服务以及出版发行，还有广播电视电影服务以及文化艺术服务等；一类属于外围层，囊括的业务主要有网络文化服务以及文化休闲娱乐服务，还有一些其他类型的文化服务，常见的有广告以及会展等较为新兴的文化产业；还有一类属于相关文化服务层，囊括的内容包含了文化用品以及设备，还有文化产品等方面的生产以及销售。结合文化产业具体的定义可以看出，文化旅游产业可以纳入到文化产业系统中的外围圈层，它是文化产业中十分重要的一个组成门类，并且有着十分明显的特殊性，对于这方面的产业开发需要充分尊重地方文化旅游业所存在的自身特点，进而构建合适且有效的开发模式。

从而可以看出，文化旅游产业可以看成是文化产业以及旅游产业二者相结合的重要结果。并且，这个产业不单单体现出了文化产业固有的特征，同时也兼具了旅游产业自身的优势。此外，这一行业是以发展文化旅游为核心的行业，相比较旅游产业而言，范围在逐步缩小，然而却能充分体现出比较明显的产业特色。此外，文化旅游产业主要是以发展文化旅游资源为核心实施的文化生产以及提供相应的文化产品消费服务的一种经济活动。

因此，文化旅游可以被看成是一种独立存在的文化形态，其表现出的文化特征主要有以下几种：

第一，文化的综合性以及多样性的特征并存，且兼具了创造性。建立在文化旅游载体基础之上呈现出的不同的文化特征也是对不同文化类型做出的综合概括，同时也是作为旅游产品最具核心的六大要素的有效统一。此外，文化旅游本身也继承了十分深厚的中华民族传统文化的内涵及多种优秀成分。此外，文化旅游呈现出的价值观以及审美观都表现出十分明显的相续性特征。然而，文化旅游也表现出了开放性特征，文化旅游属于一种动态文化，并不是由不同的文化进行简单的组合或者是拼凑，它是对不同的文化进行吸收和有效传承的，是通过不同的因素进行有效的作用产生的，最后形成了旅游所能表现出的独特的风格，使得旅游文化机制有着更强的创造力以及生命力。

第二，表现出明显的地域性以及新奇性特征，同时也表现出显著的时间差异性特征。在发展文化旅游的进程当中，因为不同地区所表现出的民族文化有着明显的差异，这导致文化旅游表现出明显的地域性以及差异性特征。除此之外，人们通常选择的出游时间各不相同，因此文化旅游还表现出明显的时间差异性，会随着时间的不断变化，推出不同的文化旅游项目，进而适应当前社会和时代的发展，同时也可以更好地满足广大游客的心理需求。不仅如此，人们的情趣爱好以及价值观念，还有审美标准等都在发生着巨大的变化。因此，文化旅游产业的发展必须坚持与时俱进，让广大游客能够体验到不同的文化旅游项目给游客创造的无限乐趣。

第三，兼具服务性以及经济性特征。文化旅游产业涉及衣、食、住、用、行、游、购、娱等诸多要素，每一个要素都充分体现出了明显的服务性，为游客提供优质并且舒适的服务能够为广大游客带去精神方面的满足。此外，文化旅游同样也是依托上述八大要素进而实现巨大的社会效益并且创造经济价值的。

所以，文化旅游产业在创造巨大的经济效益的过程中，同样要不断发挥着持续性弘扬以及创造不同类型的文化的作用。其根本目的是为了提升人们在旅游过程中获得的体验质量。最近几年来，我国旅游业整体的发展趋势朝着以下方向发展：一方面是实现了旅游业和娱乐休闲业的有效融合；另外一方面是实现了旅游业和餐饮业之间的有效融合；更实现了旅游业和演艺业之间的有效融合。由此可以看出，为了进一步促进我国旅游业整体发展结构的有效调整，必须在旅游业的整体发展进程当中投入大量的文化内容，特别是关于民族文化传播方面的内容。唯有如此，才能够让广大游客在其旅游的时候实现更加生动、丰富并且有趣的文化体验。

二、文化旅游产业发展原则

（一）特色性原则

随着社会的持续发展，我国旅游行业整体的竞争格局呈现出白热化的竞争状态，旅游产业的整体发展也更加重视体现文化内涵，突出以打造地方特色品牌为核心的文化旅游产品，并不单单局限在旅游资源的开发上。所以，在发展文化旅游的过程中，我们应该找到地方旅游资源的发展优势，充分突显自身在发展文化旅游品牌方面的优势，这是十分需要重视的问题。此外，在发展文化旅游产业的过程中，还应当对地方性、民族性的文化做出深入地剖析、塑造以及整合，进一步突出其发展特色，有效突出我国文化旅游发展的内在品质，进而满足广大游客对于文化旅游产品的心理需求，充分地利用地方独具特色和创造性的文化旅游去吸引广大旅游者。如持续深入地挖掘长沙地区独具创新性的文化旅游资源，进而打造出有着明显品牌特性的文化旅游产品，充分彰显出长沙地区文化旅游所表现出的独一无二的文化性质，通过这种方式实现长沙地区文化旅游产业经济收入的增加。

（二）市场导向性原则

随着时代的不断发展和变革，文化旅游的发展必须要坚持走市场化发展导向。换言之，文化旅游业的发展要严格按照市场发展的要求去运作，由政府推动来带动产业的发展，全力推动地域旅游资源的合作发展，充分发挥出市场经济的导向作用。另外，文化旅游产业还应当从传统的用旅游资源去吸引游客为导向朝着市场发展导向不断转变。因此，政府应持续创造有利于文化旅游产业发展的环境，积极引导长沙市文化旅游产业的未来发展方向，加强对长沙市文化旅游市场需求的充分调查以及研究，积极引导长沙市文化旅游产业朝着顺应客源市场需求的方向不断发展。

（三）开发性保护与保护性开发相协调原则

加强对旅游资源的有效开发以及保护本身属于一个矛盾体。在对旅游资源进行开发的过程中，实现开发和保护必然是相互促进又相辅相成的。为充分处理好开发和保护二者之间的关系，切不可过度开发，更不应为了强化对旅游资源的保护而削弱对各项旅游资源开发和利用的活力。因此，我们应当做到，在对各类旅游资源进行开发的时候，应当减少由于旅游开发导致的环境破坏，进而制定更加合理且全面的开发规划，坚决杜绝各种盲目开发、无序开发甚至是掠夺式开发的现象发生。充分创建“谁开发、谁保护，以及谁保护、谁受益”的开发和保护制度。只有这样，才可以保障长沙地区的文化旅游资源能够获得永续利用，全面促进长沙地区文化旅游产业更好的发展，进而实现长沙地区文化旅游产业长期可持续地发展。

（四）综合效益原则

随着长沙地区旅游资源的持续开发，部分重点保护区以及风景名胜区，还有水库以及森林公园等都将不同程度地受到环境方面的威胁，这必然对加强生态环境方面的保护提出了非常高的要求。对此，我们应当坚持以可持续发展理论为根本开展必要的旅游活动，切实保护好旅游生态资源，“实现让环境增值、保障生产和生态发展并重、实现旅游和农业保护齐飞”等，把社会、经济、文化以及环境等诸多效益进行有效地协调以及统一，充分发挥出旅游资源开发和保护的综合效益，实现效益最大化；进一步认识到保护文化意识形态以及实现产业发展的双重重要性，结合不同的文化属性，做到分类指导，进而制定不同类型的政策措施；同时，还要坚持以先进文化发展为导向，树立起产业发展观念，逐渐形成强大的综合效益。

（五）以人为本原则

文化旅游资源有着十分明显的参与性特征，需要广大旅游者积极参与到其中，这必然要求长沙地区发展旅游产业应当坚持以人文本，充分突出文化旅游项目的体验性，吸引广大旅游者积极参与到其中。比如，可以通过举办文化旅游活动的方式吸引游客，如常见的节庆活动以及舞台表演等，这些活动都能很好地吸引广大游客参与到其中。

三、文化旅游产业发展模式

（一）资源导向型发展模式

资源导向型发展模式主要指的是以发展优势资源特色为主要发展导向的一种模式。其中，资源型文化产业作为以发展文化资源为根本的产业，主要囊括了文化旅游业、民俗文化产业以及博览业等。这些文化资源表现出的最大特征在于地域性非常强，有着十分明显的特色和垄断性以及不可模仿和复制性，所以有着十分突出的资源竞争优势。此类模式需要充分结合地方资源优势，进一步分析制约地方文化旅游产业发展的主要因素，进而确定地方文化旅游地的具体开发方向，并且制定出适应旅游地及地方文化旅游产业发展的模式。此类发展模式必须建立在旅游地区的资源特色基础之上，以此作为其独具特殊性的制约因素。对于大部分的文化旅游地而言，制定其有利的发展模式必然需要依据此种模式进行发展，也就是传统所说的资源导向性模式。此类发展模式也属于对旅游资源的直接开发，但是因为缺少对具体的客源市场的深入调查，因此在具体的开发方向上依然存在发展前景不明朗的问题。世界上有非常多的地区运用的就是此类发展模式的案例，比如人们熟知的法国斯特拉斯堡。当游客走在当地的街上，可以深刻地感受到地方文化的浓厚氛围，感受着地方文化的熏陶。斯特拉斯堡地区有很多不同类型的博物馆，常见的有考古、圣母院以及装饰艺术，还有历史、民间艺术以及美术等。多元化的文化娱乐设施营造出了属于斯特拉斯堡特有的文化情调，并且每年吸引了众多游客来到斯特拉斯堡观光旅游。此外，还有“山水城市”桂林，也是以其独具特色的山水景观广为闻名，是我国富有盛名的旅游胜地。桂林地区突出的喀斯特地貌造就了桂林独特的山水旅游资源，富有“桂林山水甲天下”的美誉，并且也是我国广受游客欢迎的休闲旅游城市之一。

（二）市场需求型发展模式

市场需求型发展模式主要指的是以市场需求为核心导向的发展模式。市场需求性发展模式需要对旅游客源的市场需求做出分析，结合地区的文化旅游因素和条件，进而给出有利于发展地区文化旅游的模式。此类模式最大的优点就是可以满足游客对于某种特定文化的旅游需求，实现效益最大化。结合游客对于独特文化的旅游需求，进而推出与此对应的文化旅游产品。其中，市场需求指的是消费者在某个特定时间内，在不同的价格水平条件，愿意并且可以实现购买的数量，也指的是消费者不仅有购买欲望同时也有购买能力的某种需求。在这里，旅游市场需求囊括了主体以及客体两个部分的内容。其中，主体指的是旅游者，而客体指的是旅游资源以及旅游服务治地综合体。文化旅游发展的最终目的是不断满足旅游者的文化消费需求。最近几年来，我国旅游体的文化需求呈现出不同类型的发展趋势，所以文化旅游发展也必然呈现出多样化发展特征。很久以前，游客对于影视剧的追随局限在电视上。但是现在，人们如果想观光影视拍摄场景，只需要到影视基地即可，这些文化旅游资源是近几年来发展比较快的。比如闻名国内外的横店影视城、上海影视乐园、中山影视城等。

（三）政策聚焦型发展模式

政策聚焦型发展模式指的是在对地方旅游产业进行发展的过程中，地方政府执行相应的政策，对推动地方文化旅游产业更好的发展起到明显的作用。对于大部分地区而言，为实现地方文化旅游产业的快速发展，地方政府所发挥出的作用显然是不可忽视的。地方文化旅游产业发展特色的形成和地方政府的政策支持显然是不可分割的。尤其是地方政府对景点开发及建设的投入是十分重要的，主要包含了：第一，地方政府对基础设施建设方面的投入；第二，地方政府对文化旅游项目的推广、公共服务以及人才培训等方面的支持力度；第三，地方政府重点打造的文化旅游项目；第四，地方政府对旅游市场的监督、管理以及诚信建设等。

（四）产业融合的发展模式

旅游产业融合发展指的是旅游产业和相关产业以及旅游产业内诸多行业之间相互渗透和交叉，不同产业之间融合为一个整体，进而形成一个新的产业或者产业链的发展过程。这种产业融合的结果在于不单单满足了我国游客市场的各方面需求，同时也有效节约了行业企业以及机构对于产业发展的投入成本，实现了“1+1>2”的效果（何建民，2011）。文化旅游产业是文化业和旅游业二者融合发展的一项产业。文化旅游产业更是近年来社会上比较热门的话题。换言之，缺乏文化的旅游必然是苍白的，缺少了文化内涵和韵味的旅游产品也是不具有较强市场竞争力以及吸引力的；同样地，失去了旅游推动力的文化必然会失去其发展的活力以及动力。实现文化和旅游二者的深度融合，也是由其根本特性决定的，必然要顺应市场经济的发展潮流和趋势。

文化是促使人类实施旅游活动十分重要的一项推动力，同时也是人文景观最为核心的内涵。由此可以看出，从根本上说，旅游活动也是文化活动的一种。如今，随着我国游客的旅游经验持续增加，游客不单单追求观赏外界自然风貌，更想要体验地方的历史文化以及风土人情。因此，在未来的文化旅游产业发展进程中，我们应当坚持文化和旅游二者紧密融合，进一步增强文化旅游的吸引力。当前，国内遵循此种发展模式的文化旅游案例也非常多，比如上海地区，主要是以促进文化旅游产业的发展为目标，提出了文化资源片区整合发展以及文化创意产业集聚发展，还有历史文化遗产的开发以及利用等诸多模式。

四、文化旅游产业发展趋势

作者结合前人的研究和积累，探讨文旅产业的变革、趋势和商机。

（一）从国内开发到全球链接（全球化）

根据世界旅游及旅行理事会（WTTC）出具的研究报告可以看出，2016年我国持续保持着世界第一大出境旅游客源国以及第四大入境旅游接待国的地位，尤其是在国内6大城市——广州、重庆、北京、上海和成都，还有深圳，如今成为国内旅游业经济收入增长最为迅速的城市。

我国文旅产业经历了漫长的从产业萌芽到今天发展阶段，不管是客源市场还是营业收入，已然成为了世界旅游市场发展最为核心的力量之一。近年来，随着我国“一带一路”倡议的快速推进以及自由贸易政策的持续深化，服务业发展必然进一步促进我国文旅产业的发展，并且为我国文旅产业的发展创造新的机遇。

一是实现国际化产业业态发展。这主要以建立国家公园、体育旅游、主题游乐、水上运动、旅游小镇以及航空运动等，此类文化旅游产业在国际上有着巨大的欢迎度，得到了市场的广泛认可，受到了越来越多年轻游客的青睐。另外，从政策支持角度来看，2016年国家先后出台了一系列支持水上运动、国家公园以及航空运动等文化旅游产业发展的国家政策，有效促进了我国文旅产业实现多元化发展。

二是国外专业文旅机构在中国市场大有作为。这进一步促进国内外旅游服务、休闲产业以及度假产品等的开发、合作以及互动。充分引入国际化的文旅IP是当代文旅产业发展十分重要的路径，诸如迪斯尼、乐高乐园、环球影城、勒芒汽车小镇以及“六旗”主题公园等，众多文旅集团运营的旅游产品在国内实现了良好的发展，同时还衍生出了一系列文旅产品。

三是在全球文化发展背景下实现文化复兴以及“文化自信”。这加强了对历史文化、地域文化、传统文化、民族文化以及品牌文化等文化资源的持续挖掘。尤其是中国的养生文化、茶文化、陶瓷文化和丝绸文化等，均有着非常大的开发空间，实现文旅地产和文旅服务项目地充分结合，进而打造先进的文化旅游IP；实现免税店和文旅自贸区建设二者的有效结合，促进中国文化更好地发展，让世界接受中国文化。

（二）从资源开发到区域扩散

首先，文旅产业的发展要以开发文旅资源为基础。随着我国文化旅游业地快速发展，逐步进入了大众化发展时代，国内旅游消费需求也呈现出多元化发展趋势，对于文化旅游资源的依赖性在逐步弱化，但是对于文化旅游功能的主题性在进一步强化，地方文化旅游资源项目在资源地、地区内部及郊野等地扩散。城市之间交通网络的创建大大缩短了来往两个城市之间的通勤时间，大大加速了地方文旅项目的扩散。

显著的区域扩散效应，不但促进了长沙偏远地区文旅资源的有效开发，更为重要的是有效促进了长沙地区各类文旅资源得到有效开发。特别是原来很多游客并不满意的文旅资源，凭借着差异化发展定位，有效促进了其开发价值的提升。

其次，在以长沙为核心的周边城市群或者是大区域内部，发展文旅产业应凸显出地域性特征。开发文旅地产项目不单单要考虑以发展差异化文旅项目为核心，同时也应当讲究借势发展，诸如可以发展山地旅游以及山地运动项目为主，这类项目也便于营销。一个城市群中各个地区的分工图如图 1-1 所示。

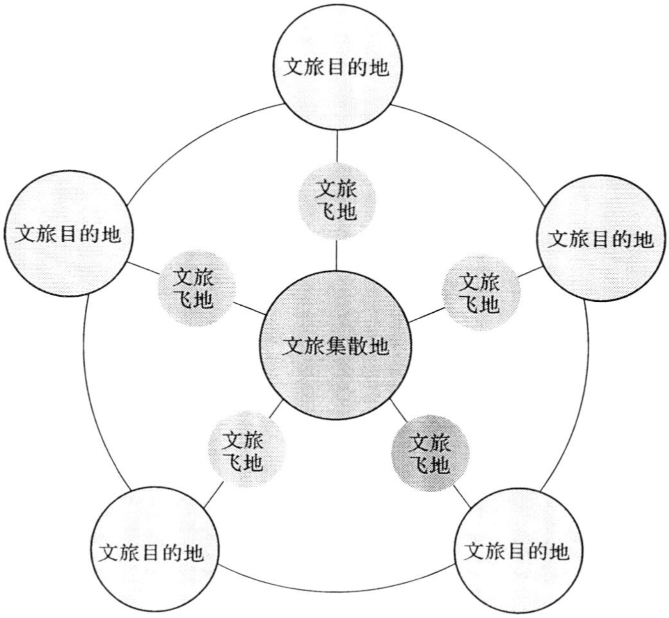

图 1-1　一个城市群中各个地区的分工图

旅游区域化是旅游空间十分重要且核心的问题，不同的文旅项目都需要建立在发展区域中心城市为核心的基础之上，通过不同的旅游类型达到构建完善的旅游产业链的目标。中心城市不单单要建设好城市迎客厅，更应该进一步打造较强的区域优势文化资源以及文旅超级 IP，即打造具有长期生命力及商业价值的文旅项目。

（三）从景区开发到全域旅游（全域化）

在旅游新空间发展结构下，文旅项目的整体发展思路正在慢慢发生转变，已经从传统的以景区发展为重点转为以开发旅游目的地为重点，以建设旅游目的地为核心，进而构建完善的地区旅游空间体系。

传统的旅游要素讲究的是“食、住、行、游、购、娱”，但是，现代旅游发展要素主要包含了“商、养、学、闲、情、奇”等，诸多旅游要素带动了消费业态的升级和创新，这也是发展全域旅游最具创新性的地方。现代文化旅游逐步呈现出没有主题景点的发展趋势，尤其是在“商、养、学、闲、情、奇”等诸多功能的开发上进一步丰富了广大游客的体验；此外，主题乐园也是当下最具热点性的旅游产品，六旗乐园主要是以不同主题的过山车文旅项目为特色；发展休闲旅游主要是以主题酒店为中心，也可以住在民宿里，让广大游客充分融入到地方民众的生活当中，充分了解地方民众的风土人情。

如今，游客也从以前的景点游朝着全域旅游方向转变了，很多商圈已经成了游客的重要去处，比如长沙地区的坡子街以及五一路步行街等。很多本土化的场景也成了广大游客留恋的风景。此外，品质化以及个性化的住宿和餐饮也成了吸引游客十分重要的载体——很多游客会为了美食而去到一座城市，同时也会为了住宿某个酒店而去到某个城市，或者是因为某个民宿而爱上某个城市。如今，民宿产品也受到了众多白领群体的欢迎，民宿能够提供高性价比和具有特色的服务，特别适合家庭出游以及朋友欢聚等个性化的居住需求。

所以，针对发展区域文旅产业而言，实现目的地型度假综合体以及城郊休闲游憩地产地协同发展至关重要，应当充分意识到引入及发展不同特性的文旅产品的重要性，尤其是要加强对文旅产品的“商、养、学、闲、情、奇”等不同功能的有效开发，进而通过打造具有典型特色的美食以及美宿来吸引和留住游客，有效丰富广大游客的旅游体验。

（四）从文旅开发到产业开发（产业化）

人们对于文旅产业链的认识，大部分集中在“吃、住、行、游、购、娱”这几个要素上，对于上下游产业链的发展特征并不是十分明显。如今，随着文旅产业的分工逐步细化，多项文旅产业都实现了迅猛发展。从传统的文旅开发到现代的产业开发，重点体现在发展文旅产业链上。文化旅游产业链如图 1-2 所示。

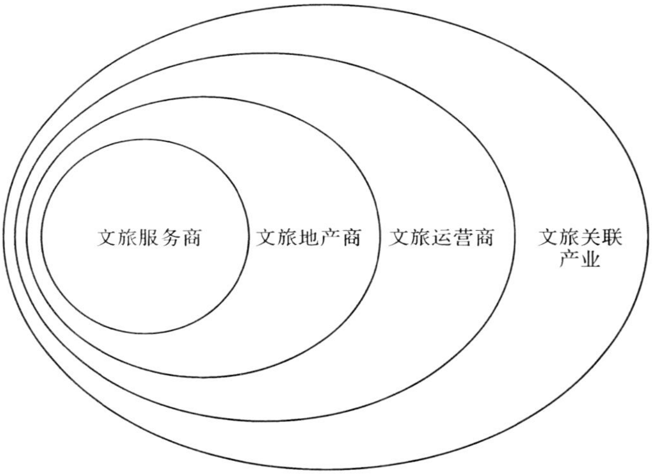

图 1-2　文化旅游产业链

以 Airbnb 为代表的文旅共享经济模式，是对现代文旅产业发展的一场革命。尤其是在美国地区，Airbnb 抢走了大部分传统住宿业将近 20%的休闲以及商务旅客，甚至对传统酒店业带来了巨大的冲击。Airbnb 早在 2016 年首创了“体验”功能，比如新增了手工啤酒的环节，有效地开辟了美国地区的民宿市场。在这之后，国内的自由家、途家网、爱日租以及美租网等，均在尝试发展文旅共享经济。

不仅如此，和文旅产业相关的周边产业同样实现了巨大的发展，主要包含了设计、游戏、金融以及传媒等。游乐经济以及夜游经济等产业都实现了巨大的发展，同时也获益了众多企业，比如方特、东方园林、万达以及利亚德等。如今，运营文旅项目应当充分认识到发展文旅产业链的重要性，充分利用好各大旅游服务平台的入口导流，并且和文旅关联公司建立良好的合作关系。

此外，从以前的文旅开发发展到现在的产业开发主要还体现在“文旅+产业”的发展上。发展文化旅游产业辐射多个不同产业在水平、垂直以及侧向合作，主要涉及的产业包含了健康产业、休闲娱乐、体育产业以及文化创意、教育研学以及会展商贸等。深入探讨我国农业、文旅产业和工业，还有服务业等相关旅游要素的开发，能够为地方旅游产业发展转型创造无穷大的想象空间。

因为有了巨大的发展潜力，当前市场上也出现了关于文旅创客空间之类的概念，实现了文化创意和技术创新二者的有效结合，充分融合了农业、商贸业以及工业等传统行业，同时也激发了艺术、金融、地产、设计、华友会展和交易等不同行业的发展活力，全面推动了诸多新兴产业业态实现创新性发展。开发文旅项目应当充分认识到文旅产业化发展的趋势，还应当充分融入周边产业的发展空间，将有可能实现意想不到的成果。

（五）从关注开发到关注运营（运营化）

最近几年来，我国文旅地产项目实现了快速发展，2013～2015 年期间我国文旅地产年均新增项目 2200 余个。有数据统计显示，截至 2019 年年底，我国的文旅地产项目累计总数超过了 10000 个。随着越来越多的项目从前期的开发阶段进入到现在的运营阶段，未来的竞争必然呈现出白热化发展现象，为有效应对此类竞争，只有通过打造差异化定位和运营来实现。

打造一个广受游客欢迎的文旅项目，并不是一件十分简单的事情，应当从文化、产品以及市场等诸多方面进行深入地策划，同时也应该在开发以及运营阶段做好必要的周密安排，实现产品的迭代升级。比如深圳东部华侨城和乌镇等多个项目都在差异化定位和运营上下了巨大的功夫。

在众多文旅项目当中，华侨城项目算是比较成功的，然而它曾经也做过失败的案例。比如华侨城旗下开发的昆明世博园旅游区以及丽江老君山景区，两个景区都已然成为新型旅游目的地建设的基础，然而因为在后续多年的发展进程中在打造 IP 价值上面缺乏挖掘，在旅游产品迭代上也做的不到位，较难满足广大消费者对于文旅产品的需求，在发展上遭遇了的瓶颈。

文旅项目的运营也体现在内容运营上。在具体的内容运营方面，不一定必须呈现出高大上的内容，需要从文旅项目自身的市场定位、资源特质以及功能特色等诸多方面出发，同时增加休闲以及生活元素，进而营造出独具特色的人文情景，营造出更加美好的体验这是最为关键的。对于此方面的文旅项目运营研究，国内也有相关的成功案例，例如阿那亚的灯光足球场，还有海风酒吧以及图书馆等。乌镇的拈花湾小镇更是构建了一个沉浸式、全景式的东方禅意文化景象，通过把乌镇地区民众的生活和现代都市群体的人文风情进行融合，让消费者感受到乌镇地区的风土人情。

此外，建设完善的服务管理体系也至关重要，主要囊括了基础物业管理和智慧旅游管理，同时也需要新增增值服务平台。物业管理的内容主要囊括了供水、供气、停车场、提供 WIFI 以及卫生环保等。这需要精心设计相关的配套设施，为广大消费者提供具有一定品质的服务，是文旅项目最具亮点的地方；增值服务主要囊括了导游服务、医疗服务、关怀服务、投诉服务以及旅游纪念品等。通过提供此类软性服务的方式为广大消费者提升旅游体验；智慧旅游管理需要通过智慧化手段实现对景点、房屋、酒店、餐饮、游客和车辆等做出有效管理，充分实现绿色节能管理、数字安防以及智能物管等。

第三节　长沙发展文化旅游产业的重要意义

文化旅游产业的发展需要充分实现文化产业和旅游产业的结合，更需要抓住文化和旅游之间的内在联系，充分顺应当前文化产业和旅游产业二者相互融合的发展规律，进一步明确我国文旅产业未来发展的方向。

长沙拥有独具特色的地理环境以及在历史上突出的政治地位，这也构成了长沙地区独具特色的湖湘文化。如今，湖湘文化也是中华传统文化十分重要的组成部分之一，不仅包含了儒家文化，同时又和儒家文化存在巨大的不同。湖湘文化和吴越文化，还有齐文化以及巴蜀文化等都有着巨大的相似之处，都表现出爱国亲民以及务实经世的相似之处，然而因为湖湘文化形成的经济条件、历史时代以及地域环境之间存在的差异，使得湖湘文化和其他文化类型有着诸多的不同之处。因此，长沙大力发展文化旅游产业对长沙构建世界名城，促进产业转型升级具有十分重要的意义。

第一，实现文化产业和旅游产业的有效融合对于促进长沙地区旅游产业的发展具有重要的促进意义。随着新时代经济的快速发展以及变化对长沙地区旅游产业的发展也提出了更高的要求。如今，长沙地区旅游产业的发展已经进入到了一个不断优化和调整的发展新时期，实现文化产业和旅游产业的有效融合，必然为文旅产业地发展带来新的生机，注入了新的发展活力；此外，在全新的产业整合以及竞争环境中，旅游产业发展新格局的形成必然和文化产业和旅游产业二者的融合发展有着紧密地关联。由此可以看出，促进文旅产业的融合发展对于促进长沙地区旅游产业的发展新格局的形成有着十分重要的现实意义。

第二，实现文化产业和旅游产业的充分融合对于促进长沙地区旅游产业发展方式的转变有着巨大的促进作用。长沙地区旅游产业的整体发展表现出档次低以及发展方式过于落后的问题。促进文化旅游产业地快速发展不仅有助于通过文化达到提升旅游产业发展的品位以及档次，同时对于促进长沙地区旅游产业发展方式的转变也有着巨大的促进作用；此外，通过发展旅游业达到为促进文化产业的快速发展提供载体的作用，通过对长沙地区传统文化的产业化和创新性发展，充分实现从单一的、传统的文物观光型朝着文化体验型发展方向转变，不仅有助于弘扬长沙地区优秀的传统文化，同时有助于塑造现代文化，充分实现长沙地区旅游产业从量变到质变的转变，进而有效推动长沙旅游经济的迅猛发展。

第三，实现文化产业和旅游产业的有效融合对于完善旅游产业的功能有着十分重要的现实意义。旅游产业不单单体现出解决地区劳动者就业及有效带动区域经济发展的重要功能，对于促进消费者的身心健康以及知识的增加也有着十分重要的现实意义。我们从过去的旅游产业发展现状来看，一味地重视发挥旅游产业所具有的经济功能，导致其他功能被逐步弱化，通过旅游达到教育和提升消费者境界的功能也逐步显现出来了。因此，实现文化产业和旅游产业的有效融合，对于推动以教育为核心的文化传播类旅游产业的快速发展有着十分重要的现实意义。

第四节　文化旅游融合应注重创造更大价值

一、文化≠旅游

文化和旅游之间有着天然的耦合性。可以说，旅游无法离开文化，文化也需要通过不同的形式渗透到旅游中。然而，从概念逻辑来看，文化和旅游本身属于两个范畴的概念。

（一）文化的含义

文化代表的是一个人类社会持续发展程度的具体概念，最初指的是人类和动物进行区别的活动以及成果。对于文化这个词，在各个国家的早期词汇当中早已出现。我们从《易经·贲卦》中能够看到："观乎天文以察时变，观乎人文以化成天下"，文化也是由"人文化成"不断简化而来的，但是其本义指的是用人文对人实施教化已达到治理天下的目的。

在欧洲国家和地区，英文和法文还有德文当中的文化概念，都是来自于拉丁文 cultura（colere）这个词，其原意指的是对土地进行耕耘以及对植物进行栽培，之后慢慢引申到了对人的身体以及精神这两个不同的方面进行培育。如今，随着现代社会文明的不断发展，我们对文化的理解已经有了比较深的理解以及较为清晰地解释。比如学术界对于文化的理解中，英国人类学家泰勒是历史上首个对文化的具体定义做出阐述的人。在 1871 年，泰勒已经对文化做出了定义，认为："文化和文明，从民族学这个意义层面而言，指的是包含了所有的知识和信仰，还有艺术和风俗，以及道德和法律，还有人等，所掌握以及接受的所有才能，都可以称之为文化。"泰勒指出，对文化在传统原理研究而言，不同社会当中所具有的文化条件都对人类的思想以及活动法则是适用的。泰勒把文化定义为现代社会发展进程当中人类创造物的一个总称，主要囊括了物质技术、观念精神以及社会规范。在这之后，后人对于泰勒对文化所做的定义体现出褒贬不一的看法，然而无论如何，泰勒对于文化所作的定义都进一步开启了后人对于文化研究的思路以及方向，后人同样是在泰勒对于文化的定义基础之上做研究的，并且也提出了很多新的观点。

总体来说，文化这个词现今有广义以及狭义两种不同的涵义。其中，广义上所说的文化概念指的是人类在漫长的社会历史发展进程当中创造的精神财富以及物质财富的总和，主要包含了语言、道德、习俗、礼仪、信仰、宗教以及艺术趣味等诸多无形的精神财富，同时也包含了很多有形的物质创造物以及物质资源等。主要可以表述为下面几个层面：第一个层面是物态文化，主要指的是人类的物质生产活动和相关产品的总和，表现出的是实在的事物或者行动，比如人类的衣、食、住和行等；第二个层面是制度文化，主要指的是人们在各类社会活动过程中创建的对自身行为进行规范以及调节各种关系的规则；第三个层面是行为文化，指的是人们在漫长的社会交往过程中形成的风俗以及习惯，主要表现为集体的以及社会的行为；第四个层面是心态文化，主要指的是人们的社会意识以及社会心理，主要囊括了价值观念、审美角度以及思维方式，以及因此产生的各种文化艺术作品。狭义上所说的文化概念指的是社会意识形态和与之相适应的组织结构以及社会制度，主要囊括了科学、文学、哲学以及艺术等不同的精神文化，同时也包含了科学、艺术、哲学、宗教、文学和风俗习惯等诸多精神文化类型，更囊括了和特定社会发展进程相适应的家庭结构、政治制度和社团组织等。

（二）旅游的含义

目前，旅游已经随处可见，并且触手可及。关于旅游的研究也是由单科独进式的分散研究逐渐演变成了多学科融合研究。学者们从地理学、人类学、心理学、社会学以及经济学等不同的角度对当前的旅游现象做出研究，并且也取得了明显的研究成果，然而对于旅游活动此类现象的本质却没有达成共识。旅游到底是什么？关于这个概念，每一位旅游者都在进行旅游研究的过程中遇到了诸多不可回避和无法避免的问题。针对旅游者来说，旅游往往就是为了获取心理满足方面的经历以及体验离开自己的家乡去到一个旅游景区或是景点去游玩；针对研究者来说，旅游的定义是展开旅游研究以及创建旅游知识共同体的基点。由此可以看出，从旅游者这个角度进行分析，旅游指的是个人利用自身的自由时间去寻求旅游过程中的审美愉悦，主要是通过从异地获取休闲体验或者是短暂的快乐。世界旅游组织（UNWTO）对于旅游活动做出的描述是：人们为了休闲以及商务或者是其他目的，选择短期性（一般不超过一年的时间）离开自己习惯的居住环境，去往异乡的旅行活动和在该地进行访问活动。广大旅游者都希望能够通过此类活动获取心理方面的安慰以及快感，同时也是在寻求心理以及精神层面的满足。在具体的旅游过程中获取心理、精神以及情感上的享受，这称之为旅游体验。所以，旅游活动最为根本的内容是旅游体验。

基于以上论述，作者认为文化是多层次且包罗万象的结构概念，并且表现出不同的表现形态，而且内容十分丰富。但是，旅游中包含了诸多的文化内容，却无法替代旅游过程中的游乐、餐饮以及住宿等诸多服务，更加无法取代旅游朝着商业化形态发展。

二、文化产业价值≠旅游产业价值

文化产业作为文化和经济二者结合的重要产物，关于文化产业的概念最先是以“文化工业（culture industry）”这个概念出现的，对此做出概念界定的是阿多诺和霍克海默二人编写的《启蒙辩证法》。在之后的发展进程中，因为文化产业有着较为特殊的发展形态，而且不同的国家发展历程、教育背景还有经济体制等都有着巨大的差异，长期以来将文化产业的具体定义以及内容等都未做出统一的划分，也没有统一的界定标准。直到20世纪90年代，联合国教科文组织将文化产业定义为文化产品、服务实施生产及储存等诸多系列活动的有效集合。

就我国而言，文化产业的概念直到很晚才被人们所理解，甚至在很长一段时间内，文化产业和文化事业二者的概念都是令人十分困惑的。首先，在2003年，文化产业被定义为一个经营性的产业，它涉及文化产品的生产和文化服务的提供。在这之后，国家统计局于2018年公布的《文化及相关产业分类》指出了文化以及相关产业指的是文化生产活动以及文化产品的提供。事实上，“文化”在文化产业中的意义是不一样的。作为产业文化比较通俗易懂，这是公众和公众所需要的服务，不是简单的还原历史，需要将新思想融入文化产业中使他们充满活力。在这一贡献中，文化产业是指以文化创意为基础，与现代科学技术相结合，满足人民精神的经济产业，从事文化产品的生产和文化服务的经济行业。

旅游业是否具有产业性质，能否界定为旅游业是学术界一直关注的问题。自从托马斯·库克在十九世纪开展团体包机旅行开始，旅游业经过数百年的发展，已经成为国家和地区经济增长的中坚力量，对政治、经济、文化产生了重大影响。当前旅游业的发展规划在各国制定的经济发展计划中也是必不可少的。基于我国旅游行业整体的发展历程、发展态势、本身所涉及的企业、部门以及和发展相关的带动性可以看出，旅游已然成为促进我国国民经济发展十分重要的一项产业，所以本书也十分认同国内学者提出的观点——旅游属于一项产业。

学术界对旅游业的具体范围的划分有狭义和广义两种。从狭义的意义上说，旅游业是指与旅游活动直接相关的产业，如酒店、旅行社等；从广义上讲，旅游业是旅游活动所涉及的各个产业的集合。张凌云从需求的角度指出，旅游业是由生产、提供产品或服务以满足旅游者在旅游活动中的需求，如饮食、住宿、旅游、购物和娱乐。徐杰指出，旅游业是第三产业的重要部分，是能够为旅游活动提供直接或间接服务的产业、企业或部门。我想说的是，本书中的旅游业是一个复杂的综合性行业，以游客需求为中心，直接或间接提供服务、产品、资源等用于旅游活动。

总之，文化具有形而上学的精神价值和社会价值。作为一个以市场为导向的文化产业，体现出明显的经济价值。文化所具有的精神价值更是无法量化的，唯一能够定量的是旅游的经济价值。因此，文化和旅游的价值在于两个层面，但文化和旅游融合的目的是旅游业已成为文化的载体，其目的是弘扬中国文化。我们从旅游业发展的角度来看，我们正在就如何利用文化为旅游业提供更多的经济和工业价值进行更多的讨论。

三、产业价值是文旅融合的关键

文化旅游产业能否整合取决于其产业地位和市场连通性。旅游产业和文化产业都属于21世纪的“朝阳产业”，二者皆纳入到第三产业范畴，在促进国民经济发展中发挥出重要作用。从二者的特点及其活动表现可以看出，我们也可以将其看成是综合产业的一种，这也是文化产业和旅游业能够融合的原因，这是它们之间能够整合的前提：一方面是因为它们之间（资源、市场和技术）有一定的关联性，具有很强的产业关联性；另外一个方面是产业整合有一个汇聚点，即产业由自主发展向综合发展逐步过渡；第三，现有产业和新兴产业融合后的业态能够满足和改善文化旅游市场的消费需求。

就旅游业的经济价值而言，根据对产业新动能的研究，可以将其分为四种价值：第一，新业态、新产品、新商业模式、新技术、新知识产权和新媒体，文化与旅游的融合，可以延伸至文化产业与旅游产业链的融合，实现多个主导产业的互动发展；第二，旅游带动的多产业集群可以增加当地就业，为市民创业创新提供良好平台；第三，文化元素融入到旅游过程中，可以促进消费和人气的聚集，提高企业盈利能力，促进企业健康发展；第四，发展文化旅游可以增加区域经济的整体规模，提高区域经济发展的整体水平。

为了提升文化产业的精神价值和社会价值，首先应当把文化渗透到旅游业中，形成多元化旅游产品。一方面是增加文化的落地实施，另一方面是增强旅游收入结构的多元化。其次是要强化文化与旅游体验的融合，增加旅游产品的吸引力，促进旅游产品的发展。此外，文化可以增加品牌价值和旅游本身的文化感染性，丰富其文化内涵。最后，文化属于上层建筑价值创造和升级，在提升旅游活动整体价值方面发挥出了重要作用。

总之，虽然文化和旅游属于不同层次的概念范畴，具有不同的价值观，支持并渗透到发展文化与旅游的融合是时代发展的趋势，也能够为社会经济的发展带来新的活力和贡献。

第二章　长沙文化旅游资源

第一节　长沙文化旅游资源概况

一、长沙概况

关于长沙名字的由来一直以来有很多的传说。比如，有一种传说指出古人按照星宿分野和轸宿“长沙星”相对应的区域称之为长沙。此外，明崇祯刻《长沙府志》当中也描绘了这样的轸宿图。不仅如此，长沙一直以来有着“万里沙祠”“沙长如米”以及“长沙洲”等诸多说法。早在尧帝以前，长沙又被称之为扬越之地，归属于古三苗国，之后黄帝“南至于江，登熊湘”，将熊湘赐封给了其儿子，当时的熊湘就是长沙。之后，炎帝教耕，并且“崩葬于长沙”。后来，舜帝南巡，也是“葬于长沙零陵界中”。禹共分为九州，其中长沙属于荆州境内，也就是现在的岳麓山依然保存着禹碑胜迹。之后，春秋战国时期，长沙归属为楚国黔中郡，并且在战国之期已经创建了城邑，属于楚南重镇区域。秦设长沙郡，因此定名为湘县，也就是后来我们所说的长沙县以及善化县等地方。所以，长沙是地方一级行政区，并且历代相传至今。西汉封长沙国，都城是临湘。东汉复置长沙郡，三国时属于吴国。之后，在两晋南朝期间置湘州。隋唐两代又称之为潭州，且在唐代中期称之为江南道治所。因此，元朝先后将其改名称之为潭州路以及天临路。直到明清两朝期间，长沙府一共管辖了 12 个州县。到 1664 年（也就是清康熙三年），长沙属于湖南省治。中华民国 11 年，也就是公元 1922 年，长沙被定为湖南省会，并于 1933 年设市。目前管辖的片区有芙蓉、岳麓、天心、开福以及雨花等行政区域，全市总占地面积达到 11818 平方公里。

根据考古文字记载，长沙至今已有 3000 多年发展历史。从战国时期至今，长沙是我国南方地区十分重要的区域性政治、经济以及文化交流中心，并且还拥有近百处历史文化旅游区，拥有4A级旅游区一共8处，1处国家级风景名胜区，还有2处国家级森林公园以及11处国家重点文物保护单位。长沙市于1982年被国务院列为国家首批24座国家级历史文化名城之一，长沙市拥有十分丰富且深厚的文化底蕴，同时在开发旅游产业价值方面也有着巨大的文化资源。比如拥有国际水准及发展特色的“六大块”文化资源，如铜官窑遗址、汉代长沙国土陵墓群、明代长沙吉王陵墓群、长沙马王堆汉墓、长沙公馆群以及“长沙会战”遗址群。从19世纪发展至今，长沙一直走在了历史发展的前列。比如以曾国藩为首参与解放革命的湘军集团，还有以谭嗣同等先进代表为核心的维新主义学派，更有以黄兴为典型代表的资产阶级革命派以及以毛泽东、蔡和森以及何叔衡等为代表的一批无产阶级革命家，这些都是我国历史上叱咤风云的人物。因此，长沙也有着“楚汉名城、革命圣地和屈贾之乡”等历史文化旅游品牌。

长沙是国家首批历史文化名城，拥有“中国十佳休闲宜居生态城市”“中国十大文化旅游城市”“国际知名旅游度假城市”等诸多美誉，长沙恒大文化旅游城选址长沙市湖南湘江新区的大王山旅游度假区，拥有独特的自然生态环境和丰富的历史文化旅游资源，是长沙宜居、宜游、宜养的生态文化旅游区。资料显示，湖南湘江新区是华中首个国家级新区，文化旅游资源丰富，正致力于打造文化旅游高地。

长沙是一个旅游文化资源十分丰富的城市，是我国首批公布的24个历史文化名城之一，同时也是湖南省的政治、经济、文化中心。20世纪90年代以来，长沙市委市政府就一直非常重视文化旅游资源的开发与建设，并提出要逐步把文化资源大市转变为文化旅游强市，让文化长沙走向世界。2013年，长沙地区旅游产业已经迈入了千亿元发展行列，全年旅游总收入达到1006.3亿元，并且在全国省会城市当中排名第7位，占全省旅游总收入近四成，相当于全市GDP的14%，旅游业拉动和支撑全市经济发展的作用更加突显。

二、长沙的区位特征

长沙市是国务院公布首批历史文化名城，近年来，由于各级各部门的重视，许多老城街巷被很好地保存下来，使得长沙这座城市具有丰富的文化底蕴，是国内少有的集山、水、洲、寺、墓等众多自然人文资源于一城的省会城市，拥有着良好的发展前景。同时长沙市又紧跟时代的步伐，大力发展媒体传播等娱乐产业，由于这些新兴媒介的推广，使得长沙的知名度大大提升，城市魅力不断增强，其在出版行业、卡通动漫行业、文博会展行业、文化体育产业等方面成就颇丰。

从中国版图可以看出，在国家大力提倡发展“三纵三横”经济带政策指引下，纵就是东部、中部以及西部，横则是黄河经济带、长江经济带以及沿海经济带等一些邻水黄金带。而长沙地区，正好处在“三横三纵”的发展中心点，所以也是十分重要的经济要塞。尤其是在国家大力提倡发展“一带一路”战略规划以及长江经济带政策指引及国家战略发展背景下，长沙地区拥有的独特的地理优势也更加凸显。此外，长沙还作为湖南省会被列入国家“一带一路”战略发展规划十分重要的节点城市，同时也是地处湖南地区“一带一部”经济带区位优势最为明显和核心的部位，是国家重点打造的国家交通物流中心，大力发展长沙地区经济将辐射带动整个省份以及国家“一带一路”，还有长江经济带战略发展实现全面对接，能够更好且有效地发挥出湖南地区“一带一部”地理优势，进一步实现从“沿海的内地”扩大到“内地的前沿”这一跨越式发展战略规划。早在 2010 年，长沙市就提出“12345”的高铁网络布局，即一个小时到武汉，两个小时到广州，三个小时到上海，四个小时到昆明，五个小时到北京，截至 2018 年，已基本实现预期目标，成为全国高铁网和高速公路网最便捷的交汇口，成为未来中国经济最有潜力的增长点。从最近几年来长沙地区经济发展总量可以看出，长沙已经跃居我国省会城市第六位，并且已经超过了沈阳；另外，从我国中部地区发展对比来看，长沙地区也是稳居我国中部第二名次的，并且逐步拉大了和第三名之间的差距。尤其是在经济增速方面，长沙地区经济发展从 2013 年到 2015 年，实现年均 10. 8%的增长。长沙当前拥有公路、铁路、航空、水路和管道等不同形式的联运优势，并且已经形成了集地铁、高铁、航空、公路和磁浮等不同交通方式于一体的交通网络，实现了零距离对接，尤其是市内交通以及物流“内循环”畅通，已经在全省乃至全国范围内实现了“外循环”联通，实现了和国内多个不同地区的紧密衔接与融合，有效巩固了我国交通枢纽的重要地位，并且也成为了我国重要的综合性交通物流枢纽。

在“外循环”上，长沙黄花国际机场 2017 年全年旅客吞吐量达 2376 万人次，同比增长 11. 6%，计划航班执行率达 92%，客座率达 86. 3%。2017 年

12月份以93.5%的机场放行正常率，在全国27家千万级机场中排名第三。航线网络全面辐射国内以及韩日和东南亚等地区，目前从长沙地区出发的国际航班可到达119个大型及中型城市，2018年3月年开通长沙直飞伦敦的航线。伦敦航线开通后，长沙机场国际及地区通航城市增至40个，通达“一带一路”沿线12个国家的26个城市。每周远程国际航线出港航班增加至13班次，构建起通达欧、美、澳、非四大洲，覆盖东亚、东南亚、南亚、港澳台等地的国际及地区航线网络。

2017年12月，长株潭城际铁路开通运营，把长沙、湘潭以及株洲等地的经济核心有效地串联了起来，已经形成了30分钟即达的生活圈，同时和市内的一号线轨道交通实现无缝对接，使得市民及游客的出行更为便捷。长沙市内七桥二隧穿江而过，一江两岸5分钟即达。特别是万家丽高架的建成通车，以及正在进行的湘府路快速化改造工程，都将极大地提升长沙市内的汽车驾乘体验。

三、长沙的地脉特征

根据历史资料记载可知，长沙至今已有两千多年的发展历史，最早在古人观察天空的时候，看见星辰环绕成拱护的状态，指出必定是有十分高贵的星辰居住于此，同时也成为了最尊贵的统领星星。因此，考古学家们在观星宿的时候，按照周天星28宿的时间划分，同时也按星宿分野，对南方朱雀七宿当中的“轮宿”以及“长沙”星所对应的片区称之为长沙，所以长沙也有了另外一个雅称，名为“星沙”。在远古时候，古人觉得，天星和地理合二为一属于吉祥之地。从地理位置来看，长沙西面临界湘江，东面俯瞰湘山，其中，岳麓是屏，湘江是带，属于山水名城。长沙地区的山美，长沙地区的西郊位置有一座岳麓山，属于腾龙之地，同时也是南岳衡山72峰之一，根据历史资料《南岳记》的内容记载可知，“南岳周围八百里，回雁为首，岳麓为足”。因此，岳麓山正是由此得名的。岳麓山也是南干脉络，龙脉起始在岷山位置，看似拥有大龙的气派。根据《龙髓经》上内容记载：“大龙的气度不同凡响，离开祖龙之后手脚逐渐延伸，并且显得尤为长远，纵横开合可达几千甚至几百里远——虽然隔着州县，同时中间还隔着很多河水及山脉等，但是这些都和这支龙脉有着紧密的连接，同时又和数十里外的片区相呼应”。岳麓山海拔最高的高峰为碧虚岭，其海拔达到了300.8米。此外，还包含了天子山以及凤凰山，山后拥有桃花岭以及金牛岭等，众多群山连接浑然一体，仿佛是长沙地区的一道屏障，正所谓“碧嶂屏开，秀如琢玉”此外，岳麓山还是我国十分著名的名胜景区，在众多群峦之间拥有晋陶侃、宋朱嘉以及唐裴林等众多名人的寓所，以及近代著名革命家焦达峰、黄兴、蔡锷和陈天华等名人的墓庐。此外，儒、佛和道三大教派长期在此共存。目前拥有的主要景观集中在岳麓书院、爱晚亭以及麓山寺随舍利塔等。此外，全国四大书院之首，称之为岳麓书院，也是湖南大学的前身，门联为宋真宗的手迹，曰为“唯楚有才，于斯为盛，晓喻古今”。长沙地区的大围山被列为是国家旅游胜地。此外，宁乡沩山也是国家级旅游胜地。大围山地处浏阳市东部，和长沙市之间的距离为 136 公里，大围山的地貌形态呈现出群山逶迤的景象，盘绕有 150 余公里，所以称之为大围，大围山的主峰七星岭海拔高达 1600 余米，且大围山有着山奇水秀的景象，林幽石怪、奇花异树。大围山在 1992 年被列为国家森林公园。大围山风景天生丽质，仿佛是山村少女一般光彩照人，撩开它的面纱，就能看见其超群脱俗的美景，这正是它与众不同的地方，人们对此叹为观止。沩山地处宁乡县西端，和长沙市之间的距离约有 130 公里，其主峰瓦子寨海拔高达 1070 余米，整个沩山四面都是背水的，且四周云气聚集于此，云雾缭绕，满山升腾，进而形成了大围凌云的绝美景观，沩山还是特别适合夏季和冬季旅游以及避暑的地方。整个沩山看起来十分幽深，而且四周遍布各种遗迹，也是近现代众多名人的墓葬之地。此外，距离长沙大约 30 公里的位置有一座黑麋峰，其海拔达到了 591 米，此地为道家福地。

湘江作为长沙地区的母亲河，湘江滔滔南来并汩汩北去，穿越过昭山并且进入到了长沙城，途经三汊矶同时又转向西北，直到乔口且出了望城县，并且经过了岳阳入洞庭，绕着长沙市境大约有 25 公里。此外，在湘江两岩位置，种植了很多柳树，构成了长沙沿江美丽的风景带。根据长沙市政府出台的关于《湘江两岸景观景视高度控制规划》的内容来看，湘江沿岸 200 米范围内都将规划成景观控制地带，整个湘江沿岸连绵几十公里的长度，周边的建筑物的高度必须控制在 36 米以内，规划范围主要集中在北起三汊矶位置，南到猴子石大桥，一共可以划分成四个层次对建筑高度进行规划和控制，对于高层发展区域范围内的建筑高度可比 36 米高，大部分集中在湘江东岸位置，从湘江到浏阳河口，将其规划成一个从湘江入口进入中心城区十分重要的标志性地段，是湘江风景带十分重要的序曲。湘江大道和北站路交汇区域都是以市民广场为核心的，周边形成一个中段高层片区。沿江地带新建的建筑标准分别不得超过36米、24米以及18米。但是岳麓山东西、天心阁以及妙高峰等景区范围内，都不应该出现超高层建筑。此外，湘江水流十分平缓，而且河床较为宽阔，湘江东西两岸都有支流汇注。尤其是在湘江下游位置受到洞庭湖水顶托的作用，形成了一片片的绿洲，而且十里长岛均是浮于江心的，湘江上的凌波长桥，整体是横跨东西的规划。不仅如此，长沙的橘子洲更是享誉国内外，江风戏雪也是湘江一带十分重要的风景区。橘子洲又称之为小蓬莱，橘子洲南北长度达到了5公里，和长沙旧城区几乎等长，也是世界城市中长度最长的内河绿洲，周边的蜜橘品种十分繁多，而且硕大甘甜，橘子清香扑鼻，堪称橘洲公园的绝景，因此，橘洲由此得名。此外，整个长沙地区汇入到湘江的河流支流一共高达15条，其中最大的就是浏阳河。而且浏阳河的发源地属于大围山，浏阳河全长达到了234公里，历经十曲九弯，河流终流不绝，最终汇聚到了湘江。浏阳河的两岸青山翠枝，并且周边还有很多名人故里，尤其是寺庙遗址非常之多。此外，还有发源于浏阳石柱峰的捞刀河，以及发源于沩山的沩水，都是在长沙市区流入湘江，很多的大小支流，由于受到淞浏盆地地形方面的限制，大部分都发源于盆山边缘的丘岗地区，最终流向的是盆地底部以及湘江汇合，所以河网密布，且湖泊珠联，使得长沙城的地理形势属于三面环水的状态，四季迎着江风，外部空气十分清新宜人。此外，湘江和支流水流十分充沛，长沙段的水流量最高达到了2370立方米每秒，同时也为长沙地区带来了优质的水利资源。因为长沙盆地内台地的地质情况属于由崩塌的沙岩和黏土组合而成的地层中孔隙比较多，有着非常好的含水层，而且地下水源十分丰富。尤其是在远古时期，长沙城中拥有的水井非常多，水质清澈甘甜，且四时不竭，尤其是白沙井、水风井以及鸳鸯井等诸多古井更是闻名遐迩，而且在五一广场区域曾经挖掘出了战国和东汉，以及三国时期比较常见的古井。由此可以看出，湘浏盆地的形成是由大自然造化而成的，湘浏盆地同时也孕育了长沙古城。从这能够看出，长沙地区的地形以及地貌都属于山水相依形态的，而且大自然资源独得天赋。

长沙市区内有著名的旅游景点岳麓山，同时长沙周边拥有张家界武陵源风景区、湘西凤凰、岳阳楼、南岳衡山以及洞庭湖湿地等非常多的自然旅游景区。闻名全国的洞庭湖主要是由东、南以及西洞庭湖3个比较大型的国际重要湿地共同组建而成。不单单是当今世界上唯一还保留存在的 3 个大型的国家重要湿地组建而成的湖泊，同时保存着非常多样且完好的生态系统、人文景观以及湖泊自然风光，更是我国首批示范生态保护区之一。此外，洞庭湖还接入了湘（江）、资（江）、沅（江）还有澧（水）四水，汇入城陵矶最终注入到长江。洞庭湖湿地作为中国比较大的淡水湿地，并且在年内以及年间的湿地淹水水位都发生了巨大的变化，都会随着季节的不同呈现出不同的“涨水是湖，退水为洲”十分壮美的动态景观，同时对湿地生态以及资源的形成还有利用都带来了巨大的影响。此外，洞庭湖湿地周边区域养育着约有一千多万的湘鄂人，同时还向湿地区域之外的工农业生产以及人类活动输出居民需要的产品，在全国尤其是湖南地区的经济发展以及生态环境建设当中都发挥出了巨大的作用。因为有着特殊的生态环境以及地理位置，更是长江中游十分核心的调蓄区，也是国家级的生态保护区以及洞庭湖湿地自然保护区群。而且这三个区域的湿地旅游资源常年处于半开发发展的状态，也有着非常大的发展潜力。

四、长沙的文脉特征

长沙独特的地理环境和历史政治地位造就了具有鲜明地域特色的湖湘文化。其基本特征是：(1) 爱国主义湖湘文化，爱国主义虽有不同的特点以及表现形式，但都是以天下为己任的深切忧患感和坚定的历史责任感以及使命感，这一点从未改变过；(2) 学以致用。我们将教育学术和教育活动与理想和抱负紧密地结合起来。早在明末清初时代，王夫之以实用主义、主动性、行动性、实用主义和能动性哲学进行紧密结合，将经济学的应用推向了一个新的理论思考层面。(3) 重视教育。湖湘文化之所以能在中国文化史上大放异彩，其原因主要在于认识到教育的重要性。作为湖南文化的摇篮，即岳麓书院——一所有着千年发展历史的大学，培养了大批人才。(4) 兼容并包。湖湘文化的教育与发展本身就是上百种文化的融合，湖湘人敢为天下先，不断思变和创新，勇往直前，正是体现了湖湘文化的特质。

橘子洲大桥、八一桥、国货陈列馆旧址还有烈士公园西大门等。我们翻阅长沙近几年来评定的国家第三批历史建筑名册可以看出，有很多长沙市民比较熟悉的建筑，大部分都还处于使用状态。比如长沙目前拥有的最大的民国时期建筑，如国货陈列馆之前是 20 世纪 30 年代发展时期湖南人最为骄傲的建筑，同时也是老长沙地区的标志性建筑，更是数代长沙人值得纪念的集体记忆。20 世纪 80 年代，经过数次改名之后的国货陈列馆正式被定名为“中山路百货大楼”，虽然后来渐渐衰落了，但是依然属于长沙人特有的记忆。一直发展到 2011 年，友阿集团斥巨资 7000 万元对众多原建筑实施了修复。在 2014 年，中山路百货大楼已经基本上恢复到了 80 年代之前的原貌，并且重新焕发出青春，用原名“国货陈列馆”和广大长沙市民再次见面，至今成了“老长沙”寻找记忆非常好的去的处。位于开福寺路南侧地段，外表形状属于椭圆形外观的建筑十分引人注目，这被长沙地区群众称之为“猪腰子”的建筑——仓库。这栋建筑是在 1950 年创建，曾经在鼎盛期已经拥有了 200 多座建筑。如今，随着岁月的不断发展和变迁，这栋粮仓属于长沙地区最大的，如今长沙地区也只拥有了这一根“独苗”。在长沙地区仅存的一座老粮仓，之前也有按照原计划开展迁移重建。之后被列入到了长沙市第三批历史建筑名录中，曾经尝试过多方协商。如今，长沙市文物保护部门以及粮食仓库产权单位，也就是天健地产已经对这栋建筑做出了全面的检测，同时也对建筑的功能布局实施了重新设计以及保护性改造。此外，经过改造之后的“老粮仓”已经变成了一个文创场所。

此外，位于长沙湘湖南岸的裕湘纱厂，如今是荷兰、法国、匈牙利以及德国等诸多国家办理签证的场所，让长沙市民办理出国签证更为方便和快捷；还有处在城南地区的长沙机床厂，现在已经改造成了万科紫台小区内公共开放区域，对于很多老长沙人已然可以在这个区域找到曾经诸多的记忆。我们从这些历史建筑可以看出，虽然外表依然比较老旧，然而曾经在长沙的历史发展阶段中属于标志性建筑。这些建筑散落在长沙市不同的角落中，每一栋建筑都有属于它们自身的“身世”，同时也包含了它们的独特“记忆”。这些古老的建筑就像是一壶老酒，而且越老越是香醇，代表着一座城市十分悠远且厚重的历史。但是，这座有着 3000 多年历史的城市，依然充满了生机和活力。

第二节 长沙文化旅游资源的分类

众所周知，随着地域特色文化的产生、兴起和发展，基本都可以归入为两种核心因素：其一为自然环境，其二为社会结构。根据刘禹锡所言：“潇湘间无土山，无浊水，民乘是气，往往清彗而文"，指出自然环境对于湖湘文化带来的影响。我们从长沙的气候可以看出，整体气候属于四季分明的状态，不仅蕴含着勃发的生命力，同时也无法离开和自然之间的抗争，这种抑扬顿挫的外部自然环境，已经培育并且正在培育新一代长沙人，这也是长沙人所特有的辣椒性格以及拼搏精神；此外，社会结构也对湖湘文化带来了一定的影响，这一点可以追溯到远古时期楚人所表现出的本性。早在先秦时代，楚国有着十分悠久的发展，并且延续至今已有近千年的历史，从"筚路蓝缕，用强楚国"开始，楚人已经孕育了突出的励精图治、刚毅执着以及奋发自强的精神，所以一直到被秦灭亡，依然散发出"楚虽三户，亡秦必楚"的誓言。

长沙市是一座有着悠久历史文化的名城，长沙地区的地域范围指的是历史上所指的长沙郡以及潭州一带，因为旅游资源的评价以及开发有着突出的区域性以及综合性，所以旅游开发过程中所涉及的长沙主要囊括了以目前长沙地区为核心的"大长沙"。此外，长沙地区的旅游资源在全国范围内都属于有着十分独特且无法替代的优势。然而，从总体上能够看出，长沙地区的旅游资源十分独特而且众多，主要是以文化旅游资源为优势，其中也有很多在全国甚至是世界范围内有着特殊意义的文化旅游资源。长沙地区拥有的十分丰富的自然资源以及悠久的发展历史，还有不同特色的湖湘文化，依然形成了具有独特特性以及多样性的自然以及文化旅游资源，特别是有很多资源在国内都是绝无仅有的，特别是在国内外市场上都有着非常大发展的潜力，本身有着十分凸显的发展优势。此外，长沙地区拥有 7 处全国重点文物保护单位，56 处省级文物保护单位以及 7 处市级文物保护单位。在自然资源方面，长沙市拥有 1 处省级风景名胜区，2 处国家级森林公园，2 处省级森林公园，544 处景区（点）。拥有 30 多座名山，长度超过 5 公里的河流一共有 302 条，还有 15 个绿洲（岛），10 多处大小瀑布，4000 多种植物种类，其中有 75 种植物被列为国家珍稀濒危保护植物，有 36 种属于国家保护动物。

根据长沙地区旅游资源现有的开发潜力以及开发可能性，旅游资源开发的可进入性等诸多因素，我们可以对长沙旅游资源进行等级划分，按照以下 4 个等级进行划分。

A 级资源（10 个）：马王堆以及岳麓山风景名胜区（包含了岳麓书院、麓山寺以及爱晚亭和云麓宫等），还有湘江风光带（比如橘子洲）以及浏阳河风光带（主要有大围山、观山湖以及石牛寨等）。

B级资源（16个）：主要包含了贾谊故居、省博物馆和天心阁，还有第一师范、白沙井以及三国简牍和三关门等地。同时也包含了很多名人故居，比如黄兴故居、雷锋故居以及谭嗣同故居等。

C级资源（23个）：主要包含了长沙王墓、陶公庙以及戴公庙，还有市博物馆、烈士公园、福王墓和火宫殿等风景建筑。同时也包含了开慧故居、白鹭湖及动物园，还有石燕湖、文庙以及省森林植物园等著名的景区。

剩下的都可以划入到D类旅游资源。

第三节　长沙文化旅游资源的特点

按照以上分类结果，长沙旅游资源主要有如下特点：

（1）观光型的旅游资源一直以来占据着长沙地区旅游资源非常大的比重，然而对于长沙地区的自然旅游资源（除了常见的城市景观以外）和周边以发展旅游业为主的城市而言，在自然旅游资源方面并没有十分突出的优势，而在文化旅游资源和周边其他旅游城市比较而言优势更加明显。所以，长沙地区的旅游资源很难在自然旅游资源上形成十分突出的旅游拉力，但是在文化旅游资源方面却能够形成较为明显的旅游拉力。

（2）长沙地区旅游资源完美契合广大旅游者对于不同旅游吸引物在物种以及数量方面的需要，然而整体契合的范围并不是十分宽泛，长沙市旅游资源在整体结构方面存在诸多的不平衡，尤其是在自然探险以及寻求刺激等诸多方面的参与性比较强，而且满足广大旅游者更高级别的旅游资源需要相对是比较缺乏的。

（3）长沙地区旅游资源以及旅游者之间形成契合较为匹配的市场面是非常狭窄的。

（4）能够满足社会需求的旅游资源整体来看是比较丰富的，此外，这类旅游资源的总体品位也是比较高的，但是和周边其他旅游城市比较而言整体优势并不是十分明显。

（5）能够满足社会业务需要类型的旅游资源主要是湖南省会城市所拥有的特殊地位还有区域范围之内的社会、经济、政治、商贸规模以及结构等诸多要素共同决定的。

第三章　长沙文化旅游产业发展现状

第一节　长沙文化旅游产业 SWOT 分析

一、优势

（一）旅游行业主动适应市场需求，实现转型

随着我国新的《中华人民共和国旅游法》的颁布和实施，再加上受到公务接待控制以及个性化出游在近几年来受到广泛地追捧等不同因素的影响，当前我国旅游行业已经进入到了转型升级以及提质增效的发展期和调整期。此外，从近几年来我国旅游行业的整体发展现状来看，国内的旅游消费模式显然发生了巨大的变化，已经从原来十分单一的门票经济逐渐朝着多元化以及综合型经济发展方向转变，从原来的贵族旅游逐渐朝着大众旅游发展方向转变，从原先的观光旅游朝着休闲度假旅游发展方向转变，从原来的组团旅游朝着自助旅游发展方向转变；而且旅游行业整体的市场结构也发生十分明显的调整，再加上公务旅游近几年来受到严重限制，尤其是在旅游法出台之后，加点购物以及零负团费等诸多违法经营以及获利的旅游行业发展旧模式遭受到了市场的严厉打击，越来越多的旅行社出现了不适应的发展现状现象，很多旅游企业纷纷开始转变发展方式以及调整盈利结构等，特别是很多从事高端餐饮以及娱乐行业的带有旅游元素的企业的经营业绩出现了明显程度的下滑，很多旅行社因为组团业务出现了明显程度的下降，导致整个旅游行业正面临着重新洗牌的发展局面，国内旅游行业暂时出现了比较短期的发展阵痛期。对此，长沙市在发展旅游业的进程中应当自觉学会应用“底线思维”，学会以“问题导向”以及“倒逼机制”为基础运营根基，从而主动地适应当前市场发生的诸多变化，有效加速传统经营模式存在的问题，进而创造旅游

行业新业态。

（二）政府在文化旅游开发的投入规模大

鉴于长沙文化旅游资源的丰富性与多样性，长沙市政府以及地方相关部门充分利用地方资源优势，持续优化周边软硬件环境，进而制定了一套集合众多优惠于一体的招商引资政策，因此吸引了大批海内外客商来到长沙投资兴业，同时也为长沙文化旅游及其相关产品的开发创造了巨大的动力以及保障。比如，在2010年，湖南省政府首次发布了高达500个重点招商引资项目，当中含有23个建设特色小城镇项目，总投资金额达到了700多亿元。此外，湖南省发改委也在官网公布关于《湖南省“十三五”服务业发展重大项目表》内容，充分结合湖南省大力发展旅游行业的决心，进而提出了未来几年内大力发展服务业的内容，将在服务业方面重点投资了高达12大产业项目，其中901个属于重大项目，投资总金额达到了41499.74亿元，并且制定了未来五年规划，总投资金额达到了31444.21亿元。不仅如此，生产性服务业更囊括了现代物流、研发设计以及现代金融等几个重点产业的发展方向，其中还有343个重大项目，投资总金额达到了13787.28亿元。

（三）旅游收入增长较快、景区景点日渐增多

通过2013年全国城市综合竞争力排名结果可以看出，长沙地区综合竞争力位居全国前列，长沙市2019年国内生产总值（GDP）达到7153.13亿元，居全国第16位，居全国省会城市第7位。由此可见长沙经济呈持续快速发展状态，居民生活水平明显提高，这为长沙文化旅游产业发展提供了坚定的经济基础。近年来，长沙的旅游产业迈出了坚实的步伐，取得了不错的业绩。据统计，2013年，全市旅游产业得到了较快发展，实现旅游总收入1006.3亿元的成绩，比上年增长34.4%。对此，长沙应当充分发挥出地方旅游所起到的“兴一业，旺百业”的强大带动作用，全面提升长沙地区旅游业的整体发展质量以及水平，不断有效推动长沙地区经济结构得到优化。进而力争在2020年长沙市旅游产业总收入能够达到1200亿元，且全年游客接待量达到上亿人次。此外，近年来长沙的旅游景区景点呈现不断扩展的趋势。比如早在2013年，长沙市花明楼景区一举成为继长沙岳麓山·橘子洲旅游区之后一个新的国家5A级景区，而且大围山生态旅游示范区也获得了批准。多个国

家级旅游度假区建设也获得了巨大突破，比如紫龙湖已经建成，并且东鹜山开发也已经成形；铜官窑文化旅游区目前正在加速开展博物馆报规报建工作，也已经完成了基础的工程规划许可以及招标备案等工作程序；还有靖港特色古镇已经全面提升进度，目前已经完成了总体规划以及业态布局，在项目建设方面也正在抓紧开展；还有炭河里遗址公园博物馆的主体建设工程接近完工，当前正在开展广场建设以及相关的绿化工作。

（四）旅游城市形象品牌打造初现成效，文化旅游产品具有一定影响力

长沙正积极探索通过打造节庆旅游新模式进而打造城市旅行形象品牌，先后成功举办了中国长沙环湘江自行车邀请赛、生态文化旅游节、首届中国湘绣文化节以及橘子洲沙滩排球赛等150多个节庆活动。橘子洲烟花每周持续六次燃放，来此游览的游客以及市民每年超过五百万人次。2013年湖南在橘子洲举办国际旅游节暨湖南旅游产业博览会。时任省委副书记、省长参加了开幕式。来自20个国家和地区的400名外宾、旅游投资者和旅游展商参加了开幕式。同时，长沙的城市形象广告主要集中在中央电视台播放，由湖南卫视与海外强势媒体联合发布，不断提升长沙知名度和美誉度。2013年，第一次在中央电视台新闻频道“朝闻天下”节目中场广告连续播出了长达10秒的“快乐长沙”形象展示广告，“幸福长沙”的城市形象深入人心。使得“快乐长沙”旅游城市形象标志受到更多人的喜爱。此外，还开展了一系列“走进快乐长沙”的活动，主要通过举办诸如“走进快乐长沙”浏阳旅游产品推介会等方式让更多人知道长沙，并且来长沙旅游。2013年长沙旅游网正式上线，长沙旅游网成为“最具影响力的湖南旅游目的地网站”。长沙市政府与武汉、南昌、合肥市政府签署战略合作协议，并且成立了诸如“长江中游四省会旅游发展合作组织”协会，组织旅行社先后赴石家庄、北京、武汉、深圳、海南等地举办快乐长沙旅游推介会，延续长沙国内外旅游市场的推广，进一步加强对海外广告的宣传，通过精心策划创新、创意和具有国际国内影响力的旅游、文化、体育活动，获得了大量旅游爱好者的广泛关注。此外，还组织旅游公司在东南亚、欧洲、中国香港等地举办大型联合旅游活动，也在中国澳门和中国台湾地区组织开展关于长沙地区旅游产品联合促销的推介活动，使得长沙文化旅游产品的影响力不断增加。

“快乐长沙，宜游胜地”是长沙发展旅游事业的总方针。2019年8月22

日，时任省委常委、市委书记易炼红调研长沙旅游业发展时要求，促进长沙地区旅游业实现大发展，要更好更快地发展长沙的经济，就必须展现“快乐长沙，宜旅游”的城市形象，加强对特色大型景观场所的建设，持续推进旅游业发展规划。推进景观城市长沙的整体包装与建设，将使每一条街道、每一个建筑、每一个街区都成为一道亮丽的风景线，使整个城市成为一个闻名的景观点；打造一个伟大的品牌，让所有来长沙的游客体验一次满意、愉悦、实惠的旅程，提升游客的美誉度以打造长沙旅游大品牌；开展大营销，采取多形式、多渠道以及多方式为长沙宣传。为进一步吸引人流，提升长沙的知名度，必须发展大产业，拓展产业链，形成更大的集群，激发大众消费潜力，加快旅游产业建设，实现多种业态发展并存以及多个版块相互补充的大旅游产业发展格局。

（五）配套设施日臻完善，接待水平不断提升

长沙市的城建交通稳步推进，城市配套设施日趋完善，接待水平与能力在不断提升。长沙市 2019 年共接待游客 9602.33 万人次，实现全年同比增长 18.72%。其中国内游客 9485.36 万人次，年均增长 18.82%；国内旅游收入 958 亿元，同比增长 29.26%；此外，入境游客接待人次为 1169.7 万人次，实现同比增长达到 11.2%；旅游外汇收入达到 7.79 亿元，实现同比增长 17.23%。长沙已是湖南省真正的旅游中心和重要的旅游目的地。来到长沙的游客国家数量从 25 个快速上升到了 83 个。2020 年，长沙全年规划重大旅游项目 100 个，总计划投资 1850 亿元。2019 年投资 240 亿元用于大型旅游基地建设。此外，长沙还应当注重提高旅游质量，大力发展优质旅游，全面落实五心服务，积极开展旅游产业综合整治，加强旅游零售专项管理，旅游投诉回复率提升至 100%，保证办结率达到 98%，实现 100% 游客满意度。

二、劣势

长沙市中心城区经历了几千年的发展，中心城区位置几乎没有发生过转移，这在中国乃至世界城市发展史上是极为罕见的。长沙市历史文化资源除了以有形资源形式存在的历史遗址和大量出土文物外，还有经历了数千年发展变化的无形资源形态，具有浓郁的地方特色和深厚的历史底蕴，历代历史

名人尤其是近现代名人在长沙有着十分传奇的历史活动。比如“文夕大火”（由于日军入侵的加速，国民党当局决定利用焦土政策，制定了火烧长沙的计划）。然而，在方案实施前，一系列意外因素使火势完全无法控制。最终，长沙有 3 万多人死亡，90%以上的房屋被烧毁，经济损失约 10 亿元，破坏了长沙的城市现代化建设以及“旧城改造”，使得长沙古城保存下来的历史遗迹并不多。目前，长沙市文化旅游产业发展还存在以下问题。

（一）文物古迹类旅游资源的文化体验开发深度存在不足

1. 文物古迹类旅游资源处于垄断地位

门票收入是主要收入来源，管理和服务水平不足。长沙是国家历史文化名城，文物古迹种类繁多，价值高、品位高、观赏价值高，对游客有很强的吸引力。岳麓书院是中国四大书院之一；马王堆汉墓也是举世闻名；爱晚亭和刘少奇故居是长沙中外游客的首选景点。这些景区的门票收入在各景区收入中占有十分重要的份额，这说明景区的收入结构比较单一。

2. 各景区景点的管理和服务均不完善

以解说系统为例，据调查，长沙市景区解说系统还不完善。岳麓书院是湖湘文化的发祥地，其文化内涵深厚。书院内只有文字说明，供游客了解书院的历史以及价值，存在形式单一和不够生动的问题，难以满足游客对知识的需求。游客经常怀着很高的期望来到学院，但他们对学院的了解仍然很少，对旅游的经验也很少。文化旅游应成为传承和发展湖湘文化的最佳载体，让游客通过观光活动感受湖湘文化的内涵，体验湖湘文化的精髓。此外，马王堆汉墓历史悠久，考古等专业知识较强，普通游客很难了解文物价值。简单死板的文字描述只会让游客对它知之甚少。因此，提高管理和服务水平应成为长沙景区今后的重点工作，高科技的应用也将使得景区面貌焕然一新。

3. 博物馆类旅游产品开发需要完善

长沙博物馆旅游产品数量少、质量高，但文物展示、教育以及传播功能却有待提高。根据国际博物馆协会所作的定义，广义上的博物馆包括所有保存人类见证物的地方。本文所指的是博物馆。长沙只有三家博物馆。一个是湖南省博物馆，一个是长沙市博物馆，另一个是长沙简牍博物馆。这三座博物馆规模虽小，但内容丰富，质量高，对游客的吸引力很大。省博物馆是国内外游客来长沙旅游的必去之地，但游客满意度不高。几乎所有的博物馆都属于国家所有，由国家财政支持，这与世界上许多国家支持私人博物馆的趋势不符。观念保守、体制僵化、经费支持有限、激励机制缺失等严重制约了长沙博物馆的功能发挥。目前，博物馆只满足于收藏、保护、研究等主要功能，而国际博物馆更重视展览、教育、欣赏、交流等功能，没有为游客提供历史知识平台，无法满足游客对知识的需求。

4. 主题公园匮乏

到目前为止，还没有一个高质量的一流主题公园。目前长沙的主题公园（世界之窗、水下世界）基本上只是满足长沙地区市民的日常消费需求。主要原因是与其他主题公园基本相同，没有自己的特色，而且它的范围并没有其他主题公园大。主题公园被认为是国际旅游发展的三大趋势之一，世界旅游组织目前正在并将继续努力使其变成未来国际旅游的重要发展趋势。长沙在主题公园建设方面却没有典型的大型主题公园的创建。尽管近年来长沙花费了大量的精力来建设主题公园，但是效果并不明显，这就是为什么引领现代体验消费的主题公园尚未占领长沙旅游市场。

5. 专题线路类旅游产品数量稀少，产品比较单一

长沙的旅游专题线路目前有三条，一条是星沙→远大城→浔龙河生态艺术小镇→田汉文化园→影珠山旅游景区→陈树湘故居→慧润国际露营基地（住）→缪伯英故居→杨开慧纪念馆→杨立三故居→湘丰茶博园→三珍虎园；一条是星沙→陶公庙→黄兴故居纪念馆→许光达故居→锦绣江南生态农庄→徐特立故居→江背浏阳河景区；还有一条是星沙→浔龙河生态艺术小镇→田汉文化园→杨开慧纪念馆→慧润国际露营基地→湘丰茶博园→三珍虎园。这三条主题线路都是以观光为主，基本上仍停留在大众旅游的层面，产品相对比较丰富且统一。活动产品包括长沙的历史文化活动、“金鹰”电视艺术节，橘子岛橘子文化艺术节以及岳麓书院千年论坛，同时还包含了一年一度的湖南省旅游节，这些都成为了发布湖南文化旅游产品、吸引游客眼球的重要窗口。

（二）缺少针对文化旅游相关旅游产品的开发

从长沙市旅游业的发展来看，政府和人民投入了大量的人力物力进行建设和保护，但文化旅游的相关产品却缺乏系统性发展。比如文化旅游纪念品，

目前市面上涉及的长沙地区文化旅游纪念品主要以民间艺术工艺品为主，如浏阳菊花、烟花爆竹、铜官陶器、湘绣、浏阳红木以及麓山红枫叶等；或者是以长沙特产食品为代表的高桥银峰茶、宁乡沩山毛尖茶、浏阳豆豉、浏阳黑山羊、长沙法饼、浏阳茴香饼、火宫殿臭豆腐、麻辣子鸡和糖油粑粑等。除了这些传统特色文化旅游纪念品之外，根据长沙的文化特色和各种景观特色，开发文化旅游纪念品，尤其是在设计、包装和销售上，一直没有得到应有的重视。由于缺乏纪念品品牌方面的表现，风景如画的纪念品通常比较相似，没有凸显出地方特色功能。例如，一些风景如画的著名景点都会出售鱼干、茶叶和其他产品，不同旅游景区的游客都会有同样的感觉。此外，还有很多文化景点从批发市场买一些与景点定位无关的纪念品，比如小风车、小玩具、口罩等，在风景如画的景区卖这些与景区毫无关系的文化旅游产品显然是缺乏文化敏感性的，既不能促进景区内的消费，也不能提升旅游资源的文化价值，甚至可能对旅游资源的文化价值带来损害。

（三）对长沙历史资源挖掘不够，诸多重要的近代历史资源被闲置

除了遗存下来的一些丰富的古老文化资源外，长沙近代史风云一直是当代学术界以及媒体广泛关注的焦点。然而，除了大众所熟知的刘少奇故居、杨开慧故居、第一师范大学、新民学会旧址等一些著名的旅游景点之外，很多缺乏实质性文化价值的遗址都被忽略掉了，尤其是很多在经历了大量历史事件之后的旅游开发价值被忽视甚至省略了。以华兴会的创建为例，黄元兴于 1903 年在长沙西区保甲局巷彭渊恂家创办，陈天华、宋教仁、刘奎一等 20 多名革命同志受到邀请，并参与创建了这个秘密的革命团体——“华兴会”。但是，在 1938 年这个创办地却被“文夕大火”烧毁了，之后也没有得到重建。甚至现在的居民根本不知道它的地址在哪里。很多一百多年前发生的国家大事，直到今天都无法在闹市中找到一点线索。另外一个例子，在湖南开展变法革新运动中的时务学堂，它曾被称为“中国近代史的半壁江山”。创办地位于开福区三贵街的名为“天倪堂”的民宅内。虽然长沙市政府在这里建了一个新的时务学堂碑坊，但是已然无法对旧址进行恢复，就更无法对游客开放了。很多当地民众甚至是媒体都把岳麓书院的“时务轩”作为时务学堂的旧址。虽然有很多建筑是因为幸运被保存了下来，很多外人所不知道的历史文化资源也被保存了下来，但是从整体来看，长沙城市的建设还有旅

游资源开发进程中面临着诸多的问题，这些都会对一个城市的人文历史教育还有文化旅游市场带来巨大的损失。

（四）产品老化，开发力度不够

目前，长沙旅游产品主要是以传统的观光为主，旅游产品整体开发处于滞后水平，新产品有效性供给不足。再加上旅游资源开发程度不够，产品匮乏，无法提供个性化的旅游服务以及利用视听影像等现代科技对旅游产品进行开发。

（五）资源分散，品牌不突出

长沙的旅游资源虽然多，但除了两个国家5A级景区形成了较大的规模，其他的文化旅游资源相对散乱，没有形成规模效应；相对于北京故宫、西安兵马俑这样的标志性吸引物来说，还是没有太多的可比性，在游客的心目中旅游的可识别性也不强。这相对于长沙丰富的文化旅游资源来说，不能不说是比较遗憾的。

（六）联袂力度不够

目前来看，长沙地区的文化旅游资源和周边环境的合作仅限于表面，他们之间没有深入的合作。对他们来说，不同地区的文化资源融合障碍没有完全消除。而且，跨区域多边合作和旅游联盟尚未形成，削弱了长沙文化旅游资源的竞争力。

三、机遇

基于长沙文化旅游产业的资源利用和开发状况，围绕区域文化旅游产业发展的政策环境，结合国内外地区文化旅游产业的未来发展趋势，我们相信，长沙地区的文化旅游产业将实现新一轮发展，并且前景十分广阔，必将大有作为。

（一）文化消费市场空间巨大

经过三十余年的经济快速发展，人民的物质生活水平显著提高，精神文化生活愿望不断增强。人民希望能享受到更多优质、多样化、个性化的文化产品以及服务。文化消费在居民生活成本中所占比重将保持快速增长态势，为发展文化旅游提供巨大的市场。预计从现在到 2022 年，中国文化旅游业将进入快速增长期，人均文化消费需求年均增长 6.7%，文化旅游业就业年均增长 9.7%，文化旅游业增加值年均增长 14%左右，文化消费需求快速增长，随着新型工业化、信息技术、城市化和智慧城市建设的深入推进，将为文化旅游产业的发展和竞争力创造前所未有的机遇。

从自身的情况来看，2020 年 5 月，历经疫情侵袭的中国内地渐复平静。中国国家统计局晒出了 2019 年各大城市经济指标，中部城市长沙的成绩颇为亮眼——2019 年 GDP 增速高达 8.1%，在全国 17 个 “万亿” 城市中，位居第一。省会城市常住居民 772 万人，城镇居民人均可支配收入居全国首位。城市居民教育文化旅游支出占到消费支出的比重也在不断增长，从 2010 年的 8%上升到了 2019 年的 11.2%。消费群体不断增加，居民收入也在持续增加，持续旺盛的文化需求以及对周边城市的辐射效应在逐步增强，这些将为长沙文化旅游产业的发展和竞争力提供巨大的区域市场空间以及强大的内在动力。

（二）文化体制改革红利持续释放

中共中央委员会十八届三中全会通过了《关于全面深化改革若干重要问题的决定》，突出文化产业体制机制改革是最伟大的红利，同时也指出文化产业体制改革的未来方向。文化体制改革红利不断释放，将成为有效消除制约我国文化产业发展的重要因素，持续激活文化产业法治活力，为促进文化产业实现更好的发展创造更多机遇。

近年来，长沙市加大了文化旅游的推广力度。直到 2020 年底，全市有 11 个国家级文化园区和基地，11 个省级示范和重点园区，10 个不同标准的园区，均由政府或公司领导。同时还启动了一批重大产业项目建设，建立了一批知名文化资源保护公司。2014 年，根据长沙市市委、市城管局关于加快建设中等富裕城市的发展规划，先后启动了《长沙市公共文化服务体系建设 “提质提效” 三年行动计划》以及《长沙市文化产业加快转型创新发展实施产业倍增五年计划》。使全市文化产业走在全国省会城市前列，全市文化产业大项目超过百余个，均获得了良好的发展。

（三）文化旅游产业发展基础较好

长沙地区的旅游文化产业整体发展起步比较早，而且起点较高，这对于拥有湖南“半壁江山”的文化旅游资源地而言，其文化经济总量以及规模在中央省会城市中都是名列前茅的。据统计，2012年，长沙市旅游业增加值达到了55亿元，文化产业增加值达到了65亿元，比上年高出了13.8%，同时也在省会城市文旅产业增加值排名中位列首位。此外，长沙市文化旅游业增加值占国内生产总值的8.7%，比全省平均水平高3.3个百分点；文化旅游业吸纳从业人员53.7万人，占全社会职工总数的12.0%，文化产业体系已经基本成型。在经过几十年的发展历程中，长沙市文化旅游产业取得了实质性成长，并且在各省会城市中的排名也是靠前的。逐渐形成了融合媒体传播、出版发行、文化旅游以及娱乐文化等于一体的文化支柱性产业。如今，文化产业已成为经济发展的重要支柱之一。在全国具有较大的影响力和较强的竞争优势。市场拓展能力也获得了显著提升，形成了一批在行业中发挥重要作用的文化创意公司，如湖南广电集团、湖南出版投资控股集团、《湖南日报》、《长沙晚报》等集团、长沙广电集团、三辰卡通以及宏梦卡通等有着较强社会影响力的文化创意企业。此外，文化品牌整体的社会影响力也较大，已经形成了“出版湘军”以及“影视湘军”为代表的电影以及电视等文化品牌，并且在国内产生了巨大的影响。

（四）两型发展助推文化旅游产业跃升

2007年，长沙、株洲、湘潭地区被批准成为国家资源节约型和环境友好型社会建设综合改革试验区。享有对重点领域和关键环节优先试用的权利，承担创新体制机制任务，促进经济社会发展与人口、资源以及环境相协调，并且积极探索走出一条和传统发展模式有着一定区别的新型工业化以及城镇化道路，这也是发展文化旅游产业经济的首要任务，属于典型的资源节约和环境友好型产业，在两型社会建设中发挥着重要作用，应成为重点发展产业。《文化创意经济发展规划（2012~2015年）》明确提出：充分立足长沙特色以及优势，仅仅围绕建设国际文化城市的总体定位，按照“改革创新、延伸开放、项目管理、突出特色、集群发展”的方针，到2025年，文化创意产业总产值将超过2000亿元，占全市生产总值的10%以上，成为继环渤海湾文化创意产业之后的国家级重点文化创意产业，同时也将带动长三角文化创意产业和珠三角文化创意产业的发展。

（五）文化旅游产业与相关产业融合加速

文化旅游产业是有着较强辐射力以及实力非常强的综合性产业，其渗透力也非常强。文化旅游产业的整体发展趋势呈现出加快与相关产业融合的趋势，不断形成新的业态，拓展新的市场，为文化产业的可持续发展提供了新的动力。深化和扩大文化旅游产业与科技、金融乃至建筑、商业、休闲、美食等相关产业的融合，以文化内容消费为核心的巨大产业链和产业集群正在逐步形成和发展。同时，长沙有50多所大学、97个科研院所以及50万名科技人才，这些都为促进长沙地区文旅产业的发展奠定了十分重要的资源基础。作为2012年首批文化科技融合示范群之一，全市科技创新能力居全国城市前列，为文化融合发展提供了坚实基础，尤其是科学和技术领域的发展十分突出。2013年，长沙市出台了《文化与科技融合示范企业认定管理暂行办法》，为实现文化和科技的有效融合插上了快速腾飞的翅膀。全市科技型文化企业一共有81家，比上年增长80%，整体呈现出加速增长的趋势。“文化+科技”的合作创新潜力和融合发展也有着无限的发展潜力。

总的来说，随着我国社会经济的稳定发展，越来越多的人喜欢旅行。旅游是一种重要的生活方式和消费方式，国内外入境旅游进一步升温。长沙旅游业的强劲发展，是十分难得的市场机遇。中国加入世贸组织以后，各行业逐步与国际接轨，这也为长沙旅游业的发展做出了贡献，使其可以在更高层次以及更广领域为实现更好的发展提供了更多新的机遇。如今，随着长株潭城市群正式获得国务院批准，已成为“国家资源节约型、环境友好型社会”（简称“两型社会”）的改革试验区。在这个地区，传统产业的发展必须以资源消耗为主，旅游业的发展必须以促进环境的可持续性为基础，这是一个好的产业政策和产业环境，进一步促进长沙市大力发展文化旅游产业。

四、威胁

（一）文化消费市场竞争激烈

当前中国文化旅游市场的竞争持续加剧，根据国家统计局公布的2015年数据可以看出，10亿元以上旅游项目达到了2057个，在建的50亿元以上的旅游项目一共有 404 个，投资额高达 100 多亿元的旅游项目也有 185 个，相比较上一年实现年均增长 10.5%；全国旅游总收入达到 3 万亿元，比上一年度增长了 13.1%。此外，文化旅游和人文旅游对整个旅游市场所带来的影响也是非常大的。此外，长沙市文化旅游产业整体发展规模还有待提升，目前还没有非常强的竞争优势。长沙的旅游文化产业结构与市场还应当进一步加大对外开放的程度。长沙文化旅游景区如果不及时采取行动转变观念，应对高端文化服务市场冲击，必然在未来的发展进程中面临十分严重的发展困境，难以实现创新发展。

（二）品牌建设不足

整体的宣传力度是远远不够的，而且品牌吸引力也有所下降。最近几年来，长沙主要通过报纸、杂志、电视台、网络软文、自媒体等不同的形式开展宣传，提升了长沙文化旅游景区的整体形象和多个地区的旅游消费，同时也带动了文化创意产品以及周边服务市场的消费。由于长沙市整体广告投放力度有所下降，再加上资源有限，在中央电视台等媒体的集中广告活动效果并不明显，品牌的吸引力在逐年下降。每年的广告媒体宣传支出不到总收入的 10%，广告覆盖仅限于省内。而且宣传媒介也偏向于传统模式，如在高速铁路、交通灯、出租车顶灯等进行宣传，而对于活动营销、网络广告、自媒体等形式则使用得比较少。

盗版现象十分严重。长沙有着十分丰富的非物质文化遗产，比如湖南刺绣以及其他非物质文化遗产等，这些都属于手工制作，是精美的文旅产品和工艺性极强的作品。然而，因为缺乏法律法规方面的有效监管，企业在品牌注册和推广方面工作不到位，缺乏商标保护意识，导致很多文旅产品在市面上出现了很严重的盗版现象。

长沙历史文化遗产丰富，但目前发展文化旅游产业主要是观光旅游和一日游，尤其是由文化旅游产业发展带动的文博以及艺术品交易量显然是不足的，很多非禁文物大部分都属于地下交易，因为缺少监管以及评估，导致文博市场整体交易十分混乱，而且存在极为严重的价格不透明现象，导致市场诚信度持续下降。此外，古玩以及仿古复制行业还有相关产业的发展规模较小，特别是对周边城市的发展是缺乏影响力和吸引力的。

（三）周边地区文化旅游产业的挑战

当今社会，文化产业日益成为发展社会主义文化的重要途径。在市场经济条件下，满足人民群众的精神文化需求至关重要，同时也是塑造城市形象十分重要的一大途径。发展文化创意产业是我国许多城市的重要发展战略，已经成为北京、上海、杭州以及深圳等城市的重要标志，并且认识到发展文化创意产业的重要性，依托自身的政治优势或历史文化内涵，建设了一批比较成熟的文化创意企业和产业集群，以及区位优势集聚区。如北京 798 艺术园、杭州 Loft49、上海八号桥等文化创意产业集聚区，同时也将文化创意产业渗透到了旅游产业当中，同时也推出了一批文化创意旅游产品，比如印象刘三姐、北京欢乐谷、深圳华侨城、游戏体验版“唐朝风云”等一系列文化创意旅游产品，成功创造新的旅游经济收入增长点。因此，长沙在面对这些挑战和威胁的时候，如果不能推陈出新，维护自己的文化品牌，将无法与其他文化创意旅游产业竞争。

（四）文化产业法律环境薄弱

文化创意旅游产业的核心实则是文化、创新以及创造力，然而因为文化创意产业还是属于比较新的产业，在国家立法层面已然相对十分欠缺，因此不可避免地会引发盗版猖獗以及知识产权保护力度不足等一系列法律问题，这在一定程度上阻碍了文化创意旅游产业的发展。对此，湖南省政府应当持续加强对知识产权的立法保护，加大执法力度，对文化创意类产业的规范发展做出监管，为促进文化创意旅游产品的发展创造更好的法律环境。

（五）人才竞争激烈

一个地区能否成功发展文化创意旅游业，不仅取决于当地的文化、历史和经济条件，也要靠创新人才的引入。现代社会生活各个领域之间的竞争越来越激烈，人才的流动性也越来越大。为了吸引人才，不同地区出台了不同的优惠政策。长沙地区一些有实力的大学培养了一批人才，并开始鼓励学生发挥创新能力，为长沙地区的发展做贡献。但是整体来看，长沙的发展相对落后，人才流失现象不可避免，长沙地区专业的文化旅游人才相对较少，员工综合素质有待提高。此外，一些经济发达地区还从外地或国外引进了具有较高创造力的人才，长沙的人才争夺更是雪上加霜。文化旅游产业发展缺乏高素质的管理和策划人才；导游虽多，但金牌导游少；也有的导游缺乏基础知识，尤其是文学知识，历史与地理知识，经常发生一些常识性错误，理论与实践脱节，综合素质有待提高。因此，长沙要想更好地发展文化旅游产业，必须下大力气，保留本土人才，引进国内外优秀人才。

第二节　长沙文化旅游产品的开发

一、文化旅游综合体是文化旅游开发的重点

文化旅游综合体的概念是建立在旅游综合体概念基础之上的。所谓“休闲综合体”或“度假综合体”，是指以一定的旅游资源和自然资源为基础，以旅游休闲为导向，实现对土地的综合开发而不断形成的以互动发展的度假酒店组成集合多个休闲娱乐项目以及房地产的核心功能框架，这是旅游休闲行业的总体构成。旅游综合体是旅游产业的集聚区，又是一个旅游经济系统，可以发展成为旅游目的地。文化旅游综合体或文化创意旅游综合体是旅游综合体的一种类型，其特点在于以文化为核心资源、核心产品或核心功能的旅游综合体。

长沙恒大文化旅游城是长沙文化旅游综合体的代表之一。长沙恒大文化旅游城位于湘江新区的大王山旅游度假区。长沙恒大文化旅游城主要规划三大板块：第一个板块是以童话神话乐园为核心的游乐板块；第二个板块是涵盖有桐溪古镇商业街、恒大足球世界、健康颐养中心、珍稀植物王国、三大酒店集群、影视文创公社等公建配套板块；第三个板块是经典高端旅居板块。

长沙恒大文化旅游城斥巨资打造的文化旅游配套和生活配套可谓品类众多、覆盖全面，一座全能生活大城，力助湖湘文化旅游市场和城市发展。长沙恒大文化旅游城涵盖桐溪古镇商业街、珍稀植物王国、精品度假酒店、健康颐养中心等丰富业态，目前儿童梦幻城、园林展区、桐溪古镇商业街示范区均已开放。

恒大童世界占地约 1200 亩，是专为少年儿童打造的全球超大全室内全天候大型童话神话乐园；汇聚体育运动、联赛竞技、教育培训、休闲娱乐等功能；约 80000 平方米的桐溪古镇商业街汇聚全球名品、美食、酒吧、文创等

缤纷业态；珍稀植物王国依托大王山自然地貌，以全年观花为主题，打造月月有花观、季季有花赏，四季“缤纷花赏不打烊”的生态植物王国；35000平方米恒大颐养中心，为老人提供医养融合、亲子同乐、旅居度假、娱乐社交等养生服务；约90000平方米临江国际会议酒店，配备有高科技影音系统、专业会务服务团队及同声传译设备，是承办国际会议、高规格宴会的高端商务平台。如此丰富的配套可以满足人们游、乐、购、吃、住、玩等多方位的生活需求，可以预见，长沙恒大文化旅游城将成为长沙、湖南乃至中部地区最具影响力的文旅新地标。

近年，文化旅游的融合发展不断加速。2019年，文化和旅游部的正式挂牌，也标志着文旅融合发展上升到了国家战略新高度。湖南省是文化旅游大省，是集历史名城、人文古镇、温泉养生、青山绿水、生态宜居于一体的世界知名历史人文旅游胜地。长沙作为湖南省省会城市，是著名的楚汉名城、屈贾之乡、伟人故里，也是楚文化和湖湘文化始源地，千年学府岳麓书院、四大名亭之一爱晚亭传承着3000年的历史文脉。当地源远流长的文化可谓一座取之不尽的文化宝藏，长沙恒大文化旅游城深入挖掘历史文化资源，打造极具文化特色的文化旅游胜地，将成为传播和弘扬中国优秀传统文化的重要载体。

综上所述，中国的旅游业发展已经进入休闲经济井喷期，文化旅游产业是发展势头强劲、发展潜力巨大的朝阳产业，在国家各种优惠政策的背景下，建设文化旅游综合体成为地区发展新的增长极。从城市规划和建设的角度考虑，文化旅游综合体的建设可以为城市的物质文化、非物质文化和建设文化展示发展提供平台，增强城市的文化认同度，为城市的特色化发展提供文化保证。因此，可以预见，文化旅游综合体将是长沙文化旅游开发的重点。

二、演艺节庆产品成为文化旅游盈利引爆点

随着旅游与文化产业的深度融合与发展，一种新型的旅游产业——旅游演艺诞生了。旅游演艺是一个新产品，从演出产品与旅游目的地当地文化的有机结合中获得。目前学术界对旅游服务产品的概念没有统一的定义，又称“旅游表演”和“旅游演出”。早在2009年8月，国家文化部和国家旅游局联合通过了《促进文化与旅游一体化发展的指导意见》，以促进现代高科技的应用，以提高文化和旅游业的竞争力项目质量为目标，突出地区和文化特色，创造优质旅游服务。

一般来说，旅游演艺产品一般以地域文化为基础，通常是以酒店演出、剧场演出、景观表演以及现场演出为主要的演出场所。借助舞台表演的模式，充分体现出现代居民的各种生活状态，体现出真实感，以此来吸引更多的游客。把旅游消费作为旅游产品类型。由古典舞台设计、各种造型艺术以及大众文化的有效融合为主，主要体现在以民间活动和节庆活动为主，这种表演成为具有很大创作和发展空间的娱乐文化产业，这是一种来自生活的舞台体验，但又高于生活。然而，因为各种外界因素的影响，此类表演方式也无法完全真实地对目的地文化做出反应。

近年来，旅游节庆和旅游演艺是促进当地旅游业发展的重要手段。我们从旅游目的地生命周期的理论可以看出，旅游目的地发展达到稳定阶段之后必然会出现停滞或者是衰退现象。如何有效抑制住此类衰退趋势，充分实现旅游景区的经济复苏，同时恢复以前的繁荣，这些问题一直是文旅产业行业十分关注的问题。如今，旅游信息和节庆活动正处于快速发展阶段，成为文化旅游盈利引爆点。在区域整体发展的背景下，引进旅游演艺和节庆旅游产品开发将成为区域旅游经济增长的重点。

三、文化旅居成为文化旅游产品核心吸引物

文化旅居不仅仅是一个社会学概念，还是一个生活方式的概念，更是指导旅游产业进行开发建设的一种产业思维和方法论。

在社会的不同发展阶段，游客有不同的旅游需求，而文化旅居是旅游发展中比较高的一个层级，这是目前基本都认定的事实，至于是不是旅游发展的最高层级，目前看来还不一定，因为随着社会发展变化，旅游的发展也会随之改变。某些学者号称旅居社会的形态，多大程度上要实现还是要看社会发展的。线性的思维，不能够去界定一切内容，也不能把文化旅居过分的放大，说整个社会要进入到旅居社会状态，社会治理要旅居社会的治理手法，这在目前哪怕是旅居比较发达的欧美一些小城、小镇，也没有达到这个针对旅居社会的程度吧，何况中国这么大的一个国家。并且从旅居概念的产生来看，旅居者一直是以一个外来者的身份介入一种新的文化空间，体验这种新的文化空间，并且保有自己原有的生活方式。因为只是暂时性的体验，旅居者还要回到自己的社会空间。吸引旅居者的也是迥异于自身的那种文化空间和生活方式，因此旅居项目一定要对自身要打造的生活方式以及文化方式有

清晰的界定和呈现。这才是吸引旅居者最重要的内容。

从旅居的内涵和外延来看，旅居本身就是一个系统性工程。它涉及的面比较广，涵盖的面也比较宽，至少包括一定的自然资源环境，具有吸引力的旅游吸引物、文化吸引物、居住设施、商业设施、旅游服务等内容，即“自然资源+景观+文化景观+生活住宅+核心配套+目的地式的文化主题体验”的旅居系统，涉及旅游企业、当地政府、当地居民等不同的利益群体。方方面面体现的更关键的是旅居的大环境，不仅仅是硬件的环境，更是一种散发在每个人的笑容中、每个人的行为、每一个活动节庆中的软环境。从这个层面看来，当下的全域旅游背后的真意就是旅居。某种程度上来说经过全域旅游才能走向旅居。没有全域旅游的支持，旅居很难实现。旅居与全域旅游最终走向一起。

目前我国旅游业越来越趋向于往品质旅游方向加速转变，文旅消费的升级表现也慢慢明显起来，文化旅游已渐成为人们美好生活的重要组成。但相比之下，国内高品质的文化旅游产品供给短缺的问题逐渐显现，已无法满足人们日益增长的休闲、娱乐、旅居等需求。在长沙地区，恒大集团旗下的恒大童世界旅游集团则紧紧抓住文化旅游行业最新发展趋势，创造性地将自然资源、人文景观与文化、旅游、休闲游乐、居住等需求有机结合，打造这样的文化旅游胜地，不仅满足了人们不断升级的文化旅游消费需求，还填补了旅居的空白。在文化旅游产业的发展下，恒大开发打造的文化旅游城“抢滩布局”于全国各大一二线城市，长沙也不例外。目前在湖南，以长沙恒大文化旅游城为轴心的文旅项目已基本形成，为的是打造一个生态、休闲和宜居新城。

旅居是一个系统性工程，是不是旅居项目都是巨无霸的大工程，小项目都不是旅居项目呢？答案是否定的。因为当下的社会环境和经济环境，打造巨无霸的旅居项目，可能性很少，也不会太多，更多的是将一个个更小的旅居单体项目，有机组合在一起形成更多的旅居系统。这就要求不论是做大项目还是小项目都要有一种旅居的思维模式，以生活方式的体验和文化方式的呈现为核心进行打造，以系统化的思维去着眼嫁接周边的各类资源，形成自己单个项目的亮点和特色。比如一座酒店，有的还停留在卖客房的模式，有的已经进入到卖场景的模式，整个酒店就是一个 O2O 线下生活方式体验的平台，可以直接下单购物了。做旅居产品，整个旅居商业模式和赚钱模式都已经发生了翻天覆地的变化。所以旅居更重要的是思维和方法论，旅居方法论背后的商业模式和盈利模式，更为关键。

四、文创产品成为文化旅游传播的载体

文化创意产品是将文化作为纪念品和旅游景点进行结合推广的一种创意设计作品，是旅游目的地的重要形象代表，主要通过展览以及产品化还有销售等方式为旅游产业增加收入，同时也是对目的地形象进行有效推广的渠道之一。近几年来，我国文化创意产业发展迅速，成为第三产业的支柱性产业，文化产业生产总值占 GDP 的比重也在逐步提高。2017 年，全国文化及相关产业增加值达到 34722 亿元，占到国内生产总值的 4. 2%。作为国家文化中心的北京，其文化产业产值占 GDP 的比重达到了 14. 3%。此外，传统文化作为文化产业十分重要的物质基础，同时也是文化产业十分重要的素材。2018 年，在第十三届北京文博会上签约了 39 个文化创意产业项目，金额达到了 68 多亿元，其中传统文化项目金额占比达到近 20%。2017 年，北京故宫文化创意收入高达 15 亿元，文化创意产品超过 1 万种，成为传统文化与现代文化嫁接与创新的典范。

2015 年，国务院办公厅制定了关于加快发展生活服务业、促进消费结构改善的指导方针，主要提出了关于“积极发展有着民族特色以及地方特色的传统文化艺术”“持续加强对各类旅游纪念品的创意设计”，重点以强化民间音乐和历史以及区位等不同的文化内涵为核心进行创意设计。中国高度重视旅游文化创意经济和旅游业商品品牌建设。当前应当尝试推广景点的文化知识产权类商品，在文化创意原材料的创造基础之上，尤其是要在旅游区域内进行总体策划、规划以及设计的基础上，进一步挖掘文化知识内涵，加强对历史知识的整体解读，再进行理性的区域空间规划，通过对区域商业的合理空间布局，进而增加新的利润点。

文化创造与传统文化的结合，不仅为文化创意经济提供了丰富的素材，而且传统文化也给人以新的面貌展示。近几年来，长沙市博物馆推出了许多文化创意产品，如“秘密花园”，还有以非物质文化遗产为主题的湖南省隆回县滩头年画、长沙窑的“便携式茶室”以及长沙的“筷乐伴手礼”和“鸾凤双飞”等，每举办一次临时展览，市博会也将推出相关文创产品。比如在开展“华夏瑰宝——保利海归精品文物特展”以及“独立苍茫——湖南名人

书法展”等的书法展览期间，同时还配合了临时展览，随后开发了诸如圆明园动物系列以及以“英雄独立形象”为主题的纯天然桑蚕丝套装等一系列文创精品。

2018 年初，湖南省图书馆举办了《图书馆文化创意开发合作发展协议》签约仪式。在这次仪式上，首次发布了湖南省图书馆珍藏的“难得湖图”的文化创意商标以及图书馆动漫形象“湘湘”和“图图”。这二者都属于卡通人物，是以读者作为原型记录下来的，充分体现出了湖南省图书馆的馆训，即：厚学笃行，致知弘文。之后，长沙文坛地标之一当当梅溪书院正式开业，引进了 40 多个国内外知名文化创意品牌，其中文具、纸质书籍、家居用品、儿童文具等超过 3000 种文化创意产品。除了种类繁多的书籍外，读者还对各种文化创意产品感兴趣。书店负责人胡先生也说：“我们书店有植物染料纺织品和设计师手工首饰等众多文化创意产品，这些都获得了很多读者的喜欢。”另一方面，谢子龙影像艺术馆主要是以影像为核心主题，前后推出了与摄影家、艺术家跨界合作的海报、明信片、相册以及其他衍生产品。在最近举办的“中法文化之春”活动中也推出了众多文创产品，并且都获得了很高的读者评价。

好的文化创意产品要反映中国人民的日常审美，并且反映人民的日常生活以及中华文化传统和推广中国故事。例如，故宫结合四羊方罍制作的茶具，就可以用作工艺品。“创意中国”文化创意创业投资项目也是突出代表，其中有以创新和传统文化表达为重点的内容，如清明河畔 3.0、五维记忆以及戏说还有唐窑和神话谚语等不同的文化创意产品，让文化在日常生活中得到“回归”。显然，在现代消费社会中，文创产品正在自觉或者是不自觉地传承中华民族传统文化，成为文化传承的新兴载体。

五、分权与共享创新文旅产品

文化和旅游是典型的应用创新、集成创新的行业，它是通过外部生产力创新实现产业生产关系创新的典型案例。实现文化和旅游的融合创新发展，需要通过科技创新突破应用方式和使用经验，从而提升其应用价值。

在以前，创意和设计都有很高的专业门槛，只有达到了专业水准的艺术人才或者是设计软件人才，才能有机会加入到文旅产品的设计和开发中。如今，随着新技术的不断应用，创意和设计的门槛一次又一次降低，即使是普通的人也能创造出巨大的创意才能。比如，在2018年春天，甘肃敦煌研究院与腾讯股份有限公司联合推出新春礼物敦煌丝巾。当时，敦煌研究院开设了100个大壁画、藻井以及塑像等资源，而腾讯的程序员则将其自动拼接成一个小程序。优秀的创意作品在上线一个多月之后，共有200多万人参与了此次设计，并且形成了10多万可以直接应用于商业化的作品。我们可以从这些作品中看见带有Gucci风格的三兔共耳，以及有着典型波普风格的囚鸟，同时还有有着青花瓷风格的飞天等，这些作品都非常漂亮，而且和著名设计师所作的作品并没有很大的不同。这些丝巾在过去必须都是出自专业的时装设计师的，然而现在普通老百姓也很容易参与到制作行列中。很多的作品素材都属于现成的，不需要普通消费者事先掌握相关的技术技能，只需要了解些敦煌文化就可以进行操作，而且也无需耗费太多时间。从这我们也可以看出技术的力量。在未来，此类做法依然会越来越多，而且优势也会更加明显。

在专业设计领域，新技术的应用也使设计师们获得了极大的自由。鲁班AI作为阿里的智能设计师可以自行完成多项全智能制作流程，比如通过机器学习、需求理解、草图框架制作、文化元素补充、细节改进、系统选择最佳解决方案以及输出消费终端等众多智能化流程之后，鲁班AI可实现每天制作4000万张海报。比如在2019年“双11”的时候，输出了4亿份海报——这些工作量相当于100位专业设计师的100年的工作量。从这可以看出，技术的应用极大地解放了广大设计师，让设计师更加专注于提升设计创意，有效提高产品的触达率以及展示率。

口耳相传是最简单、最有效的沟通方式。但在过去，由于受到技术方面的限制，这种传播的成本也是非常高的。因此，借助于互联网社交平台，实现“屏屏传播”以及“裂变式营销”是文化旅游传播与营销的一种重要形式。比如，青海茶卡盐湖主要是借助朋友圈以及微信公众号实现对网红景区传播的。有数据统计显示，2013年游客数量从10余万人增加到了2015年的130多万人，在2018年游客量已经超过300万游客。还有，梦幻奥陶纪也是靠抖音迅速火遍全国的。这种方式只需要景区投入很低的营销成本，但是对于文旅项目的营销意义却是非常大的。

近年来，湖南文旅一直在融合发展上积极探索，用集聚长沙的人才创意设计带来深度消费和可复制推广的文化旅游新产品。湖南在景区消费升级上做了积极探索，把产品研发设计、旅游市场营销和服务质量监管结合起来，着力深化供给侧结构性改革，抓改革，强营销，重供给，优服务，不断增加优质旅游产品新供给。

总之，文化旅游创新必须与产业创新、农业创新以及科技创新紧密融合，成为新常态经济驱动和文化繁荣的催化剂以及新杠杆。分权度假主要是把各种创新的新商业模式进行融合，将其融合之后形成一种全新的商业模式，是一种普通的工薪阶层都能够享受到的高端度假的创意方式。其中，文化分权更是作为一种文化还有全新的生活以及旅游体验。此外，在文化分权前提之下，不同的人可以选择的购买以及取得产权的方式显然是不同的，比如画家可以通过画作以及明星可以通过名气，还有富裕阶层能够通过金钱，普通民众可以通过服务等不同的方式，进而构筑起一个职业和产权相融合的文化院落。

六、文化媒介跨界旅游营销大有可为

尽管跨界营销在全球已被广泛应用，但中国文化旅游行业仍涉足尚浅。很多文化旅游企业仅仅属于跨地区，还不能归类为严格意义上的跨界。跨界营销核心的内容在于突破传统的简单合作，在很多方面寻找真正的双赢局面，而这种双赢局面必须能够推动产业的发展，需要不断地深化，使所有合作都能够获得持续发展。

综艺营销主要是通过和娱乐媒体、短视频媒体以及自媒体进行跨界合作的，充分借助娱乐以及短视频等不同的元素或者是形式，利用其超高的观众收视率与顾客建立情感联系，从而创造一种快速培育和打造品牌的营销方法。文化媒体跨界旅游营销有着巨大的影响范围。可以通过各种娱乐节目的高流量和短视频传输来带动，有效促进区域旅游业的发展；同时也可以利用现有成熟的 IP 植入和创建区域 IP 的方式，加大旅游目的地 IP 的扩张力度。旅游目的地成为文化展示的重要窗口，而文化必然会为旅游目的地实现可持续发展植入灵魂。

目前，很多目的地进行自主 IP 研发，但是真正形成强大的 IP 价值以及影响力的并不多，其中很大一部分原因在于和文化领域的合作并没有形成比较成熟的融合发展模式。积极探索新的合作模式，实现共赢发展至关重要，这也可以为文化媒介带来新的盈利空间。文化媒介为跨界旅游提供了创新性旅游营销服务产品，也将为旅游目的地带来无限发展可能。比如华谊兄弟（长沙）电影小镇就是典型的案例之一。项目位于长沙市中心以南、湘江以西、湘江新区大王山旅游度假中心内，是以电影为主题的集文化、休闲度假、旅游和体验于一体的度假胜地，同时也是集建筑旅游、创意旅游、电影旅游、科技旅游还有商业旅游等于一体的有着明显文化特色及多样变化的重要资源。整个项目投资高达34亿元，建设用地达到1000亩，同时项目引进了“电影IP”这个关键词，更选取了“意大利风情小镇”以及“老长沙小镇”这两个核心主题，现已开园，可供游客观览。

七、研学类文旅教育产品发展潜力大

2000年前，孔子周游列国，行走式教学堪称世界研学旅行的典范。而今，研学旅行频繁出现在国家的政策中，已然成为新时代中国教育改革的一大热点，同时也造就了旅游市场新蓝海。本书全面且系统分析了研学旅游的概念内涵、背景规模、发展历程、产品模式及相关案例。除了研学+科技、研学+文化、研学+农业、研学+拓展结合打造的科技研学旅游目的地、文化研学旅游目的地、农旅研学旅游目的地、营地研学旅游目的地等，研学还可以和工业结合打造工业研学旅游目的地，我们分享过几个中国台湾的工业研学旅游目的地案例，不管研学和哪些类型的产业结合，都需要以本职文化内涵为基点和核心，不断推出迎合当下潮流的产品，将主题体验、亲子研学教育、创新业态延伸（主题博物馆、主题乐园、主题餐厅、特色营地等）、特色旅游购物相结合，创造出新的经济活力。

近些年，随着国家政策的持续引导、国内经济的迅猛发展以及人民物质生活水平的持续提升，家长对于孩子的教育理念也在逐渐发生变化，从过去对学习成绩的单纯追求到更加注重孩子综合素质的全面培养。在众多因素促使下，研学旅游开始兴起。

（一）何为“研学旅游”

研学旅游具体指的是有组织、有计划以及有针对性地在校外与学生共同开展的旅游学习活动。从狭义的角度来分析，研学旅游主要指的是学校组织的校园旅游专项活动，目的是让学生学习到相关知识、接触社会以及培养人格等。从广义角度来分析，研学旅游主要是以探寻文化知识、实践探索以及自然发现为目的的集研究性、实践性以及探索性学习于一体的文化活动。

比如，结合长沙当地高校，为游客开设高校旅游类知识讲座。

研学旅游最早起源于美国，当时主要是以营地教育为主，可以追溯到20世纪60年代，距今的发展历史已经接近100年。研学旅游逐渐发展成为一个有着较高标准化、产业化以及细分化等特征的十分成熟的产业。

(二)“研学旅游”在国内的兴起

1. 政策推动，研学旅游上升到国家战略

2016年11月，教育部会同国家发改委、旅游局等11个部门联合发布了《关于推进中小学研学旅行的意见》，根据意见指出，将研究性学习活动纳入中小学教育教学规划中，持续强化科研和校旅基地建设；同时对组织管理以及安全责任体系，还有经费筹措机制等做出详细地阐述。研学旅行已经从促进旅游行业发展这个角度，上升到了持续提升中小学生综合素质教育的伟大战略高度。

在2018年的暑假，湖南研学旅行市场异常的火爆，从2016年国家发布相关政策开始推广研学旅行开始，到2018年逐渐进入到了高峰，作为长沙市教育局指定的10大研学旅行机构——长沙中国青年旅行社在今年暑假开展了多种多样的研学旅行。

2. 经济发展引领消费升级，研学旅游迎来重要机遇

随着国内生产总值的持续提升，我国城乡居民收入呈现出持续快速增长的发展态势，居民消费水平也得到了明显的提升。根据国家人力资源部对外公开的报道显示，目前我国消费结构正处于第三阶段，民众在教育、医疗以及旅游休闲等各个方面的消费支出也得到了迅速地增长。尤其是在教育培训支出方面，全国居民人均消费支出占比已经超过了11%。

3. 教育理念的转变为研学旅游带来发展动力，未来市场空间巨大

“80后”“90后”新生代父母对自己的教育理念有不同的看法。更加重视互动教育，推进素质教育方法，普遍对新生事物有较高的接受度。根据调查显示，约3/4的学生家长了解研学旅游，80%以上的家长愿意让孩子参与研学旅游。消费价格在人均3000~10000元之间，在家庭的支出中所占比例高达88%。此外，父母教育观念的创新和新生代消费能力的提高为研学旅游带来了强大的发展动力。根据中国旅游研究院出版的《中国研学旅游发展报

告》可以看出，近年来我国研学旅游市场发展迅猛。出行人次年复合增长率达到了34%，市场规模方面的年复合增长率达到了60%。目前我国开展研学旅行的学校数量只有不到5%，和日本等发达国家98%的普及率相去甚远。据不完全统计显示，未来三到五年我国研学旅游市场的总规模将接近千亿元。

八、旅居生活方式的打造成为主流趋势

旅居是一种集居住、旅游、休闲、度假、疗养等为一体的全新的生活方式。旅居是在不同的季节，去不同的地方居住和旅游，欣赏不一样的风景，了解不同的民族风情，感受不一样的生活文化，体验不一样的人生。

（一）旅居与旅游的区别

（1）旅居。旅居可以看做是旅游与旅行的升华。在旅居过程中，人们既能像旅游那样住舒适的酒店，又能像旅行那样关注沿途的风景，结交志同道合的朋友。在人们不想外出观光的时候，还可以随意使用旅居内的配套设施，如棋牌室、健身房、游泳池、K歌房等，使旅途更加丰富多彩。人们还可以足不出户，就能享受到长沙市当地的特色美食以及其他各地的风味小吃，如臭豆腐、麻辣小龙虾等。不仅如此，旅居的时间也更加自由。不用像旅游那样忙于赶车。人们可以自主地选择是否参与外出游玩，完全按照自己心意来安排，纯属于慢下来和享受时光，还有服务管家提供服务，让旅居时光更加方便舒适。

（2）旅游。旅游者更多的是自拍，是开前置摄像头，是把自己录在风景里。旅游者选择的旅伴常是昙花一现，旅游过后各奔东西，彼此忘却。焦点是风景，而非人物。

（二）旅居能带来什么？

（1）便捷的交友平台。旅居是一个交友的过程，许多原本不相识的陌生人，因为共同的兴趣结为同伴，在拼吃拼玩拼购时互相加深了解，彼此相扶依靠，结下真挚的友谊。

（2）自由的出行计划。没有固定的行程，不需要赶时间，每个人都可以按照自己的节奏去看喜欢的风景，慢下来欣赏生活之美。

（3）多样的文化风采。行走间一览湘江、橘子洲头等，细品自然造物之

美；与迥异于自身生活方式的各地文化相互碰撞，体会多彩人文风情，感受文化多元魅力。

（4）全新的生活方式。用轻松悠闲的心情，带着元气满满的身体，读万卷书，行万里路，去追寻向往的风景，用双眼记录旅途中的景、人、物，主动结交更多朋友，与时俱进，提高自己的见识，积极融入集体氛围，提升生活的品质。

（三）旅居成为未来新生活方式的七大理由

1. 度假养老，老年人的“青春时尚”

随着社会养老保障体系和商业养老保障体系的日益完善，我国城镇居民老年人口依赖子女养老的局面逐步改变。辛苦积累一辈子的老年人，在子女过上无忧生活的同时，通过高频次的旅游体验，逐步萌发和接受了度假养老的新概念。度假养老基地，在面对市场需要的同时，也日益在专业化居住服务、健康护理、老年休闲娱乐方面，逐步提高了专业科学的服务能力，人们在旅居生活体验中随之逐步形成习惯。旅居成为未来新生活方式。

2. 健康养生，全民热谈的话题

当今在大多数国民面前，衣食住行早已不再是问题，人们的生活诉求已不自觉地迁移到健康长寿上。养生的丰富程度因年龄和需求的不同也日益多样化，如养颜、养情、养身、养型、养味和养趣。不同的水土环境和不同的时空条件，往往还能满足和成就大家养生生活的需求。

3. 道法自然，明道养心

人法地，地法天，天法道，道法自然。人生活在天地间，年轻时忙忙碌碌，多有遗忘和浑然而过；回首时，才知那些没有跟上时空节奏的时光。视而不见，听而不闻，心自幽静！道者，一阴一阳！原来生活中的现实规律，近人远之，远人近之，并不是避世的生活态度，而是道法自然。研究表明，人类健康的困扰因素70%来源于心理，而心理方面的困扰70%来源于近亲，摆脱心理上的困惑，如果不选择遁入空门佛法，或浸润道庭，那么交换时空，择一天然静所，便成为养心的一大选择。

4. “雾霾”伤身，远而避之

都市的喧嚣、微尘、噪声，浓雾下灰蒙蒙的天空，不仅影响人们的日常出行，破坏人们的生理循环系统，还直接影响大家在工作、生活中的情绪。

尤其是对于亚健康人群而言，无疑是“雪上加霜”。阴霾就好比消极加速器，在生理和心理层面上日益侵蚀亚健康的病体。“人挪活，树挪死”，近十年来的物理治疗模式证明，很多亚健康人群通过时空转移，在新的自然生活区内呼吸新鲜的空气，汲取清纯的饮用水，食用新环境下的蔬菜，生理循环系统的病症都得到了意想不到的辅助治疗效果。从而在意外收获中获得新生和希望。候鸟式的旅居，最终自然而然形成留驻式的生活，成了“留鸟”。

5. 避寒和避暑，做候鸟的跟随者

寒来暑往，每逢秋冬候鸟便会展翅飞往南方，盛夏择北而返。常住祖国北部区域的人口，屡逢寒冬迁飞西南，如海南、云南、广州、深圳、中国香港、中国澳门，出境则选东南亚各国。盛夏又见各地游客常住东北区域城市山区避暑，或胶东、辽东沿海避暑消夏。人们在频繁的往来过程之中，于情于景每有寄托，或投资住房以备日后留住或且作“行宫”；或坐享房产升值，分享政策红利。

6. 大众旅游时代兴起

中国经济的快速发展，让国民提前进入了大众旅游时代，近十年来节节攀升的旅游经济收入表明，休闲度假已经成为了现代旅游消费的主流趋势。休闲度假在旅游总人次中占的比例大幅提升，又反向推动了部分区域城市经济持续高速的增长。旅游度假是新时期的一种生活方式，是集观光、休闲及各种娱乐、体育等消费于一体的追求健康和精神享受的消费方式，这也将成为休闲生活主流。

7. 国家支持旅居养老产业体系

旅居养老产业，是健康养生需求、休闲旅游和地域风情、民俗文化在房地产载体上的有机结合体。当前国家把文化部和国家旅游局两大机构进行合并，从行政管理和政策倾斜上扶持旅居产业体系的发展。各色生态民居、快乐农庄、主题休闲客栈、民俗文化园、养老度假吧等已经在各地开花结果，掀起一场新型产业消费经济热潮。

第三节 长沙文化旅游产品的市场营销

一、旅游产品营销现状

从文化旅游需求的角度看，旅游产品是指旅游者在旅游体验上花费一定的金钱、时间和精力，获得物质和精神上的满足；从旅游产品的角度看，旅游产品是指旅游经营者为了满足游客在旅游活动中的需求，依靠各种旅游设备、设施和环境条件，提供旅游市场所提供的一切服务，文化旅游囊括了旅游资源、设施和服务。

充分利用长沙的自然、文化等旅游资源，实现对文化旅游产品的有效营销，打造“山、水、洲、城”景观，整合岳麓山、湘江、橘子洲以及古城等旅游资源特色，将地区建筑景观如纪念馆、纪念地以及农家乐等合二为一。让游客不仅能领略长沙的自然风光，还能感受到长沙独特的文化氛围。特色旅游产品种类繁多，主要有文化旅游、城市旅游、景观旅游、红色旅游、乡村旅游等。为了更好地展现长沙旅游休闲娱乐的特色，在政府和相关旅游公司的共同努力下，2008 年，我们设计并推出了“激情长沙，幸福之城”的旅游城市形象和旅游品牌，同时邀请中国台湾东森电视台和中国香港 TVB-8 电视台拍摄和播出了“快乐长沙”的广告，进一步提高广大旅游者的体验。

二、旅游营销渠道现状

文化旅游的营销渠道通常包括旅行社、旅游批发商、特许经营者、酒店销售代表、国家旅游协会、行业协会、预订系统、全球分销系统和互联网等。长沙市旅游公司以及政府旅游部门等有关部门充分利用不同的营销渠道开展营销。

由于文化旅游消费者选择不同的旅游线路，来自不同的客源地，对于长沙旅游产品的营销必然也存在巨大的差异。旅游消费者可以从旅行社购买个人游产品和跟团游产品。但是总体来看，个别游产品普遍比较贵，跟团游产品可以提供优惠价格。开通文化旅游网上订票系统，可以直接在网上预订多家酒店、旅行社以及机票。为了更好地了解旅游产品的特性，也可以在现场购买。为实现通力合作，进一步拓宽渠道，长沙市星级饭店、旅行社以及风景名胜区已成立行业协会，已经有 55%的城市星级饭店加入了行业协会，同时有 61%的旅行社已经加入了行业协会，更有 42%的景点进入了旅游俱乐部。对于旅游消费者而言，旅游产品可以通过地方旅行社以及网站进行购买。

三、文化旅游促销现状

文化旅游业借助各种媒体制作以及宣传各种旅游产品，主要包括了 CD、专辑、歌曲、电影、国际舞台形象大赛及系列书籍、影视媒体、报纸杂志、互联网、广告、宣传册、公关等，对旅游产品进行有效地推广。在长沙市城管局和旅游局的共同努力和支持下，目前已经建立了较为完善的长沙旅游网络，充分借助现代网络技术，积极开展网络广告推广。当前，长沙市内的主要景点、旅行社以及星级酒店不单单可以在携程网上进行购买，也可以在长沙旅游网上进行购买，对于旅游消费者而言带来了巨大的便利，这也是一种重要的推广方式。

第四章　长沙文化旅游产业价值提升路径

通过以上几个方面的分析，了解长沙市文化旅游发展的现状及存在的问题。我们注意到长沙旅游业发展的优势和劣势，机遇与挑战并存。如果长沙要发展文化旅游业，必须充分利用自身优势，抓住机遇，克服劣势并迎接挑战。我认为我们应该从以下几个方面着手。

第一节　科学制定发展规划，突出长沙旅游发展优势

第一，长沙市政府要对风景名胜区范围进行划分，结合地方各级管理机构以及旅游开发相关部门对旅游景区做出合理的规划，进而确定风景名胜区开发的时间以及进度，有效控制好景观点建筑用地范围，并采取切实有效的防治措施对景区严加管理。注重风景名胜区原生态的保护，注重人与自然的和谐相处。采取科学发展观的态度，严格按照国家《风景名胜区规划规范》的有关要求，做好长沙市旅游发展总体规划工作。

第二，要确保旅游总体规划与城市总体规划、文化产品保护规划相结合，同时还要符合长沙市的土地使用计划，实施分块统筹，突出重点，充分发挥管理效益，尽可能地满足资源整合以及旅游业振兴的发展需要。坚持先规划后开发，做到科学合理开发，利用好各类旅游资源，杜绝无序发展、盲目发展、低水平发展、重复建设的怪象，防止各种急功近利的思想存在。

第三，要注重“休闲文化”“湖湘文化”“民俗文化”等的优势，实现自然景观与文化资源的有机结合，着力打造优质旅游品牌，提升长沙旅游业的历史文化品位和整体形象。

第二节　整合资金使用机制，注重每个景区的重点景区建设及基础设施的再建

第一，通过积极争取国家政策、外资、吸收私人投资、尝试吸收各种资金，并通过采取多样化的投资机会提升旅游业的发展。要充分利用有关部门的优势，积极向国家和省政府管理部门争取项目和资源，保护和发展历史遗迹，加大对名胜古迹的开发和保护。

第二，要动员全社会广大群众，大力实施旅游投资促进措施，走政府主导与市场发展相结合的道路，遵循明确的所有权开发责任和权利，加大招商引资，开发风景名胜区或特色景区旅游线路。

第三，激活民间投资，积极推进长沙旅游民间投资发展，以融资、持股或合作开发的方式，也可以是风险分担和利润分担的方式，进一步促进长沙旅游业的发展。

第四，设立旅游发展专项基金，加快新农村建设，加强农村公路建设，搞好旅游线路和基础设施建设，进一步整合现有旅游资源。

第三节　加大宣传促销力度，拓宽外引内联的旅游市场

第一，应该运用不同的形式加强对外宣传。应当充分利用一系列的传播手段，比如出具专业的报纸杂志，也可以通过制作长沙地区风光专题的画册、光盘等，将其制作成长沙地区旅游画册等不同的宣传形式，全面开展长沙地区旅游产业的相关宣传以及促销活动，有效扩大长沙地区对外的知名度以及影响力。

第二，应当在长沙地区交通要道创建景区景点宣传广告牌或者是指示标志，全面增强长沙地区景区景点不同方面的吸引力，吸引更多的旅游消费者前来长沙。

第三，还应当充分发挥出长沙地区旅行社团的先进作用，比如可以组织相关的旅游团队到国内各个地区开展必要的促销和推广活动。此外，还应当

通过持续强化外引内联以及协作联营等不同的方式，有效开辟不同的客源渠道，进一步激活长沙地区的旅游市场，促进长沙旅游业快速发展。

第四，全面贯彻落实长沙旅游宣传促销等经费的落实，可以通过举办以及参加诸多大规模的文化旅游项目推介以及招商引资等相关活动，通过聘请一些知名专家为促进长沙地区旅游产业的进一步发展提出相关的建议。

第五，应当创造一个响亮的旅游宣传口号，结合长沙地区特有的文化底蕴以及特色，进而创造出能够有效促进长沙地区文化旅游产业实现长远和可持续发展的宣传口号。

第六，利用新兴网络媒体，如微博、微信、客户端等形式展开网络宣传，实现线上线下的互动。同时结合湖南卫视这样在全国有影响力的媒体，全方位的展开城市形象的宣传。

第四节　改善和优化文化旅游发展环境，做好文化旅游配套设施建设

第一，要把长沙创建全国文明城市作为契机，持续强化行业管理以及综合执法监督检查，进一步提升旅游产业的发展质量和水平，有效优化长沙旅游产业的发展环境和氛围。

第二，应当大力推进“诚信旅游活动”的开展，广泛实施各种旅游计划，进而有效提升长沙地区旅游业的服务水平以及整体素质。

第三，持续强化综合执法以及检查机构等的建设，强化执法检查以及综合治理的管理力度，持续规范长沙市旅游市场发展，进而塑造长沙地区旅游行业发展的良好形象。

环境的好坏直接关系到长沙市旅游业能否实现长期、可持续地发展，因此要持续强化对长沙地区旅游资源的有效保护，进一步解决好各个景区和景点的小摊小贩，以及可进入性差的尾随兜售及强制买卖，还有欺客宰客等诸多问题，进一步规范长沙市旅游产业的经营秩序。要在不断优化和改善文化旅游整体发展环境的基础之上，还应当持续加大对长沙市文化旅游相关配套设施的整改和建设力度，可以从如下几个层面来展开。

一、旅游交通

交通作为促进旅游业发展十分重要的前提条件，同时也促进了广大游客流动，是广大旅游者从居住地到目的地以及返回到居住地整个运动过程交通便利十分重要的基础。旅游交通运输应当做到快速、安全、舒适以及整洁。结合现阶段长沙地区旅游产业的发展需求，应当持续更新能够满足广大游客需求的交通工具，也可以添置一些比较舒适以及豪华的交通工具，同时还要淘汰一些较为陈旧的交通工具。结合不同季节给广大游客提供不同类型和能满足不同游客需求的交通工具。

二、旅游住宿

旅游住宿是促进旅游业发展十分重要的组成部分。旅游业是集住宿、娱乐、餐饮、购物和健身等于一体的有着较强综合性的服务性行业，然而它们最为重要的是为广大旅游者创造一个安全并且舒适的旅游休息场所。从当前发展现状来看，长沙旅游业在加强食宿类基础设施建设的过程中并未充分考虑到整个旅游市场面临的多种需求，更加重视加强现代化住宿建设，却不重视地方性特征，讲究实用性，却忽视了艺术性。长沙作为一座历史文化名城，旅游住宿基础设施建设应当突出十分浓郁的长沙文化特色，还应当和长沙地区的建筑风格以及周围环境进行完美地协调和融合，切不可破坏了原有的风貌。

三、旅游餐饮

餐饮服务作为旅游服务行业中十分重要的因素，同时也是促进旅游产业发展的支柱产业。对此，应当充分提升长沙地区旅游餐饮的总体服务水平，创建完善的旅游餐饮服务体系，全面提升行业发展及管理水平；持续加快对新菜谱以及菜系的开发，还应当进一步强化对各种特色菜的开发及制作，有效增加各种花色和品种，进而满足不同层次和区域游客的旅游消费需求；还应当广泛引进其他地区以及国际餐饮连锁店的特色菜品，逐渐形成以“火宫殿”和“玉楼东”，还有“杨裕兴”以及“新华楼”等有着长沙地方特色的餐饮，进而满足广大游客的需求。

四、旅游娱乐

充分利用长沙地区发达的娱乐业，结合气息浓郁的乡土文化，逐渐形成以发展“琴岛”“大中华”“红太阳”等诸多旅游娱乐品牌共同发展，还应当建设新兴的湘江剧院，使其独具长沙特色。进一步提升娱乐节目的质量和水平，也可以适时推出例如歌舞厅、武术、皮影戏、湘剧、杂技等相关的娱乐表演场所，全面提升长沙地区旅游产品的娱乐性以及参与性。

五、旅游信息系统建设

长沙市应持续开发具备强大的旅游功能的旅游网络，同时在网上向国内外游客提供所需的旅游咨询服务，开展必要的旅游宣传，向广大游客介绍长沙地区的旅游产业以及旅游产品，实施必要的促销活动；也可以通过开发完善的旅游电商平台的方式，为所有和旅游相关的游客以及企业提供诸如预售、结算、预定以及支付和交易等相关的商务活动。长沙应持续健全旅游公共服务体系，不断丰富各种类型的旅游公共服务项目，全面提升长沙地区旅游业的公共服务质量以及水平。

第五节　建立政府主导、市场运作的发展机制

一、转变政府角色

政府在促进文化产业和旅游业融合发展方面，特别是在促进和引导文化产业和旅游业发展方面起着非常重要的作用。因此，湖南省各级政府应进行以下四项改进。

（一）主导者

近 20 年来，中国旅游业在世界上的竞争力和知名度都有了快速地提升。此外，旅游业在全国和地方的产业地位也得到了明显地提升，为文旅企业的

强势发展创造了良好的局面。政府对旅游业的发展也起到了积极的推动作用，通过创建行业管理规范，加强旅游法制建设，实现重要旅游景点标准化运营。可以看到，政府主导的发展战略促进了旅游业的快速发展。文旅产业是由政府领导的十分复杂的系统工程，持续完善企业管理体制创新与文化旅游发展机制组织体系，对于促进文旅产业的发展至关重要。各级政府要高度重视文化旅游产业的融合发展，充分尊重政府在文化旅游产业发展中的主导作用。

（二）引导者

在实现旅游产业和文化产业充分融合发展的前期规划阶段，地方政府主要可以通过制定一系列优惠政策以及提供资金支持，还有提供必要的文化创意旅游平台等不同的方式，积极促进两个产业实现融合发展。此外，重点发展具有文化特色的文化创意园区对于促进旅游业实现发展也有着极大地现实意义。

第一，提供必要的优惠政策。政府可以通过制定优惠政策的方式为促进文化旅游产业的发展助力，主要包括制定有效促进产业整合的相关指导意见，提高相关文化旅游产业企业有效利用国家财力和政策的能力，同时也可以提供必要的税收减免等优惠政策，全面支持文化旅游企业实现更好的发展，促进文化旅游一体化发展。

第二，资金支持也十分必要。政府必须对文化创意产业给予不同程度的资金扶持以建立旅游产业与文化产业互动融合。采取的具体措施主要是：将文化创意产业发展充分纳入到国家预算中，并且争取专项发展资金；全面促进旅游电子商务基金、影视旅游基金和动漫旅游基金等诸多基金的融资以及发展，同时也可以通过创建旅游节庆基金以及旅游服务基金的方式助力文化旅游企业实现更好地发展。需要指出的是，财政支持的目的是为了实现对湖南省优秀文化充分应用，有效促进创新创造，持续加强旅游和文化产业的有效融合，全面提升湖南省文化旅游的知名度以及发展质量。

第三，创建一个交互式的交流平台。文化创意产业不仅具有巨大的发展潜力，而且具有较强的联运效应，可以带动周边产业的发展。这就是为什么政府应该提供一个交流与合作的平台为促进文化旅游产业的发展助力。在举办节庆和展览以及建立文化（创意）产业园的同时，政府可以通过打造创意文化街区、文化休闲展销会、文化旅游展览等多种形式，良好地促进当地文化产业与旅游产业的融合与发展。

（三）规范者

版权和知识产权保护是旅游业与文化创意产业融合的两个重要因素。因此，在这种情况下，国家应采取适当措施和有效办法，使知识产权得到有效保护，帮助文化创意旅游产业实现更好地发展。此外，创新思维在文化创意经济领域发挥着重要作用。为了营造有利于旅游业与文化创意产业融合发展的法治竞争环境，政府要不断推进知识产权保护，从法律层面切实保护文化创意产业成果以及相应的专利权、商标权。

（四）协调者

政府协调的作用可以体现在不同的方面，而且政府在协调以及管理的过程中发挥出的作用更是无法替代的。比如政府可以通过协调社会多个方面的力量，全面推进文化旅游产业扩大形象宣传，持续改善当前文化旅游产业的发展环境，切实保护消费者的合法权益，同时也可以消除旅游业与文化产业融合的产业融合壁垒，采取多种措施促进企业发展。

一是改变旅游景区管理混乱复杂的局面，理清文物局、园林局、旅游局之间复杂的关系，消除贸易壁垒和多重管理问题，消除不利于实现旅游文化产业融合发展的管理体制以及政策法规。二是建立统一规划、统一服务的文化旅游产业相关项目管理部门，在具体的管理团队构成上可以从其他部门抽调人员，全面支持旅游文化产业融合发展，提供良好的服务保障和政治环境。三是建立文化部门与旅游部门长期合作的发展机制是解决文化旅游分散、管理职能交叉的迫切任务。提倡成立省文化旅游发展领导小组，制定湖南省文化旅游发展规划和实施细则，研究落实加快湖南省文化旅游发展的各项政策，积极做好各项文化旅游项目开发的政治支持工作，共同开发文化旅游品牌经营性产品。此外，文化旅游综合开发还包括工业、贸易等。因此，充分建立各级协调统一的管理体制也是十分重要的。

二、培育文化旅游龙头企业

作为产业整合的重要组成部分，创新能力和企业实力决定了旅游产业与旅游产业整合的发展效果。此外，旅游业与文化产业的互动与融合，可以给企业带来新的灵感、生机与活力。同时也能够促进企业的快速发展。面对激烈的竞争环境，企业必须充分认识到新兴产业的发展趋势，并且充分利用好这一发展机遇，实现两个企业之间的有效融合与互动，实现对市场资源的有效整合和优化，根据市场需求推出需要的文化旅游产品或是服务，并且接受市场考验，根据反馈及时做出调整，获得消费者对该新产品或者是服务的认可。在产业融合的大背景下，企业必须制定反映企业实际的发展战略，着力于旅游文化产业的融合发展，保持领先发展地位，持续优化公司发展思路。

首先，公司要持续优化资源并重组相关业务。湖南省旅游业有很多具有发展潜力的文化产业公司。有必要对其行政、人力资源、财务和规划部门进行改组，以便建立一个新的业务部门，重点从事关于文化旅游行业的主要工作。主要工作的任务是收集和分析旅游信息，并在此基础上，设计和开发符合市场需求和游客特点的旅游产品或服务，寻找吻合消费者需求与资源有效配置的最佳结合点，实现二者效益最大化，实地考察后做出及时调整，进而打造具有核心竞争力的创意旅游和文化旅游产品，帮助商家发展获得良性循环。

其次，要制定好促进文化旅游产业良性发展的企业战略和管理体制。针对目前湖南省文化旅游产业的发展，也要保持经营发展的总体战略。结合发达的创意产业园，不断完善经营和营销策略，逐步拓展产业链，打造独具特色的旅游创意园区。如果可以的话，也可以通过打造产业集群的方式，保障两者都能促进产业实现融合发展。此外，文化旅游产业作为一种新型的融合型产业，需要新的扶持体系和政策，改变纵向一体化的现状，逐步发展为混合一体化和虚拟一体化状态。

最后，要做到内外兼容，投资体制要宽松灵活。在资源优化重组的过程中，要求文化旅游企业结合自身发展，借鉴外部新资源，不断进行结构调整和优化，帮助企业优化和完善文化产品项目，甚至要培养出具有核心竞争力的文化旅游集团或公司，具备较强的创新能力和影响力。此外，在发展文化旅游的过程中，要营造宽松的投资环境。出台灵活的旅游投资优惠政策，持续加大投入，扩大筹资规模。

三、建立健全智慧营销市场推广机制

当前旅游业发展的重点之一是实现智能化旅游。国家旅游局原局长邵琪伟在 2011 年全国旅游局长研讨会上正式提出，旅游业要引领现代服务业信息化发展进程。国务院关于加快发展旅游业的战略部署指出，争取到 2021 年“智慧旅游”战略方针能够得到落实。对于此情况，全国各地都要开始建设和发展“智慧旅游”相关项目，并申请试点。此外，为了获得国家的支持，实施“智慧旅游”相关工作项目，可以进一步提高服务业的发展水平，既可以带动周边产业的发展，又可以实现一定的技术突破，开发新的信息系统，提高旅游业信息化发展水平。

智能旅游是指通过互联网和云计算技术，利用各种互联网设备和移动互联网，获取旅游者、旅游资源和旅游活动信息，并针对这一关键信息，制定具体的工作计划并进行有效的适应性调整，有助于智能化旅游的实现。利用不同旅游信息领域的联运机制，有助于实现智慧旅游产业化发展。智能旅游营销必须同时关注新媒体和旅游者的特点，吸引广大游客积极参与到智慧旅游行列中，对游客、旅游产品数据及相关媒体营销平台进行统计分析。针对旅游目的地开展智能营销必须充分利用旅游热点和旅游需求，密切关注数据分析和利用必要的技术手段，并对旅游目的地进行智能营销。湖南文化旅游发展的同时，也要把智慧旅游引入市场营销队列中，引入旅游营销的新理念和新技术，帮助智慧旅游得出更加客观、准确的结论。

四、建立权变营销市场推广机制

权变思想产生于 20 世纪 60 年代，70 年代被广泛应用于管理领域，并开始引起人们对这个权变理论的关注。这一理论主要探讨了管理的技术和理念，以及和环境之间的关系，有助于管理的技术和理念达到预定目标。一般来说，环境是一个自变量，而管理技术和理念则是因变量。管理的理论和方法并非适用于所有情况，管理者应学会因地制宜，具体情况具体分析，采取相应的管理方法。

权变营销是有效推动各类营销战略实现动态化发展的有效战略思维，同时也是防止营销战略陷入一种孤立僵化的局面的关键，更是顺应现代技术环境发展变化以及市场存在不确定性的发展趋势。在湖南省开展权变旅游营销策略的过程中，这同时也意味地方政府旅游营销也应当建立在监测分析基础之上，在掌握了旅游需求变化的基础情况之上获得更多的市场数据，充分结合当下旅游市场的发展和变动情况，进而制定出有效的营销策略，切实引导、挖掘以及创造旅游需求，不断满足广大游客的需求。

五、实施整合营销市场推广机制

整合营销是指所有与以下方面相关的传播活动的统一整合：市场营销，市场营销在旅游领域并不少见。然而，我们对整合营销的理解大多停留在表面。综合科学水平市场营销策略并不高，而且大多数都是基于经验理解之后的“整合”一词所包含的具体含义可以纵向和横向整合营销出发进行理解。纵向整合主要包括了信息整合、形象整合以及企业与消费者需求整合，还有企业行为以及文化整合，横向整合主要包括了沟通工具以及传播过程。制定一个整合营销策略对于促进文化旅游产业的发展是十分必要的，有助于深入了解广大游客的需求。建立完整的消费者数据库也是十分必要的。通过与最有价值的消费者保持密切的长期关系来培养真正的“消费者价值观”。能够将产品类别、品牌和相关市场信息传递给消费者，这些信息也都可以通过媒介传递给广大消费者，前提是这些媒介所传递的产品或者服务信息是准确的。成立湖南省文化旅游发展领导小组，制定湖南省文化旅游发展规划和实施细则，研究落实政策措施，为加快湖南省文化旅游发展助力，积极为文化旅游项目开发和文化旅游产品品牌经营提供国家政策支持。

第六节　建立多元化投融资机制

一、构建政府引导型的文化旅游产业融资模式

（一）文化旅游产业融资模式类型的国际借鉴

融资模式是一个相对较大的概念，其主要指不同渠道、机构在融资方面的作用程度及相互关系，融资模式也决定融资活动的具体方式、主要工具类型及实际融资效率。如果将概念引申至某个产业的融资模式，一般指该产业中大多数企业在融资过程中能用到的各类融资渠道，如政府、银行等金融机构及其关系的总称。产业融资活动受所在国家、地区的行政体制、市场条件、金融机制等因素的影响，产业中单个企业融资的具体需要尽管不同，但是绝大多数企业面临的融资模式却是相对固定，很难变化的，或以政府扶持、企业自筹、金融机构等某个融资渠道为主，或者是这些渠道作用的相互结合。

文化产业的资本形成离不开融资模式的有效运行。自 20 世纪以来，世界主要发达国家长期以来以传统制造业推动经济发展的模式都面临生产过剩、能源消耗、环境污染、市场饱和等问题，纷纷将发展重心转为第三产业，而文化产业作为污染少、消耗低、附加值高的“绿色产业”成为各国争相发展的重点产业，形成了各具特色的产业发展之路。时至今日，美国、英国、日本等发达国家的文化产业规模庞大，而且与政府、金融资本紧密结合，成为本国的支柱产业。各国文化企业发展过程中的融资活动都一定程度受到政府支持，但是由于文化企业融资结构、渠道以及工具都是在各国不同市场环境背景下进行的，国家政府管理方式与金融市场化水平之间的差异，导致其主要的融资模式也存在很大差异。从国家层面总体上看，目前国际已经成熟的产业融资模式主要有市场主导型、政府引导型、政府主导型模式三大类，每类具体的融资工具也是不同的。选择我国文化产业融资模式的问题，首先应研究这三类融资模式具体内容及实施特点，他山之石，可以攻玉，当前我国文化产业与资本融合之路的探索刚刚开始，汲取国外成功经验，可以为解决产业融资问题提供更多的借鉴。

1. “市场主导型”的文化旅游产业融资模式——以美国为例

市场主导型的融资模式，要求文化企业在市场条件下自由发展与竞争，融资渠道主要是非政府机构、组织、个人，而政府尽量减少干预，只是提供一个良好的产业融资环境。这种融资模式要求产业所处区域必须具备成熟、完善的融资体制，拥有较大规模的金融体系与资本市场，能够提供多元化的融资渠道及多样化的融资方式；对于文化产业自身而言，同时需要具备较强的市场竞争和盈利能力，能为投资方提供较好的选择标的。

美国是“市场主导型”融资模式实施最为成功的国家。美国资本市场历史悠久，成熟度高，文化产业发展较早，形成了以证券融资主导、多类融资方式为补充的融资模式。高效的融资模式有力地奠定了美国文化产业的世界霸主地位，无论产业规模还是发展速度都是世界第一，是世界上文化产业最发达的国家。美国历史文化资源很少，于是从自身优势出发将文化产业定义为“版权产业”，大力发展出版发行、新闻、广播影视、网络、广告业、信息及数据服务业等行业。据普华永道（PWC）测算，2011 年美国文化产业营业额以 3630 亿美元排名世界第一位，是排名第二的日本营业额（1730 亿美元）的 2.1 倍。文化产业发展速度高于其他发达国家，排名第一。在全美 400 家最大的企业中，有 72 家是文化企业，而且都是世界文化市场龙头。

美国发达的金融市场及融资创新环境为文化产业的发展提供了最主要的支持。美国拥有层次种类最多、机制最完善、资金实力最雄厚的资本市场，能满足不同规模、不同类型企业的融资需求。著名的纽约证券交易所、纳斯达克国际交易场所、美国证券交易所等全国性的证券交易所，主要为全国的大、中、小型文化企业提供融资服务；波士顿股票交易所、芝加哥股票交易所等地方性证券市场为地方文化企业提供融资服务；还有 OTCBB 板块（柜台交易系统）、粉单板块（Pink Sheet）市场等场外交易市场，为规模小、财务指标不符合上市要求的小型文化企业服务。

宽松的市场化融资环境，促进了融资方式不断创新，为美国文化产业提供了支持。以作为美国电影制作资金重要来源的私募基金为例，美国电影基金运用投资组合理论，同时投资二三十部电影，在保证收益率的同时，降低了投资风险，吸引了大量保险及退休资金进入。美国电影融资产品通常由私募基金设计，具体方式大致有：（1）股权融资，文化企业出售部分股权换取资金；（2）不同类型债券融资，有不同级别的债券、文化资产证券化等；（3）夹层融资，夹层融资是介于优先债务和股本融资之间的一种融资形式，通常填补使用股权资金、债权资金后仍然不足的资金缺口，有“过桥”资金性质。

文化产业具有风险高、周期长、收益高的特点，更适合采用风险投资方式融资。美国风险投资体系十分成熟，是文化产业重要的融资渠道。美国风险资本的来源丰富，个人基金、国外基金、保险与养老基金都可投资，而且风险投资运作机制已经十分完善，从投资前的严格审核、筛选，到投资中期的项目辅导、激励、风控，再到后期退出，整个运作过程衔接合理，形成一种文化产业与资本对接的有效方式。

美国文化产业融资还充分利用外资。美国文化产业对外来资本限制很少，很多文化企业都是跨国公司，大股东都是外国资本。大量的外资不仅使美国文化产业从全球市场上获得了巨额的发展资金，同时集聚了世界最强的文化企业，使美国品牌的文化产品具有国际化特性，牢牢占据世界文化发展潮流的前沿，长期保持较强的产业竞争力。

银行信贷融资在美国文化产业发展过程中主要提供短期资金。美国信贷金融机构主要由商业银行、储蓄与贷款银行、会员制信用社等金融机构组成，商业银行主要为大中型企业服务；储蓄与贷款银行为小型企业和个人服务；信用社主要服务对象为个人，各种类型银行之间相互补充。美国文化产业资本与银行资本关系密切，很多文化企业都与金融大集团之间相互控股，加之银行对信贷融资企业经营活动的管理、监控流程科学而合理，使得文化企业信贷融资相对容易，对好的文化项目，银行也会出资参股，以获取更高收益。

多元的市场化融资方式离不开美国良好的融资法律环境。美国为文化产业融资活动提供了完善的法律保障，特别是对知识产权的法律保护。美国早在 1790 年就颁布了《专利法》，目前已经建立了全面的知识产权法律体系，针对不同行业的专利质量、市场经营行为、产权归属等方面都制定了专门法律。美国融资中介服务体系也很全面，大量会计师事务所、行业协会、中小企业发展中心等各类组织，为文化企业提供融资信息、相关政策，代表企业参与政府扶持政策的制定等。

美国文化产业的成功虽然与其强大的市场化融资支持密不可分，但是政府在文化融资方面也提供了很多基础性的扶持服务。首先，美国政府重点支持市场化融资难以企及的，营利性很低、公益性较强的文化产业。美国政府将文化产业分为以博物馆、美术馆、舞蹈团体等机构为代表的非营利性产业，与以电影、电视、动漫等企业为代表的营利性产业两类，给予不同支持力度和方式，对于前者的扶持更加侧重，而对后者的投资重点则放在加强科技研发、提高产业人力资源培养能力以及不断完善和拓展产业链三个方面。其次，政府投资方式有直接投资和间接投资两种。直接投资即政府直接划拨资金，美国属于联邦制国家，分联邦政府以及地方政府两个层次，财政扶持各有独立性。这些机构再对艺术家和艺术组织实行捐助，每年金额约为10亿美元。美国国家艺术基金会2009年度报告数据显示，已对全美50个州及6个行政区的社区提供的资助多达2400项。联邦政府采取匹配资助的形式，规定任何项目资助不超过总资金的50%，一方面是为了防止产业产生依赖性，另一方面也是为了吸引社会资金，提高资金运作的杠杆效应。地方政府主要通过财政拨款侧重扶持小型文化企业。除了直接投资，美国政府更多是通过一系列诸如免税、优惠税率、贴息、遗产税等财政税收方面的间接投资措施，以企业投资、私人投资、社会捐赠等多种方式将社会闲散资金引入文化产业。各类基金会、大财团、私人的投资或捐助已经成为美国文化产业重要的资金来源。再次，美国还专门设立了中小企业管理局（SBA），为规模小、有形资产少的中小文化企业提供针对性融资担保服务，企业申请服务的门槛很低。最后，美国针对欠发达地区实施更优惠的金融扶持政策，如建立地方性联邦分支银行，实施适合本地区经济状况的货币政策；在不发达地区建立多种类型的政策性金融机构，并实施较低的准备金率、贴现率、最低资本金等措施，加大公共投资力度，采用多种融资方式和优惠信贷来鼓励社会投资等。

2. “政府引导型”的文化产业融资模式——以英国为例

政府引导型的文化产业融资模式，是政府通过制定一系列产业政策、法规，积极介入文化产业的融资活动，重点为社会资本进入文化产业创造一个良好、公平、高效的融资环境。该融资模式介于市场主导与政府主导之间，政府适度介入，以优惠政策、资金投入的间接方式，引导市场力量支持文化产业融资，保证产业能按政府希望的方向形成与发展。这种融资模式不仅需要政府具备较强的政策规划能力，还需要当地有自由、发达的金融市场，以及大量多元化的文化组织，如文化委员会、文化基金会、文化企业等作为沟通政府与市场的中介。

英国 1997 年在世界上第一次提出“创意产业”的理念，也是首个成功运用公共政策推动文化创意产业发展的国家。由准政府组织机构资助、企业与个人投资奖励、基金会资助等多个渠道支持文化产业；同时，支持并不是完全包揽，而是扶持企业自我成长，利用政策性资金引导更多的社会资本投入。如今英国成为仅次于美国的世界第二大文化产品生产国，据英国政府机构 2014 年披露的数据显示，2010 年英国创意产业占其 GDP 的比重就已超过 8%；2012 年英国创意产业出口总额为 173 亿美元，占当年总出口额的 8.8%；2013 年英国创意产业年收入已达 768 亿英镑，同比增长接近 10%，是英国经济增速的 3 倍，文化创意产业平均每分钟为英国经济带来高达 14.6 万英镑的收入，吸纳就业人数占全国就业总人数的 8%以上。

第一，构建完善的政府文化管理体制。1992 年，英国政府按“大文化”管理理念组建了全国文化统一管理机构“国家遗产部”，1997 年更名为文化、传媒和体育部。对英国文化创意产业的可持续发展实施跨部门协调。解决了文化、贸易、投资等相关部门在发展文化方面的协调配合问题，避免了不同部门相互推诿扯皮的现象。

第二，政府资助文化产业。英国政府坚持“一臂之距”的间接管理原则，文化、传媒和体育部只负责制定政策和财政拨款，不直接管辖文化组织与企业，而由各类文化委员等中介机构提供政策建议、咨询，对文化项目拨款进行评估与监督。政府资助重点是具有公益性的文化产业，且资助比例一般占受助机构收入的 30%左右，其余资金仍需要自筹解决。政府配套资助也是英国特有文化创意产业融资模式，为鼓励企业多次投资，企业首次决定投资某创意产业时，政府按企业出资额 1∶1 的比例“陪同赞助”，当企业再次投资时，政府按企业前次出资额超出部分 1∶2 比例资助。

第三，多元化的社会融资渠道。英国文化产业形成了“三三制”的资本结构，除了政府拨款、文化机构自筹外，社会资金也很重要，三者各占1/3。英国政府采用的比较独特的投资模式是设立彩票基金，立法规定国家彩票每年部分收入投资文化设施建设，支持艺术发展和人才培养等。国家彩票基金对文化的投入远超英国财政文化投入，已经成为英国文化产业资金的主要来源。英国文化、媒体与体育部联合英格兰艺术委员会、遗产彩票基金共同投资成立总额1亿英镑的名为“催化剂”的基金，该基金私人捐赠文化进行1∶1资金匹配，以鼓励公民支持文化发展。英国还鼓励企业和个人对文化产业进行捐赠。2011~2012年，英格兰地区企业对文化产业的资助达1.138亿英镑，2009~2013年，企业赞助已经占到企业对文化投资总额的60%。在英国个人捐赠很普遍，甚至超过企业资助，个人捐赠主要有3种方式，个人加入文化机构会费、捐款、遗赠。

第四，提供良好的文化融资环境。英国政府定期为文化企业或个人提供融资政策指导手册，如《融资一点通》《创意产业资金地图》等，同时还设立专业融资协助机构，为企业提供融资机构信息与指导。目前，英国政府、银行、基金、产业之间已经搭建起紧密的融资网络，银行信贷与私人资金成为产业融资的主要渠道。英国文化产业相关法律、政策也很全面，对私人资本投资文化产业实行税收优惠，如将10%遗产捐入文化旅游产业的个人将有资格减免10%的遗产税；文化产品出口享受出口退税等。英国是世界最早颁布知识产权保护法的国家，不仅国内相关法律体系十分完善，而且还参加了许多知识产权保护的国际公约，实际对知识产权法律的执行也十分严格。因为严格的知识产权保护，使英国很少出现大规模的盗版、模仿等侵权问题。英国还创造各种条件提高本国文化企业自筹资金的能力，如政府大力扶持文化出口，开拓国际市场；政府投资创办产业园并给予产业发展指导及筹资服务；大力资助文化相关人才的培养；加大对文化事业投入，提高文化消费水平；文化组织机构与学校的合作等。

3. “政府主导型”的文化产业融资模式——以法、日、韩为例

政府部门通过政策规划引导产业的发展方向，深层次介入产业运作过程，采用一定行政方式干预社会资本的利率与流向，使金融资源向特定的产业集中，以达到推动产业发展的目标。美、英等国文化产业起步早、实力强，市

场机制非常成熟，产业融资足以依靠市场力量，而采用政府主导型文化产业融资模式的国家主要是一些文化产业起步相对较晚，希望依靠政府力量的强力扶持来实现产业快速发展的国家。目前，该融资模式比较典型的国家有法国、日本、韩国，尽管三个国家在文化产业融资扶持政策、渠道、方法等方面存在很多区别，但是政府强力扶持文化产业融资的模式却是相似的。

（1）法国融资模式。法国是拥有悠久的历史、底蕴深厚的民族文化大国。法国历史上一直都非常重视本民族文化，并以此为荣耀。法国政府认为，文化产业的发展水平直接影响国民素质、民族凝聚力、国家形象、文化安全等各个方面，相比其他产业更为特殊而重要，在市场经济竞争与外来文化入侵的今天，如果本国文化产业得不到政府扶持，很容易受到外来文化冲击导致衰退，本国民族文化也将在外来民族文化冲击下消亡。法国一直以“文化例外”为由，反对世界文化市场自由贸易，并提出了世界“文化多元化”原则来反对美国单边文化侵略。法国政府直接管理文化产业发展，采取财政投入为主、政策鼓励、多方资本协作的投资策略，这种策略发挥了巨大作用，根据《法国创意论坛》2011 年发布的《文化创意产业经济观察》研究报告的统计数据，法国文化产业营业额已达 746 亿欧元，超过汽车业与奢侈品业，成为法国支柱产业，文化产业从业人员已占全国就业总人数的 5%。

法国发达的文化产业依赖的不仅仅是其丰富的文化资源，更在于其文化产业的管理理念。法国政府不相信本民族文化产业靠市场机制能够发展壮大，故采用行政力量直接扶持文化产业，不仅设立全国文化主管部门，而且还向地方派驻代表，实施全国统一管理。中央与地方相互合作，地方政府也有很大的文化产业管理权限。法国文化产业财政政策的一个典型特征是中央及地方财政分别对文化机构及产业提供多种形式的直接资助。绝大多数文化机构经费主要来自政府预算，由中央的文化部与地方政府负责具体的资金分配与文化发展指导。任何文化企业或民间协会均可向文化部直接申请财政资助和补贴，法国大区、省、市、镇等地方政府通过自身财政预算配套支持。法国政府对文化产业的资助长期高于其他产业，从法国财政部和文化部提供的数据看，政府对文化产业的投资额很高，2012 年为 74 亿欧元，2013 年为 73. 6 亿欧元，2014 年为 72. 6 亿欧元，文化产业投资额在国家经费预算中的比例也在逐年提高，2014年法国文化预算在国家开支中所占比例为2.4%；法国文化与新闻部公布2016年文化预算为73亿欧元，在法国公共支出预算缩减的大背景下，政府划拨文化的预算反而比2015年增长了2.7%。

除了直接资助，法国还通过多种形式政策、措施吸引企业、各种协会组织、个人投资、国外资本等社会资本进入文化产业。政府管理部门为资金不足的小企业提供贷款担保，申请贷款利率及期限优惠。政府组织并全额资助本国文化企业开展国内外的宣传活动。法国制定有完善税收优惠政策体系，政府考虑国际市场竞争与本民族文化艺术主导优势产业发展目标两方面因素，确定了出版、影视、演出娱乐、文化旅游和数字游戏等多个产业的税收优惠政策，不同行业税率不同，但是相比其他产业，税率普遍较低、减免税金额度大，特别是对于一些出口文化产品有免税、退税等措施。法国税收政策的特点是专门针对文化产业中不同行业或领域制定特别税收政策，法国每个文化行业都会征收一定比例税金，专款专用扶持本行业内文化产业的发展。法国有完善且专门激励民间企业或个人对文化产业捐赠与赞助的税收优惠政策，赞助企业一般享有冠名所有权等商誉利益。除了税收外，法国市场融资体系及相关法律体系也很完善，为外商直接投资提供了一个良好的环境，法国文化产业每年获得外商投资500亿美元左右，吸引外资额度在欧洲第二，仅次于英国。在金融创新方面，2010年法国建立了时尚银行（Fashion Bank），以政府担保形式给予时尚产业信贷融资支持。法国还鼓励企业，特别是中小型企业，和银行、金融机构进行合作，建立风险资金，以有效控制市场风险对企业的影响。法国风险性投资公司可以申请财政直接资助，还可以寻求欧盟投资银行和欧盟投资基金的帮助。

法国政府十分重视本国文化资源的保护，政府立法保护本国文化遗产与文化传统，并不断加大投入，给予文化资源保护、传承与宣传方面的充足的经费保障。其次，不断引入高科技并创新，用现代时尚元素升华传统文化产业，大力发展文化旅游，高附加值的奢侈品、高端工艺品、时尚文化产品的设计和制造产业，形成了享誉世界的法国文化产业特色优势。政府对内，主要采用产业项目及人才培养资助，资金扶持学院、培训班项目研发，建立专门有政府担保的产业银行等措施；对外，为防止民族文化受到外国流行文化威胁，法国坚持“文化多样性”和“文化例外”的文化产业保护政策，对外国文化产品进口设置关税壁垒和贸易配额，对本国产业出口采取财政补贴。

（2）日本融资模式。1995年日本提出了“文化立国”战略。日本充分发掘本民族的传统文化资源，将其融入文化产业内容当中，坚持传统与现代科技相结合的原则，在国际市场上大力推广本民族特色文化产品，最终获得成功。美、日两国的文化产品已经占据了世界文化产业市场2/3的份额。日本之所以能在短短十几年内跻身于文化产业强国之列，一个重要原因在于其产业获得了巨大的发展动力。

日本政府制定了不同层次的文化产业发展规划。不仅有国家层面的战略性发展规划，也有地方性发展计划；既有长期发展规划，也有年度发展计划。政府很注重规划的连续性与衔接性，以及对产业发展形势的适应性，随时准备解决产业发展中出现的新问题。日本政府还对产业规划目标层层分解，制定在不同领域内，不同级别、类型的支持措施，注重中央与地方在产业发展支持方面的合作。

日本一直坚持“知识产权立国”战略，制定了数量很多、层次不同的法律，如《文化产业振兴基本法》《文化艺术振兴基本法》《知识产权基本法》《内容产业促进法》《文字、印刷物文化振兴法》等。这些法律不仅立法层次高，法律效力强，而且注重根本性、长远性，法律与产业规划之间衔接与配套很好，发挥综合性促进作用。非常值得一提的是，日本文化产业法律法规非常注重实施细节和可操作性，一般都从宏观、中观、微观三个层面提出要求与措施，主要内容都是在阐述具体落实。

日本政府不仅有措施规划，而且一直对文化产业给予了很强的资金支持，财政投入每年都在不断增加。日本政府对文化产业资金扶持形式多样，有财政补助、直接投资、专项基金、政府采购税收优惠、财政援助等。政府对于一些文化行业的产品制作、人才培养、项目创作等活动给予一定的财政补贴，对文化产业的基础设施建设给予直接投资。日本文化厅1991年就设立了文化艺术振兴基金，资金来源以财政资金为主、民间资本为辅，主要支持各类文化活动。日本政府十分重视对具有地方特色或民族特色的传统文化的财政援助。日本中央与地方政府共同出资组织全国性各种民族文化节，并资助本国民族文化到海外展演、宣传。为了支持大量中小民族文化企业的发展，日本通过政府采购的形式购买民族文化产品和服务，免费提供给地方民众。

日本文化产业除了接受政府投资外，还有证券市场直接融资、银行信贷融资、大财团直接投资或赞助等多种融资渠道，其中一些独特的融资方式与经验值得借鉴。第一，“制作委员会”型内部融资模式。日本动漫作品多采用产业链上下游企业共同出资制作，由创作工作室、出版商、广告公司、电视台、衍生产品生产商等组成制作委员会，作为主体共同投资，并按融资比例分享最终收益。该形式不仅拓展了融资来源，而且能够分担风险，调动投资者积极性。第二，证券基金。日本券商发行成立文化产业基金，可由广大日本民众和企业直接投资，并按比例享受投资收益。第三，知识产权证券化。由政府成立专门的知识产权管理与经营公司，将文化知识产权以证券形式投入市场自由买卖，将收取的专利使用费作为证券发行原始资本，发行知识产权证券化的盈利部分返还给知识产权拥有者。第四，银行、金融机构和大企业直接投资文化产业，形成以银行和金融组织为中心的财团型文化企业集团，或以大垄断企业为中心、以控股或其他形式将大批文化企业纳入自身融资体系形成独立型企业集团；此外，还发明了知识产权信托银行担保融资，文化产品制作超出预算由保险公司承担的保险完工制度，政府和企业共同出资建立全国性中小企业信用贷款担保公司等多种新型融资服务方式。

（3）韩国融资模式。20 世纪 90 年代，韩国政府提出了“文化立国”方略，并采取了改进政府管理体制、增加投入、鼓励民间资本进入文化产业等措施。如今文化产业早已成为韩国的核心产业，在韩国也是仅次于汽车的第二大出口产业，韩国也因此跃居为世界文化产业强国。韩国面积不足 10 万平方公里，文化消费市场狭小，韩国主要拓展海外市场，在保护和继承传统民族文化的基础上，广泛吸收现代流行文化，发展出了民族性与流行性结合的“韩流”文化，成为享誉世界的韩国特色产业。

韩国政府采用强力行政管理与指导来扶持文化产业。由于韩国文化产业发展初期企业实力薄弱，融资体系不完善，相比其他文化强国，韩国政府对文化产业管理更加全面、扶持力度更大。在中央层面，韩国专门建立了由十多个部长或行业主管部门负责人组成的文化产业振兴委员会以及多个具体负责产业行政管理事务的部门，专门制定产业战略政策；在地方层面，成立大量协调机构，帮助提高政府部门的管理效率。韩国政府制定了全面的文化产业发展计划，并设置了专门资助韩国文化创意产业的机构——韩国文化产业振兴院，通过政府财政拨款、专项基金以及投资组合等方式为文化产业基础设施建设、人才培育、产品制作、市场销售以及出口提供资金扶持。2014 年韩国政府对文化产业方面的预算约为 5.3 万亿韩元，占政府支出的 1.4%，2017 年增至 7.8 万亿韩元，占政府支出的 2%，年均增长率约为 11.7%。韩国政府设立了许多文化产业专项基金，如文化产业振兴基金、信息化促进基金、广播发展基金、电影振兴基金、出版基金、出口转向基金等，一般采取先把基金借贷给银行等金融机构，然后由金融机构根据政府标准对提出申请文化企业进行审核，提供低息贷款的方式。近些年来，随着文化产业及融资体系的逐步成熟，韩国政府逐渐改变了直接投资的方式，把政府投入作为引导资金，通过间接投资方式充分调动社会资本共同投资，以社会资金为主。政府和民间共同投资运作的"文化产业专门投资组合"是韩国特有的一种新型风险投资形式，主要扶持处于初创期的文化企业，政府和社会资金以组合基金的方式委托专业创投公司具体运营，以保证投资企业和产品的质量，同时创投公司和企业也可以获得充足、稳定、低成本的资金来源。韩国财政及基金非常注重提高文化产业竞争力，目前投资集中于 CT（Culture Technology，即文化技术产业），包括文化产品研发、生产、流通、消费等所有过程及相关服务技术的提升，目的是提升产品附加值，提高生产效率。此外，韩国政府正在打造"创造经济"，非常注重文化产业与高科技的融合，投资也聚焦于以创意、想象为核心的文化产业。韩国政府注重不同区域的特色发展，结合地区优势及行业特点，在全国各地投入大量资金建设了十多个各类特色文化产业园，作为文化产品研发、人才培训、信息交流、生产的平台，并提供优惠的企业入驻政策，促进产业集群的形成，极大地提高了产业综合竞争力。为了保证财政投入效果，韩国还制定了大量的文化产业信贷优惠、税收减免政策，同时建立了全面的文化产业法律法规保护体系，如《出版文化产业振兴法》《知识产权法》《著作权法》《电影及录像物振兴法》《游戏产业振兴法》《税收特例限制法》等。

除了政府投资外，韩国也构建了比较完善的金融体系，为不同类型的文化企业提供多种融资渠道。第一，韩国中小文化企业主要靠银行提供融资支持。银行不仅有一系列诸如低息贷款、专项基金等产业优惠措施，而且设立了很多信用担保基金，担保体系很完善。第二，完善的担保体系降低了公开发行债券的风险，使债券融资也成为韩国文化企业优先融资的渠道。第三，韩国股票市场也很完善，除了世界知名的创业板市场——科斯达克（KOSDAQ）外，2013 年还建立了专为小规模、创业初期的风险企业或者中小型企业服务的股票市场 KONEX，该市场准入门槛更低，市场相关规定限制更少，为文化企业提供给了一个早期融资的可靠平台。第四，鼓励三星、现代、大宇等传统大型跨国企业投资文化产业，充分利用这些企业雄厚的资金，进行开发特色产品、规模化经营、网络化销售等活动。第五，大量引入外国资金打造文化项目，既解决了融资难题又分散了海外市场风险。例如，为了抢占中国市场，大量吸引中国企业入资，2014 年上半年中国对韩国文化产业的投资快速增加，投资总量是 2013 年同期近 20 倍。

（二）构建政府引导型文化旅游产业融资模式的理论依据

政府对产业发展的干预政策是以西方经济学中政府职能与市场运作的关系理论为基础的。早期古典经济学的自由主义思想认为，市场机制可以完美地进行社会资源配置，政府无需干预，只需要承担“守夜人”的角色；之后的福利经济学派与凯恩斯学派认为，市场存在失灵缺陷，需要政府给予调节。20 世纪 70 年代随着“滞涨”现象的出现，经济学界对两者关系的研究逐步深入，普遍认为由于“市场失灵”和“政府失灵”并存，政府与市场应该互为补充，共同发挥资源配置作用。美国当代经济学家斯蒂格利茨认为在不完全竞争市场中，单纯的市场机制无法自发达到帕累托最优的状态，需要政府部门对经济中的部门和行业进行干预。他的研究数据统计表明，政府在某些地方的效率是高于私营部门的，政府部门可以通过一定行政权力来影响市场活动，提高社会整体效益。

产业作为具有相似特征的一类企业部门的有机集合，代表了一定社会生产能力，是国民经济发展的基础。历史经验表明，受经济发展水平以及“市场失灵”现象的制约，任何一个产业都很难完全依靠市场机制快速实现产业形成、升级、结构调整等目标，因此世界各国都制定了大量政策或措施对产业的结构调整、布局形成、组织生产等各类活动进行干预，以保证产业能按政府期望的目标发展。引导产业融资也是其中最重要的一项，即由政府发挥作用，为某些具有良好发展前景的产业提供融资方面的扶持措施。

文化产业作为新兴产业是我国政府当前重点发展的战略性产业，供融资扶持，主要基于两点：第一，解决融资体现在产业或产品的垄断、公共性、经济外部性、“市场失灵”问题。政府之所以为产业提供市场机制不完善主要信息不对称等，这些缺陷同样制约了文化产业的投融资活动的效率，导致资金资源的配置不合理，必须由政府出手干预调整。第二，实现文化产业超速发展。政府为了实现本区域的文化产业发展，赶超其他国家或企业的文化产业，必须为产业提供融资干预。政府主要解决两个问题，其一是促进产业发展初期的资本形成；其二是增加资金投入，促进产业技术升级，扩大生产规模，在最短时间内增强其市场竞争力。

（三）构建政府引导型文化旅游产业融资模式的现实依据

选择适合的融资模式对一个产业的发展至关重要。产业在其不同的发展阶段，其产业结构、企业规模、经营风险、融资需求都有不同特点，形成了对融资服务特定的需求。通过分析发达国家文化产业发展可知，由于各国民族文化传统、金融运行机制、企业发展水平、社会环境等因素不同，不同国家文化产业选择的融资模式也是不一样的。美、英等国资本市场发达，文化产业实力、银行部门受限制较多，因而政府干预程度较低；而法、日、韩国文化旅游产业起步晚，文化的影响力与竞争力相对不足，资本市场相比美、英两国发展而言程度较低，因而必须由政府进行全面的干预，帮助协调足够的产业发展资金。就长沙文化旅游产业发展的实际情况而言，依据产业发展特性、产业发展阶段，以及融资外部环境，应该选择政府引导型的融资模式。

第一，长沙文化旅游产业的特性决定了其应该选择政府引导型融资模式。不同融资模式选择和构建的合理与否，需要关注其模式能否有效适应该产业特性。长沙文化旅游产业具有强烈的民族意识形态性、较强外部性、准公共性等特征性，这些先天特性增加了产业经营的风险，融资担保抵押物不足，提升了资产价值评估的难度，相比一般性文化产业，其融资风险高、收益波动大，直接通过市场化融资十分困难，因此需要财政资金先期投入做榜样，同时出台相应的政策鼓励和保障，来吸引社会资金进入。

第二，长沙文化旅游产业的初创期特征决定了其应该选择政府引导型融资模式。长沙文化旅游产业起步较晚，产业化水平偏低，中小企业比例较高，盈利模式落后，竞争力不足，产业发展水平增加产业的融资劣势。长沙文化旅游产业发展初期，自我发展与资金积累能力较低，在对盈利性资本的吸引力也很弱，而且整体产业自形成开始就一直在各级政府规划、扶持下进行，因此在融资方面也必须借助政府。

第三，长沙文化旅游产业融资外部环境决定了其应选择政府引导型融资模式。能够选择何种融资模式取决于该区域金融资源主要集中在哪些机构及主体手中，以及依靠哪些渠道和方式进行分配。我国发达地区的政府拥有较为雄厚的财政资金，有充足的财力投资各重点产业及项目；银行体系非常完善，能够全面吸收社会存款，并以市场化手段为企业、个人提供贷款融资，文化产业融资体系呈现出政府和银行主导的特点。但是就长沙文化旅游产业外部融资环境而言，无论是政府还是金融机构的能力都是极其有限的，这导致产业必须依靠政策吸引本地域内外的社会资本。

长沙文化旅游产业面临的金融环境落后。金融机构发展水平较低，资本市场极为落后，金融结构单一且分布不均衡，银行信贷机构集中了当地大多数金融资源，产业发展所需外源性资金只能来自有限银行贷款，而且银行放贷也很大程度受政府政策导向影响。由于金融意识形态落后、政策法规体系缺失、融资人才不足等原因，导致在旅游资源丰富地区很难见其他市场化的融资渠道和评估方式，如风险投资、产业基金、证券融资等。落后的金融体系导致产业融资只能依靠相对强势的政府扶持。

当前长沙文化旅游产业主要集中在长沙市各县区，这些地区的政府行政管理任务较多，而政策制定与执行能力不足，这导致对文化旅游产业的财政投入严重不足。此外，政府有限的财政资金因为融资支持方式单一、落后，导致资金使用效率低下。政府缺乏合理的产业项目识别、评估、风控工具，同时受“寻租”或本位主义影响，政府多将资金分配至其认为的产业中风险最低、回报收益最大的部门和企业，而非资金利用效率最高的部门和企业。

无论是从管理者角度，还是从现有的金融机构角度看，对长沙文化旅游产业融资扶持广度与力度都远远不能满足产业发展需求。构建政府引导的融资模式，只能采取更加开放、灵活的政策措施，构建多元化的融资渠道；放开限制，利用政府有限的资金，吸引大量社会资本持续进入，借助市场力量实现产业融资优化。

（四）构建政府引导型文化旅游产业融资模式的基本思路

我国政府应该借鉴世界发达国家发展文化产业的经验，构建政府引导型融资模式，首先要从宏观上确定融资模式的发展方向，依据长沙文化旅游产业自身特点及所处特殊的融资环境，从提高长沙市各级政府有限的行政能力出发，按照尽量利用社会资本的原则，逐步实现“政府引导，市场运作”的产业融资模式。

第一，提升各级政府的融资引导能力。构建政府引导型融资模式的基础仍然是政府融资扶持能力的提高。相比政府主导，政府引导模式需要更高的行政能力，要求各级政府部门能够制定运用各类新型政策、措施吸引社会资本进入长沙文化旅游产业，同时发挥政府保障作用，最终形成以社会资金为主、财政资金为辅的融资支持模式。

提升政府引导融资能力需要从几个方面入手，首先，设立一个主管文化旅游产业的政府部门和相关组织，建立自上而下的独立工作机制。政府部门与非政府组织之间建立明确的工作协调机制。其次，积极争取中央及地方政府的文化财政投入。当今世界各国中央政府对文化产业的财政资金支持呈现出不断增加的趋势，文化支出占 GDP 的比例逐步提升，相比之下我国政府对文化产业的财政投入比例较低，对文化旅游产业的投入更少；同时要合理划分中央与地方的政策职责，避免利益冲突，确保中央政策能在地方落在实处。最后，合理确定政府与市场在产业融资模式中的关系，根据不同的产业特性及类型，政府采取不同融资引导方式，具体见表 4-1。

表 4-1 政府与市场对长沙文化旅游产业融资支持的作用分析

产品	公共属性	生产方式	代表性文化旅游产业	政府与市场融资支持作用的关系
纯公共文化产品	非竞争性，非排他性	政府生产、政府提供	文化旅游项目公益宣传片、公共广播、公共电视等；文化馆、博物馆等	政府不仅提供融资扶持，还负责提供产品，全面介入生产、管理等工作
公共资源型文化产品	竞争性，非排他性	（1）政府生产、市场提供；（2）市场生产、政府提供	文字类出版物等传媒型产业	政府财政引导型支持，市场竞争机制调下
俱乐部型文化产品	非竞争性，排他性	（1）政府生产、市场提供；（2）市场生产、政府提供	文化遗址、民族剧院、民族文化村等设施型产业；歌舞演艺、节日会展等娱乐型产业	政府财政引导型支持，市场竞争机制调下
私人文化产品	竞争性，排他性	市场生产、市场提供	以手工艺术为代表的制造型产业	市场机制主导，政府发挥“守夜人”作用

第二，构建多层次的融资渠道与多元化融资方式。政府引导型融资模式中，真正发挥融资作用的是社会资本。大量社会资本进入文化产业，不仅可以减轻政府负担，更重要的是能有效利用社会闲余金融资源，促进先进产业发展。纵观文化产业强国都形成了非常完善的社会资本融资渠道，如上市融资、债券融资、风险投融资、文化基金、信贷融资、企业并购、海外资金、大企业直接投资、企业与个人捐赠和赞助等，这些融资渠道申请程序便捷、门槛较低，之间相互补充，共同发挥作用，基本上能满足各类文化企业的融资需求。除了多层次的融资渠道，发达国家还根据自身金融机构及市场特点，创新了很多专门针对文化产业特性的融资方式。美国依靠其发达的金融体系，发明了夹层融资，将发行权作为信贷担保的优先级债务贷款、AAA 级债券

等；日本创新了"制作委员会"型融资模式，文化证券基金、金融与企业相互控股、文化资产证券化等方式；韩国发明了风险企业投资基金、"文化产业专门投资组合"等形式。各国多样化的融资方式能够弥补传统融资渠道的不足，实现国内外社会资本与文化产业的有效对接。长沙文化旅游产业所处金融环境落后，很难与现有的融资渠道高效对接，而且政府或金融机构也很少改革传统融资方式，导致社会上大量闲散资金难以进入长沙文化旅游产业。因此政府需要带头，与各类金融组织协调，在遵守中央金融政策的条件下，突破局限性，大胆创新，建立灵活的融资政策，引入新型融资渠道和工具；同时由于我国特殊国情，决定了不能照搬外国或发达地区的融资方式，所以应该充分考虑长沙文化旅游产业的特性与所处的环境状况，创造一些针对性强、适应性强的融资渠道与方式。

第三，利用融资过程提高长沙文化旅游产业竞争力。文化产业的融资过程本质上也是一个自身发展的过程，融资与产业发展是一个矛盾结合体，企业获得了充足的资金就可以扩大规模、提高产业竞争力。产品市场利润率增加，产业内源性融资能力以及对外源性资金的吸引力都会提高，在获得更多、更高层次的融资渠道的支持下，产业中企业的治理、经营管理、资本运作能力都会提升，最终产业水平与其融资能力之间形成一种相互促进，正向循环的过程；反之两者就会互相羁绊，逆向循环。正因如此，很多发达国家政府扶持文化产业融资的重点不是单纯为产业寻找资金，而是从融资角度致力于促进本国文化企业管理水平，提高产品在国际市场上的竞争力，培养产业自我发展的能力。不同国家历史传统及文化产业发展情况不同，融资扶持产业的侧重点不同，但都集中于具有本国特色的文化产业。像英、法、日、韩等主流文化产业发达的国家，都更重视本国传统文化产业竞争力的提升。英国投资保护本国王室文化、博物馆、历史景点，使文化旅游成为英国的文化支柱产业；法国不仅大量投资保护本国众多的历史文化遗产，而且注重用现代元素升华文化旅游产业，提高其附加值，保持本国文化产品在世界市场中的高端定位；日韩政府重点投资扶持的是本民族传统风俗、习惯、用品、饮食等相关产业，采用"产学研"协作体制，将有限的技术人员和经费集中起来做文化产业研究，并通过向世界广泛推广，来扩大本国文化的影响力。世界文化产业强国经验说明，形成产业竞争优势是融资运作的基础。因此，必须把提升长沙文化旅游产业竞争能力，壮大企业实力作为融资扶持政策的重要环节。

第四，营造良好的文化产业融资环境。适宜的文化产业融资环境是多种融资渠道充分发挥作用的基础。发达国家在为文化产业构建了多种渠融资道的同时，还积极创造了各种促进产业融资的制度、体制、政策、机制等条件，以解决各类融资方式实施过程中遇到的限制因素。首先，制订完善的发展规划与促进政策。政府不仅制订长远、详细的整体文化产业发展规划，而且有大量区域性的、短期的具体发展计划，有详细的产业定位、支持机制、管理方式，为产业政策实施提供了保障。政府扶持政策要保证扶持方向明确、内容详细、适应性强、优惠力度大，充分发挥引入社会资金的杠杆撬动作用。其次，健全的法律法规体系。既要有全局性的文化产业振兴法、促进法，也要有具体行业及融资相关的法律法规体系。最后，提供优良的融资服务体系。在完善政策与法规的基础上，不断为文化产业提供优良的融资服务体系，包含产业融资风险担保体系、文化企业信用评估及应用体系、知识产权评估及交易服务体系、文化企业投融资服务平台、文化资源保护或储存体系等。

二、不同类型文化旅游产业融资方式的选择

（一）不同类型文化旅游产业融资方式的适应性选择

无论是传统还是新兴的融资方式，都有不同的适应性，因此应该根据不同类型产业融资需求特点，选择适合的具体融资方式。不同性质、规模的企业在融资需求方面既有统一性也有差异性，因此在探索不同产业类型的融资模式选择时，更注重的是选择方式的侧重性及差异性，突出不同产业类型的主要融资方式。

第一，传媒型文化旅游产业。政府应给予此类大型企业以财政扶持，但是要逐步改变扶持方式，从财政直接投入为主，逐步转向政府购买、补贴，并协调各类文化产业基金支持为主。政府应通过体制改革深化以及政策引导，鼓励文化企事业单位跨地区、跨行业兼并重组，或者与发达地区的企业合作，组建实力雄厚的文化企业集团。政府要积极创造条件，重点推动大型国有文化企业通过资本市场融资，逐步使资本市场成为其主要的资金来源。

中小型文化传媒企业的业务多涉及新型媒体，往往代表文化旅游产业发展的主流趋势，因此应该是未来政府扶持的重点。该类企业“死亡率”较

高，各级政府部门需要给予更多的政策扶持。除自筹资金、银行信贷、财政补贴等传统融资方式外，企业更适合文化产业基金、企业集合融资、知识产权抵押贷款、知识产权证券化、扶持创业的风险投资、天使投资等新型融资方式。

第二，设施型文化旅游产业。该种类型产业的主要融资方式为政府全额投资成立国有企业经营，或者政府给予企业较为优惠的土地、财税、信贷补贴等政策，引入大型文化公司入股并参与经营管理。对于此类产业，政府应加大旅游资源丰富的地区文化基础设施的投入，建立中央、省、市以及区县以下四级财政拨付的专项资金的扶持体系，设立文化产业专项基金，争取通过构建良好的物质开发条件以及政策软环境为吸引大量民间资本的介入奠定基础。

由于设施型文化旅游产业基本都是由具有一定实力的国有或者民营企业构成，中小企业数量较少，此类文化产业也可以考虑再引入以下几种融资方式：（1）政府牵头，金融机构或企业发起，建立专门的文化产业项目建设基金，由政府前期投资一部分作为引导基金，鼓励社会资本多方参与。（2）推广项目融资模式，以项目为单位筹措一年期以上的资金，以项目资产为担保，以未来收益作为偿还债务的资金来源。基础设施建设、资源开发等项目建设周期长，投资巨大，但竞争程度不强，市场风险度不高，收益稳定，主要通过服务和设施来收费取得收益，非常适合项目融资模式，主要形式有 ABS、PPP、BOT、BT、TOT、TBT、PFI 等。其中常用模式主要有三种：一是文化旅游资产证券化（ABS 模式）。将能产生门票、房租、管理费等未来现金收益的文化资产加以组合，然后发行成证券出售给广大的投资公众来筹措资金。资产证券化不仅可解决文化旅游项目前期投资巨大、资金占用周期长、收益回流慢的问题，而且有利于扩大文化旅游项目融资规模以及知名度，增强融资吸引力。二是文化旅游产业基础设施特许权（BOT 模式）。政府一方面要对该企业提供的文化产品或服务的数量及价格有所规定，另一方面要保证民营企业有获取一定利润的机会。这种方式融资将文化旅游产业项目建设和经营管理过程都做成民营化，既能弥补当地政府财政开发资金的不足，同时也能提高项目建设和经营效率。三是文化旅游产业基础设施公私合作开发（PPP 模式）。由民营企业承担文化旅游产业项目的开发、建设、运营等工作，获得合理投资回报；政府部门负责监管项目产品的价格和质量，以保证产业项目公共利益最大化。相比BOT模式，该模式政府和企业尽管都全程参与，但是政府对文化产业项目中后期建设、运营的参与更为深入，企业对项目前期开发阶段参与更深。政府与企业共同商讨项目建设方案以及项目生命周期中的利益风险分配问题，实现“利益共享和风险分担”，既保证引入民营企业对项目做高效率的市场化营运；同时又减轻政府财政负担，保障旅游产业的快速开发。

第三，制造型文化旅游产业。该产业融资需求特点决定其可选择的融资方式比较灵活。政府不宜直接给予大量的直接投资，主要应以市场化融资方式为主，只在企业发展初期给予一定的财政补贴、税收优惠、政策性低息贷款等扶持方式。除了政府财政扶持、银行信贷、自筹资金等传统方式外，文化制造业比较适合的融资方式主要有四类：（1）引入或培养龙头企业，通过合作方式带动广大中小企业。引导本地区域内大量业务相似却分散经营的中小制造企业协作、合并，或者引入外来的大型企业与本地企业合作，建立龙头特色制造企业，借此提高本地文化产业生产水平及融资能力。（2）融资租赁比较适合解决广大中小文化制造企业因资金不足导致生产设备紧缺的问题。文化制造业融资租赁一般采取直租、回租、厂商合作几种模式。直租方式是出租方从生产厂家购买设备，租给承租方生产企业；回租是出租方买进生产企业的现有设备，再回租给企业；厂商合作就是出租方、设备生产厂家和文化企业三方合作，出租方向设备生产厂家购买设备租给文化企业，企业按约支付租金，设备厂家承担设备回购责任。（3）集合票据融资。政府牵头，打通文化制造产业上下游产业链，上游的原料提供企业、中游的产品制造企业、下游的代理商贸企业一起合作，筛选行业关联度高的优质企业集合发行融资产品，以政策性担保、大型企业担保、联合担保等形式降低风险，政府全程加强监督与管理，力争解决本区域内整条产业链的融资困境。（4）鼓励行业内部合作成立小额贷款公司。文化旅游产业融资难的一个重要原因是多数融资机构对其认知不足，对民族文化产业链条了解不够透彻，无法做到提供资金的高效率以及风险可控。可以由文化产业协会牵头，组织行业内部企业合作组建专门面向本产业融资的小额贷款公司，小额贷款公司凭借对文化产业制造业特殊性的深入了解，通过行业内部富余资金周转，以强帮弱、以大带小，用灵活、针对性强的资金带动区域内文化产业链的全部相关企业共同发展。

第四，娱乐型文化旅游产业。该产业目前实际应用过的融资方式有很多，诸如财政拨款、银行贷款、企业投资、外资入股、风险投资，企业自筹等，但实际融资效果并不好，普遍存在融资难度高、额度低、成本高的情况，因此有必要引入一些新型的融资方式。一是发展娱乐型的集团化企业。通过大企业联合、中小企业合并等方式把文化产品内容相似的企业整合在一起，由政府给予政策、资金方面的扶持，重点打造企业集团，创造本地区的知名文化品牌。可在此基础上进一步寻求对外发行股票和债券，扩大集团的市场号召力与关注度。二是引入国外知名的企业并购或投资。政府结合旅游资源丰富的地区的资源，明确定位文化娱乐型产业的发展模式，逐步尝试通过优惠政策来吸引外资入股，利用外商的资金、先进设备、经营理念来提高产业效率。三是产业链融资。金融机构以某个实力较强的企业为核心，根据与之发生产业链关系的企业情况，设计相应的集合融资方案。以民族舞蹈演艺产业为例，可由某个演艺集团或者大型剧场牵头，集合表演团队、经纪公司、票务公司、演艺设备生产厂家共同融资。这种方式可以提高金融机构搜集信息的成本，降低融资的风险。四是借助互联网金融。娱乐服务型企业的经营特点很适合“团购+预购”的众筹融资模式。政府可以鼓励中小企业通过众筹平台，开放展示企业产品与服务，并以实物回报的形式反馈给投资者；也可以鼓励大型企业或者众多企业组成联合体，与互联网金融平台合作，建立新网络金融娱乐型产品。

概括而言，不同的文化旅游产业既有普适性的融资渠道，也有各自更为适合的融资工具，应以政府为主导，并结合地区、行业、文化的差异性，构建本区域内的多元化的文化产业融资体系。

（二）普适性的新型文化旅游产业融资方式

政府引导型融资模式是通过创新具体融资方式来实现。随着我国金融体制改革的深入，资本市场逐步开放与完善，我国文化产业融资方式也日益多元化，但文化旅游产业目前主要的融资方式还是资金自筹、政府扶持及银行信贷，其他融资方式使用率极低。政府作为当地金融资源的主要引导者，应在继续完善传统的产业融资方式之外，尝试采用一些新型的融资方式来吸引社会资金。

根据文化旅游产业特殊性，引入的融资方式应该具有三个特点：能将大量的社会闲散资金有效聚集；能通过一定的运作机制给予投资者稳定收益预期及其可承受的融资风险，能够激发投资者的积极性；操作方式灵活，能减少财政资金的占用，降低行政成本，适合以中小企业为主体的文化旅游产业。依据以上阐述，本书建议引入以下几种融资方式。

第一，文化旅游产业彩票。通过彩票机制，用较低的资金成本集合长沙的闲散的社会资本，弥补文化旅游产业保护和产业发展方面的资金不足。在建立初期，可以仿照福彩和体彩的发行体制，由国务院批准、财政部监管、文化部主管的方式进行发行与销售。待时机成熟，政府可逐步放松管制，通过一定程序将彩票销售等具体业务下放各县区，交给有实力的国有企业。国家要制定严格的文化彩票法律法规，规范发行和管理细节，政府部门负责彩票政策的制定与对企业的监管工作，由彩票公司进行具体业务运作，中央要给予各县区一定的经费、人员、物质支持，帮助当地建立相应的管理机构和软硬件设施。彩票收入中的公益金除了用于保护民族文化遗产和资源，发展民族文化事业外，可以按一定比例用于支持文化旅游产业发展，来代替财政扶持资金。

第二，融资租赁。融资租赁在发达国家是仅次于银行信贷的第二大融资方式，近些年国内也开始兴起，2015 年国务院发布了《关于加快融资租赁业发展的指导意见》，表示将进一步出台优惠政策支持融资租赁公司发展。根据《2015 上半年中国融资租赁业发展报告》的预测，“十三五”期间中国融资租赁业将保持 30%左右的年增长速度，预计中国有可能超过美国，成为世界第一租赁大国。2014 年 9 月 1 日北京成立全国首家文化产业融资租赁公司，通过“直租”和“售后回租”的双重模式，向影视、广播、出版、动漫、音乐等多领域的文化企业提供融资服务，融资效果非常突出。相比传统渠道，融资租赁属于新兴融资工具，具有融资限制较少、操作便捷、融资比例高、资金使用灵活、融资租赁周期长等优点。融资租赁很适合民族文化企业起步阶段的融资需求，特别是一些制造型民族文化企业，可以先从厂家获取生产设备，待产品销售之后，用收入返还租金，借此扩大生产规模。各县区政府应该大力推广融资租赁模式，给予租赁公司财政补贴、税收、金融等方面的政策优惠，吸引大量公司、人才进入民族文化产业领域；建立标准化的租赁物交易流通平台；鼓励建立为融资租赁服务的中介机构，同时支持与文化相关的设备生产厂家与租赁公司合作，并完善相关的法律法规。政府应鼓励文化产业融资租赁业务的创新，在有条件的区域，设立政府主导的文化资产评估机构，构建民族文化无形资产的融资风险补偿机制，在此基础上建立将民族企业在演艺、音乐、服饰、影视等文化方面的版权、专利权等标的物卖给文化融资租赁公司，再由其以租赁方式将标的物返还给企业。

第三，文化资产证券化。资产证券化（Asset Backed Securitization）是一种较新型的融资方式，目前国内理论界较广泛使用的定义是，资产证券化是把缺乏流动性，但具有未来现金流的资产汇集并进行结构性重组，将其转变成能够在金融市场上出售和流通的证券的过程。资产证券化具有很多优势，如增强资产的流动性，将缺乏流动性的资产转化为高流动性的金融商品，从而进行有效融资；资产融资的信用评定与企业自身信用分离；减轻企业的负债压力，同时不会影响企业自身的治理结构；融资周期较长，融资综合成本相对较低，能够有效分散企业的融资风险。资产证券化的优势决定了其能够很好地适应文化旅游产业融资需求，且由于我国社会资本比较充裕，且普遍存在“高收益资产荒”，民众对新型金融品种兴趣普遍较高，投资欲望强烈，因此新型的证券化品种对全国分散的社会资金有很强的吸引力。资产证券化的根本在于资产必须能够预期产生现金流，而产生现金流的标的物及形式有很多，目前看比较适合文化旅游产业的有两大类：一是电视、电影、动漫、游戏等以知识产权为主要资产，可以通过预售版权获得现金的产业；二是自然景区、历史建筑等旅游景点，能够产生门票、租金、管理费、特许经营费等未来稳定收益现金流的产业。文化资产证券化具体操作程序包含资产重组、风险隔离、信用增级三个环节。首先，建立 SPV，构建资产池。资产池标的要求具备可预测的稳定现金流、较高信用度、同质强等特点。由于目前民族文化行业如服饰、手工艺、餐饮、演艺等多共生于某个旅游景区或者处于某个特定文化地域内，往往收入也是相互依存的，因而适宜将多种类型行业组合打包。对于拥有知识产权的文化行业，也可将许多不同区域、不同企业的资产组合为一个证券化资产池。民族地区应该选择实力雄厚、信用等级较高的国有大型银行或者由政府主导组建国有独资企业来担任 SPV。其次，通过资产销售或信托方式，SPV 从原始受益人手中获取一定期限内的资产收益权，实现资产隔离。再次，信用增级，降低资产证券的风险。文化产业的相关资产大都流动性较差，价值与信用状况较难评价，很难使用以自身资产为信用损失担保的内部增信方式，因此 SPV 需要引入大量外部信用增级工具，如保险、金融担保等。最后，根据文化旅游产业资产的具体情况和目标市场，设计证券发行利率，寻找证券承销商，出售证券获取发行收入，实现产业的融资需求，再将权益所有人到期偿付的本金和利息以一定方式支付给证券投资者，从而完成整个资产证券化过程。鉴于在旅游资源丰富地区文化资产证券化属于新生事物，在金融环境落后的地区发展，初期一定存在到很多限制和困难，因此政府必须发挥引导和监管的作用，借鉴发达地区的经验，制订了完善配套的财政、税收等法律法规：引入或者建立中介服务机构，特别是了解少数民族文化产业的信用评级和增级机构，完善资产价值评估机制；引入大量专业人才，逐步试点并放宽管制，渐进式地实现文化产业资产证券化的目标。

第四，互联网金融。互联网金融最大的优势在于其符合中、小、微企业的融资需求。文化旅游产业因其产业化程度低、无形资产较多、产品缺乏合理的价值认定、外部性较强、收益不好预测等因素难以被银行等传统的金融体系所接受，而互联网金融对产业硬性条件考虑较少，更适合对接文化旅游产业的融资需求。发展文化旅游产业互联网融资，首先，要探索与之相适应的融资方式。根据文化旅游企业与产品的特点，目前主要有三种：一是网络小额贷款，如依托电子商务平台大数据评定信用等级的阿里小贷，将海量小额度的个人资金聚集起来进行借贷的 P2P 自助式小额借贷融资，引导个人向由网站做信用评级的小企业提供贷款的 P2B 融资方式等。二是众筹融资模式，各地区可自创网站或与主流网站合作，建立针对文化旅游项目的股权众筹、债权众筹等多类模式，通过互联网理财的方式吸引大众社会零散资金，融资项目不仅局限于影视传媒，还可以扩展至演艺、娱乐、传统工艺美术等类型。三是引入互联网银行。2015 年 1 月 18 日深圳成立了国内首家互联网民营银行——微众银行，与传统银行相比，互联网银行没有营业网点，无需财产担保，通过人脸识别技术与大数据信用评级来发放贷款。完全在线上进行全部的金融业务，大大降低了地租、管理、人力等成本；因为不受地理条件限制，仅靠互联网覆盖各个地区的客户，客户办理融资不受时空约束，加之都通过电脑融资，效率很高，也降低了企业办理融资的负担。其次，政府构建互联网金融发展的政策环境。一方面要以既开放又谨慎的监管理念，出台优惠政策鼓励互联网金融企业进入民族地区，并引导针对文化旅游产业融资的项目创新；另一方面要严密关注互联网融资的产业应用情况，适时出台相应的法律法规，明确界定互联网金融业务内容与规范，加强金融监管，防止出现大规模的融资风险，防止影响社会稳定和民族团结。最后，提高互联网融资的软硬件基础设施，构建可靠的融资信息交流、信用数据搜集、支付、交易等相关平台，提高民族地区大数据、云计算等软件技术。

第五，企业集合融资。近些年来，在我国众多新型的融资方式中，集合融资方式在实际应用中颇具成效，成为许多中小企业成功融资的有力工具。集合融资俗称抱团融资，一般指金融机构借助政府相关部门、银行、社会资本、金融中介服务机构等组织的共同作用，充分利用自身丰富的金融资源，把众多中小企业集合起来形成一个共同体，通过直接或间接的渠道融资，极大地拓展企业的融资空间。该融资的基本方式为“统一组织、同一产品、集合融资、统一增信”，采用某个组织牵头，联合若干家缺乏独立融资能力的企业，参考每个企业资金需求、负债能力、经营风险等因素确定各自融资额度，统一发行集合融资工具，再将募集到的资金分配给参与企业，分别对投资者负债。目前我国集合融资的具体方式有中小企业集合票据、中小企业集合债、中小企业集合信托。中小企业集合债与集合票据发行流程比较相似，两者都是中小企业以“打包”“捆绑”等形式集体发债融资，多由政府组织，协调中介等相关机构完成担保工作，经国家部门或银行间交易协会组织批准后，由券商或银行完成承销工作。企业集合信托由信托公司牵头，组织中小企业集合形成一个“贷款需求包”，再进行担保增信，统一发行集合信托计划。集合融资通过“捆绑”积聚了多个企业，可以改变中小企业在融资市场中的弱势地位，迅速提高中小企业的信用等级和融资议价能力，大幅度降低融资成本；同时集合融资多是行业相似或者位于产业链上中下游的企业，因此也有助于企业之间相互合作、相互监督，并促进产业链之间的合作。

文化旅游产业中的企业多是融资能力较低的中小企业，都处于同一个文化背景下，业务类型相似、产业关系密切，非常适合集合融资，因此政府应该采用多种形式主动推动文化旅游产业集合融资。首先，发挥政府牵头作用。由于文化旅游产业企业数量多、行业跨度大、分布区域广、经营的差异性大，仅靠本地实力薄弱的金融机构很难单独组织完成中小企业集合融资。各地区各级政府应该积极发挥牵头作用，联合行业协会、融资服务机构、文化产业园区管委会、龙头企业等部门共同合作发行。政府可尝试用财政专项资金为集合融资提供风险补偿，提高金融机构对企业贷款的风险容忍度。其次，根据民族地区情况完善并创新集合融资工具。政府部门应为集合融资创造宽松的监管环境，鼓励金融机构根据民族文化中小企业融资需求特点完善现有融资程序，创新新型的集合融资模式，如建立债券市场的注册制；实施一般利率加每年评级后浮动利率的支付方式；推行集合债券证券化等。最后，大力发展地区金融中介和服务机构。政府出面协调与发达地区的金融机构合作，建立由承销商、评级机构、会计师事务所、律师事务所、担保机构等中介部门构成的融资服务体系。由于地区担保公司实力普遍较弱，应由政府出面采用将多个担保机构“捆绑”起来提高集合融资整体信用及担保实力的集合担保方式。政府可构建符合文化旅游企业特点的信用评级体系，建立由各类民族文化委员会、行业协会等组成的，具有一定权威性的文化旅游产业或产品评级机构。

三、选择适合文化旅游企业不同生命周期的融资渠道

（一）企业金融成长周期理论

20 世纪 50 年代后逐步发展起来的企业生命周期理论，主要从长期、动态角度来分析企业在不同成长阶段的发展特征。时至今日，已有很多学者根据企业生命周期理论进行了大量的理论研究，并对企业的成长过程划分了不同的阶段，但基本观点是一致的，都认为企业发展是符合一定动态规律的，有形成、成长、成熟、衰退等几个阶段。企业金融成长周期理论是建立在企业生命周期理论之上的，认为企业在不同生命成长阶段的融资来源是不同的。韦斯顿和布里格姆（1978）观点比较有代表性，他们在信息不对称和信号模型理论的基础上，把企业的成长过程分为六个阶段，每个阶段企业的融资方式不同，具体见表 4-2。

表 4-2　企业在不同金融成长周期的融资方式

阶段	融资方式	潜在问题
创立初期	自由资金	资本化程度很低
成长阶段Ⅰ	上述来源+企业留存收益、商业信贷、银行短期贷款、融资租赁	库存较多，容易发生流动性危机
成长阶段Ⅱ	上述来源+金融结构的长期借款	存在外部融资缺口
成长阶段Ⅲ	上述来源+发行证券	企业控制权分散

续表 4-2

阶段	融资方式	潜在问题
成熟期	上述全部来源	投资回报较稳定、保守
衰退期	金融资源撤回、企业并购、股票回购、清盘等	投资回报下降

资料来源：Weston J F，Brigham E F(1975). Managerial Finance. 5th Edition，London The Dryden Press.

伯杰和尤德尔将企业成长中发生的资产规模、融资需求等约束条件的变化，以及对企业融资结构的影响，加入早期的金融成长周期理论中，认为企业的融资结构、融资渠道是随着企业不同成长阶段的信息、资产等变化而变化的。企业在创立初期，规模小、制度不健全，融资只能来源于自有资金；随着企业发展，规模扩大、可抵押资产数量增加、财务制度更加健全、企业外源融资比例提升，其中债务融资比例会逐步下降、股权融资比例上升。企业金融成长周期理论的发展，从动态角度为中小型企业融资问题提供了一个研究框架和思路。

（二）文化旅游企业在不同生命周期的融资需求

近些年来，随着我国企业的不断成熟，国内学术界对西方企业成长周期理论在中国的实践研究也日益增多，大量统计数据及研究表明，中国企业特别是中小企业虽然受特殊融资环境影响，融资结构相对西方有一定特性，且面临更多的融资抑制，但企业融资情况与企业金融成长周期规律大致相似，因此该理论是适用于我国企业的。

文化旅游产业主要以中小企业为主体，企业规模与资产实力普遍较弱，并缺少有影响力的大型知名企业，属于中国企业中比较特殊的一类，但是也符合企业金融成长周期理论。作者以企业金融成长周期理论为基础，结合文化旅游企业特点，将其划分为五个阶段，即种子期、初创期、成长期、成熟期、衰退期，对企业不同阶段的融资特点进行总结。

1. 种子期

文化旅游企业在种子期时生产项目或产品大都处于设想阶段，大量文化旅游资源还处于原生状态，能否进行商品化、如何进行商品化都没有定论。资源继承者或者企业经营者需要一定量的资金对文化资源按现代化的商业生产或服务模式进行尝试性开发。在商业化的开发过程中，企业需要创造性地制定研发、生产、管理、营销方案，但是这个过程的风险是最高的。一方面，文化旅游资源开发，产品优势在于其无形的文化内涵，独创性比较强，市场上也很少有现成的开发技术、机器设备甚至是类似产品，产品市场满意度不可预测；另一方面，文化旅游资源产业化受限很多，涉及的利益主体、生产人员及生产环节都较为复杂。大量的不确定性因素导致企业在此阶段经营风险极高，融资数量、期限无法确定，所需资金的风险承受能力最强。

2. 初创期

在文化旅游企业的初创期，企业已经开发出一些新产品，处于市场初步实验与推广阶段。此阶段的企业规模仍然很小，生产技术不高，营销手段不足，产品很难有稳定的盈利，经营风险还是很大。此阶段企业融资主要用于建设生产场所、购置设备、招聘员工、开拓市场等需要，融资规模将大幅增加，但是由于产品收益波动很大，企业经营现金流多为负数，因此需要大量的、能够较长时间稳定使用的，且具有一定风险承受能力的资金来源，同时资金的使用成本一定要很低。

3. 成长期

在此阶段，文化旅游企业的产品基本定型，市场认可度上升，销售基本稳定增长，经营现金流情况大幅好转，市场风险有所下降。此时企业资金需求主要由以下任务决定：一是企业生产规模的快速扩张，需要增加设备、人员、场地，同时要保持一定的研发投入，不断创新或升级产品与服务；二是提高企业内部管理水平与资金使用效率，增强市场营销，尽快增加市场份额。此阶段企业具有一定财务实力，融资风险下降，但是融资的规模较大，要求融资的期限与形式比较灵活，需要较多中短期资金。

4. 成熟期

目前只有很少的一部分旅游文化企业达到该阶段，此时企业具有了较大的规模，内部管理与生产技术相对成熟，产品获得市场的普遍认可，占有较多的市场份额，盈利大幅增加，经营现金流稳定，企业风险很小。但同时企业发展也进入了一个瓶颈期，销售量与资本收益很难再迅速增加，未来有可能停滞甚至下降。此阶段的企业融资需求与传统产业区别不大，由于有了比较雄厚的资本积累，企业的融资需求不是很强烈，一部分企业因为产品创新或业务转型需求而寻求短期融资。此时企业可选择的融资来源也有很多，对各类融资条件的适应能力很强，资金承担的风险下降。

5. 衰退期

文化旅游产业整体处于初创阶段，目前我国大部分企业处于成长周期的前三个阶段，但是还有很少量的企业处于衰退期。这些企业主要指那些处于夕阳产业，产品内容及消费方式不再被市场接受的企业。这些企业产品或服务中可能带有一定的文化元素，但是缺乏竞争力，产品正逐步被激烈市场竞争淘汰。此时企业经营现金流为负，资本积累很少，需要融资用于企业转型或再次创业。此时企业融资额度高、融资期限长，而且可承受的融资成本很低，融资风险很大，甚至高于种子期。

（三）文化旅游企业不同生命周期的融资渠道

文化旅游企业在不同发展阶段，其融资需求特性不同，所处的融资环境不同，可选择的融资渠道也不同，因此本书提出了文化产业在不同发展阶段的融资渠道体系。

1. 文化旅游企业种子期的融资渠道

种子期企业，极少有资产抵押物，也没有经营现金流，产品前景不是很明确，可以选择的融资方式很少。此阶段目前多数企业都是以自筹资金或熟人借贷为主，今后可逐步转变为以中央或地方财政资金扶持为主，内源性融资、天使投资、私人投资为辅的形式。一般情况下，企业可通过自筹资金或熟人借款等方式初步进行生产经营或制定发展方案，各级政府审核后通过启动资金直接补助、税费优惠等形式给予支持。政府通过一定方式宣传推广企业，吸引专门投资种子期企业的天使投资者，以及愿意无偿赞助的国内外组织、企业以及个人，该阶段基本以直接投资模式为主。

2. 文化旅游企业初创期的融资渠道

在此阶段企业开始进入实体产业的经营，但是规模很小，管理很不规范，盈利很少，无法弥补成本，企业破产风险很高，也没有能力负担过高的融资费用，需要长期稳定的低成本资金来源。初创期的文化企业除了自我筹资外，也没有太多能力获取外源性融资。该阶段应采取以风险投资、私人投资为主，政府财政直接投资、财政担保贷款、政府贴息、各类税费减免等为辅的融资渠道。各级地方政府需要做好产业信息推广、融资双方对接、政策优惠等工作，吸引风险投资机构或者资金实力的个人或企业进行投资，同时利用财政资金通过各类形式给予投资者或文化旅游企业融资活动一定的风险补偿。

3. 文化旅游企业成长期的融资渠道

此阶段的文化旅游企业已经具备一定的资产规模，经营现金流稳定，市场经营风险逐步下降，融资主要用于满足技术升级、市场拓展、生产规模扩大等扩张性需求，强调融资的稳定性与便捷性。该阶段企业可选择的主要融资来源更趋于多元化，如企业盈利留存再投资、股东增资、银行贷款融资、企业债券融资、风险投资、融资租赁等，有条件的企业甚至可以考虑进行新三板上市融资。政府仍然可以提供一些辅助性的融资方式，如适度直接投资、政府采购、财政担保、贴息贷款、税费减免等。

4. 文化旅游企业成熟期的融资渠道

在该阶段文化旅游企业经营状况已经非常稳定，资产规模很大，财务管理水平以及信用积累都比较好，融资风险相对最低，此时企业融资需求相对最少，但可以选择的融资来源很多。该阶段企业依靠自有资金基本可以满足需要，如果需要融资用于大规模发展，主要可选择两种渠道，首选债务融资，一是额度较大的银行信贷，二是发行多种形式的企业债券。其次是上市融资，可以选择的资本市场有创业板、新三板、境外市场三类。政府财政直接扶持可以适当减少，更多采用政府采购、税费减免等措施。

5. 文化旅游企业衰退期的融资渠道

一些处于衰退阶段的文化旅游企业，利润开始下降甚至为负，市场前景恶化，此时难以得到银行、资本市场的融资扶持，只能依靠自我筹资或政府帮助。企业此时为了防止破产，只有逐步转型或开发新的产品，此阶段的融资需求类似种子或初创期，融资渠道主要依靠自筹，或政府扶持。自筹资金有收益留存、熟人借贷，还有就是原有资产并购重组。政府需要拿出一定的财政补贴，帮助企业实现转型，如果企业未来转型的前景较好，可以借助风险投资或私人投资融资。

四、构建和完善文化旅游企业产业融资支持的保障体系

发挥融资对文化产业的支持作用，形成金融与产业之间相互促进的关系是一项极为复杂的系统工程。影响我国文化产业融资支持问题的重要因素是其自身独特的产业特性、薄弱的产业基础以及不利的外部融资环境。解决文化产业融资支持问题，单纯依靠产业自身在短期内很难改变；民族地区外部环境落后，市场化调节机制又难以发挥作用；必须在提升文化产业自身融资

能力的同时，借助政府与金融机构的力量。这两者的资源和实力在当地相对最强，只需要在自身资源分配过程中给予文化产业一定的倾斜，就能产生很大的效果。

（一）提升文化旅游产业融资能力

1. 提升文化旅游企业的融资素养

随着我国资本市场的高速发展，融资模式日益复杂，提高文化旅游企业的融资素养成为当务之急。一方面需要构建金融知识宣传与普及机制。政府产业政策制定部门和金融机构人员要尽可能多地深入文化产业内部，与当地企业就实际发展情况和融资需求做交流。之后由政府主管部门引导，基层行政部门配合，组织金融机构制作通俗易懂的产业与融资知识普及材料，利用网络、新闻媒体、政府基层机构、金融网点等各类平台与渠道，持续性开展金融知识宣传教育。政府牵头整合本区域内金融人力资源，安排既懂金融知识又了解文化产业的融资培训师深入企业开展金融知识宣传与培训，培训师一般由政府人员、金融机构人员、大专院校学生等人员组成。另一方面，文化旅游企业应高度重视产业融资重要意义，制定企业融资能力培养计划。企业负责人要加强融资知识学习，掌握产业融资的规律及方法。其次，加大企业融资人力成本的投入。企业要注重招聘具有一定金融能力的人才，对既具有金融背景又有文化背景的人才提供较高薪酬、福利以及升职渠道，确立企业内部融资人才的激励机制。缺乏融资人才的企业可以寻求与专业融资中介及服务机构进行合作，以较低的成本将融资业务外包。

2. 加强对本地文化旅游产业资源的保护与开发

文化资源是文化旅游产业发展的基础，也是吸引外来投资的保障。首先，要加强对文化旅游资源的保护。不仅要加强对文物、传统建筑、文化遗址等物质文化资源的保护，同时更要对世代传承的民族手工艺、歌舞、音乐、服饰等非物质文化资源进行保护，注重传统文化的继承与推广。其次，要注重文化资源的开发，提高文化产品市场适应力与附加值，促使产业不断创新，保持发展活力。政府应立足于本地文化特点，长远规划文化旅游产业发展战略，挖掘具有特色和市场需求潜力的文化资源，制定合理的开发政策，防止出现文化破坏、资源浪费、产品低俗等问题。最后，有实力的企业应积极打造文化品牌效应，采取“走出去”的策略，利用会展、节庆、交流等形式，向国内外推广文化旅游产品，或者利用各地区在地缘、宗教、文化传统方面的优势，积极寻求对外文化交流，争取同一些国际知名的文化企业合作，与国际文化产业经营模式和营销机制接轨，利用他们的渠道和方式推广产品。企业通过品牌来开拓市场，带动产业发展，争取以独特的文化优势提高产品市场经济价值。企业在文化资源开发过程中要注重引入先进技术与方法，通过现代技术来提升传统文化产品的市场竞争力。

3. 培育具有较强竞争力的文化旅游企业

制约长沙文化旅游产业融资的一个重要因素在于产业主体市场竞争能力太弱，无论是国有企业还是民营企业，规模相对较小，治理水平与盈利能力较低。因此，应根据文化旅游企业发展实际，对不同规模、性质的企业采取不同的扶持策略，提高其竞争力。首先，要重点培育具有雄厚实力和影响力的大型文化企业集团。一方面，要拓宽国有文化旅游企业的融资空间，深化国有文化企业股份制改革，通过重组与扶持方式，推动地区文化事业单位转企改制，同时对已经改制的文化企业进行股份制改造，建立现代企业制度；发挥政府资金杠杆作用，引入多元化的战略投资主体，打造具有较强实力和市场活力的国有文化企业和企业集团。另一方面，地区政府应提供优惠政策，拓宽投资范围，积极吸引国内外实力雄厚的企业，通过并购、投资等各种方式进入本地文化产业，共同打造高水平的大型民营文化企业。其次，重视培养大量“专、小、精、尖”的中小型文化企业。目前文化企业大多是中小企业，规模普遍较小，业务内容与模式相似，产业化水平很低。政府应该适当扩大扶持范围，降低扶持标准，增加扶持力度，给予中小文化企业在税收减免、土地使用、人才引进等方面更多的政策优惠和资金支持，降低企业负担，吸引社会资本投资文化产业，增加文化企业数量；要加强对中小文化企业发展规划和指导工作，建立产业人才培养以及产业技术支持体系；通过各类扶持政策，引导广大中小企业主动进行产品创新和技术改造；要加强监管、核查和激励等政策措施，以满足各类融资渠道的基本条件为目标，进一步规范中小企业治理结构，完善其财务会计制度，促进其提高企业内部管理水平，提升盈利能力。

4. 构建文化旅游产业链

产业链的概念是在当前世界“高技术和高附加值经济”大背景下产生的，指不同产业、行业之间基于一定的技术或经济联系，在特定的逻辑和时空布局关系中形成的链条式关联形态，包括价值链、供需链、企业链、空间链四个维度，是产品价值不断创新和增值的过程。当今的市场竞争不是企业个体的竞争，而是一个国家或区域的整体产业能力的竞争，无论何种类型的企业如果没有完整产业链支持，就无法生产出具有市场竞争优势的产品。文化旅游产业链是以文化资源及其创意成果为产业核心价值，以创新为手段，以知识产权实现或产品消费为交易特征，从物质和精神两方面为公众提供文化体验的产业关系集合，其产业链应包含所有上下游的相关企业，即创意企业、制作企业、传播企业、服务企业以及延伸企业。

受传统文化体制的影响，目前各地区文化产业的基本状况是产业链两头企业数量少、规模小，中间生产制造企业多，产业链条外围的相关企业也很少，导致最终产品的技术水平与附加值价值都很低。因此，要改变上述情况，必须进行全面整合，从文化资源到最终产品及服务之间形成一个由不同产业、行业环环相扣的链条，这也是实现地区文化产业升级、优化整体产业结构的唯一有效途径。

政府的非市场地位决定其无法直接构建一个产业链，但可以采取政策鼓励、行政扶持的方式，间接引导产业链的形成与完善。目前文化旅游产业链整合可采取三种模式：纵向延伸、横向延伸、混合延伸。从纵向来看，要按研发、生产、营销、服务、反馈的生产价值链增加相关企业，并构建之间的产业关联。政府可重点扶持上游的文化旅游资源保护与研发产业，减轻中游的文化旅游产品生产制作产业负担，并通过贸易政策支持下游文化衍生品、消费服务及辅助产业，扩大产业链两头企业的规模、数量，通过拉伸产业链条来促进产品的价值和产业竞争力的提升。从横向看，政府可通过整合融资、扶持等方式，鼓励业务相似或者相关的企业兼并整合，组成区域企业集团。通过给予土地、水电方面的费用减免优惠，打造产业园区等方式，促进产业集聚，使资本、要素在空间上高度汇聚，形成产业的规模效应、创新效益、竞争效应、资源共享效应等，以提高产业竞争优势。政府应鼓励企业调整产品结构，整合集中生产要素，找准产业链定位，协调相关利益主体关系，以实现资源高效配置。目前我国许多文化旅游景区的成功经营实践证明，以区域内某个大企业集团经营为主，以“行、游、购、住、食、娱”为主要产品，构建囊括游览、演艺、工艺品等多种文化行业的文化旅游产业价值链体系，是一个比较成功的产业发展模式。

（二）增强金融体系对文化旅游产业的融资支持

1. 增加地区金融机构的数量与规模

目前在长沙市地区金融排斥现象很严重，对文化产业影响也很大。国有商业银行、农村信用社、邮政储蓄机构是文化旅游产业的主要融资供给者，政策性银行、地方性银行、股份制商业银行、农村商业银行等融资作用有限。加强金融组织的建设是解决文化旅游产业融资问题的基础，首先，应增强国家开发银行、中国农业发展银行等政策性银行的作用，增加各地区分支机构，扩大低息贷款额度，加大对文化旅游产业基础设施、产业项目的信贷支持力度。其次，应优化基层金融机构网点布局和功能。由于文化旅游产业多是个体经营，应鼓励各类金融机构增加县级及以下级别的网点，提高基础金融服务覆盖面。引进投资者，通过增资股改的方式提升基础金融机构的服务能力，不断推进村镇银行、农村资金互助社等新型基层金融机构的组建。再次，政府相关部门应通过鼓励和监管政策，引导股份制商业银行增加各地区的网点，加大对文化旅游产业集中区域的融资服务。借助股份制商业银行在公司经营、融资服务创新以及风险控制等方面的先进理念和经验，为民族文化产业融资提供新的模式。最后，应提高各地区金融信息科技水平，普及 ATM 机、POS 机、网上银行、手机银行等金融工具，降低融资成本。当前文化旅游产业信贷风险很高，因此必须由政府给予金融机构一定的风险补贴，并鼓励国有金融机构以社会责任为重，以发展各地区经济和社会稳定为目标，以责任意识来支持产业发展。

2. 鼓励银行创新文化旅游产业融资产品与服务

目前，文化旅游产业外源性融资主要来源于银行信贷。当前适合文化旅游产业的信贷融资产品的种类很少、模式单一、流程烦琐、融资条件很高，导致大量企业因为没有合适的信贷融资产品，无法融资。银行应将信贷资源适当转向文化旅游产业，设立专门主管信贷的部门，积极开展金融创新，建立相应的产业信用等级评定体系，开发更为丰富的文化金融产品，并建立信贷发放机制，争取实现既能针对性地为不同类型的文化企业提供融资服务，同时又能保证银行自身利益与资金风险可控。目前，国内银行文化金融信贷与服务的组织结构不断创新，文化信贷产品种类日益增加，长沙市可以积极联系一些大型股份制商业银行进驻本地，并引进其新型的文化产品，创新适合文化旅游产品的融资工具。

当前银行不愿给予融资的顾虑在于信贷风险，因此风控机制是金融创新的重点。第一，优化信贷融资流程。金融机构要建立本地区文化旅游企业的信用信息记录，根据企业规模、盈利能力、信用记录、未来盈利前景的指标，划分信贷融资等级，对于高等级的企业可以给予简便、快速的信贷审批，对于不同等级的企业给予相应的利息优惠。第二，创新多样化的信贷产品。银行应改变有形资产抵押或担保的融资理念，转向控制各种知识产权、收益权的融资方式，加强对文化旅游知识产权的价值评估的探索，量化文化企业的无形资产价值。积极探索开发如商标权质押、专利权质押、著作权质押、门票质押、销售合同质押等新型信贷产品。金融机构在特殊情况下可以考虑为文化产业项目量身定做融资方案。第三，通过改变融资相关组织的关系形式来降低风险。一方面由政府引导建立由金融机构、企业、金融服务机构等多个融资相关主体合作的企业融资风险担保和补偿机制；银行要尽可能借助专业的担保公司、评估公司做好信贷工作，以有效降低信贷融资风险。另一方面针对大多数民族文化企业个体资质不足的特点，联合产业集群或产业链中的文化企业以集合贷款、联保联贷等方式申请企业组合形式的融资。

3. 构建文化旅游产业融资服务平台体系

当前大量空余的社会资本与所需资金的文化企业之间仍然缺乏有效对接服务平台与中介，导致很多优秀的文化项目没有被关注，很多融资扶持措施都没有发挥应有的作用。目前，无论是中央还是地方都建立了很多服务于文化产业投融资的平台，但是多服务于发达地区的主流文化产业，还没有专门针对文化旅游产业的平台。构建文化旅游产业融资服务平台体系，应包含三个方面：一是文化旅游投融资服务平台，该平台由银行、信托公司、投资基金、担保公司、保险公司等构成，整合各类资本资源，侧重产业融资信息咨询与辅导，民族文化产权评估，建立文化产业项目数据库，文化企业筛选、发展情况认定以及信用评定，构建文化企业融资的风险分担机制。陕西文化金融服务中心作为西部首家文化金融服务平台于2015年5月成立，以“综合服务平台+互联网”的运作机制，集合了文交所、融资担保、小额贷款、风险投资、股权投资、艺术品质押融资、投资管理、文化金融信息服务、资产管理等多个文化融资服务功能，初步形成文化与金融、社会资本对接的综合服务平台，为构建长沙文化旅游产业融资平台做了一个很好的范例。二是文化旅游产业发展服务平台，该平台由企业、科研机构、专业院校、行业协会、文化资源传承人等构成，通过产业信息交流、多主体沟通协作与资源共享等方式促进本区域内的文化旅游产业的发展，形成集文化旅游资源整理与研究、项目前景评估、产业发展规划、文化资源产业化、优秀企业与项目推荐等多项作用于一体的综合平台。三是构建投融资与产业之间的对接平台，或者上述两种平台的综合体，以实现金融与产业资源的有效对接。上述平台可以按行政区域组建，也可以专门针对文化旅游产业组建，平台实际中可以有多种形式呈现，如文化旅游产权交易所、文化旅游产业投融资公共服务中心等，也可以与文化产业园区结合，发展线上线下共同协作的融资支持方式。

第七节 建立以旅游业为引擎的产业联动发展机制

一、发展文化旅游产业的可行性

随着现代社会经济的快速发展，尤其是交通网络覆盖面也在持续扩大，尤其是我国高速铁路系统得到了快速发展，这必然导致社会经济发展发生深刻变化。交通网络的连接汇集了十分丰富的经济要素，在促进区域发展进程中产生的“马太效应”也会愈发严重，这对于发展长沙市文化旅游产业是一种十分巨大的挑战。针对此类区域来说，旅游业具有巨大的发展优势以及可行性。首先，生产和消耗有着明显的同步性，使其带来的巨大经济效益可以快速得到反馈。其次，旅游业产品是以游客体验为基础的消费品，旅游目的地丰富的自然资源并不是通过提高交通网络的可达性来改善的。这些特点都决定了长沙市通过发展旅游促进区域整体发展的可行性和必要性。

二、文化旅游产业的推动及关联性

文化旅游产业是国家新兴的战略性支柱产业，而旅游业本身就是一个文化产业。旅游的灵魂就是文化。旅游是一种重要的文化发展类型，具有独特的结构优势、消费量大、增加就业、促进跨越式发展的特征。因此，文化旅游业在促进区域发展过程中发挥出了巨大的作用。

（一）文化旅游产业的推动作用

文化旅游产业正在成为带动区域发展的新引擎。文化旅游产业可以通过提高创新能力来发展区域经济。可以通过一系列创新性活动塑造区域特色文化，进而形成特色的文化经济，全面推动区域经济发展。以发展文化旅游产业为核心，有利于改善湘江环境，更新发展理念，对流域内资源进行深层开发，转变经济增长方式，刺激文化旅游产业发展。文化旅游产业也是促进就业和再就业的重要增长点和有效路径。发展文化旅游产业，带动其他产业发展，增加收入和扩大就业渠道。比如餐饮业、建筑业以及交通运输业等。受到文化旅游业繁荣发展的影响，就业岗位必然随之增加。同时，劳动者还将更加珍惜就业机会，转变就业观念，提高就业质量以增加他们的收入。发展文化旅游对改善生态环境也起着十分重要的促进作用。文化旅游产业和生态环境保护之间有着根本的利益关系，保护生态环境和拥有怡人的自然风光是促进文化旅游产业快速发展必不可少的内容，同时也是赢得市场的重要条件。

（二）文化旅游产业的关联性

文化旅游产业对经济的促进作用是一种相对的驱动力。针对文化旅游产业而言，单纯地以 GDP 贡献率作为衡量其贡献值显然是不能令人信服。和文化旅游产业相关的产业很多。从旅游业要素这一角度来看，旅游产业要素主要包含了和人们生活密不可分的食物、住房、旅游、购物、娱乐、体育、会议、媒体（媒体广告）、团体（组织）和配套（支持）等。不同产业之间也是相互交织组合在一起的，进而形成了九大类产业（休闲行业、接待行业、交通行业、休闲行业、建筑行业、制造行业、营销行业、金融行业和智慧旅游行业等），共同构成了紧密结合的旅游产业。

三、长沙文化旅游产业联动发展对策

（一）成立旅游产业与文化产业联动发展的协调机构

实现旅游业和文化产业的协同发展是一项十分复杂的系统工程，不仅涉及地方政府和企事业单位，同时还和当地居民以及其他相关者有着极大地联系。虽然长沙地区已经创建了促进旅游文化协调发展的联动机制，同时也制定并创建了相应的规章制度。然而从整体上看，还是缺乏统一的旅游业与旅游业协调发展的文化标准。所以，要建立强有力的协调组织，在协调各部门的职能发挥和利益关系方面发挥出巨大的作用，以便在国家援助、企业和社区参与之间实现良好的互动，并实现这两个产业之间的联动发展。

（二）尽快编制旅游产业与文化产业联动发展的规划

两个产业实现联动发展有赖于本地区多个机构的通力合作。首先，两个产业在不同地方的发展水平不一样，甚至存在很大的差距。在这种情况下，实现产业间的联动发展有其不利之处，同时也突显出了发展不平衡的劣势；其次，由于地方政府职能过于重叠，而且观念不同，联动发展过程中的体制机制存在巨大的差异与矛盾。地方政府要尽快组织一支高水平的专家队伍，制定适合发展旅游业和文化产业的可行方案，通过科学手段征得大多数参与者的同意，确保产业链发展的实施过程严格按照规划进行，充分发挥产业发展的导向作用，坚决杜绝在产业发展的进程中出现盲目性及随意性。

（三）建设两大产业的发展基地和培育产业集群，并力求空间上的交叉叠加

在两个产业实现联动发展的背景下，各自的产业规模也将得到持续扩大，这些都无法离开产业发展基地的建设以及产业集群的形成。此外，产业集群的形成所产生的外部性经济效应、规模经济、知识积累还有学习创新性都能够有效提升两个产业的竞争力，而且可以增强产业集群的发展动力。地方政府可以重点建设具有比较优势的产业基地，确保必要的政策支持、资金保障和充足的人员配备，保持和发展特色产业集群，努力把地方旅游产业集群和文化产业集群集聚起来，打造具有区域效益的互动平台，促进两个行业之间的融合与联动发展。

（四）打造旅游产业与文化产业相融合、水平和垂直相结合的复合型产业链

复合型产业链具体指的是两大产业内部的企业重点以产品、资本以及技术等为连通纽带，并且各自形成完善的产业链，在基本的构成要素上实现相辅相成，实现纵向和横向上链条之间的相互结合。各个地区应依托于有着较高知名度的风景名胜区进而吸引客源，积极拓展地区文化市场，进一步驱动地区文化产业实现快速发展；充分利用具有特色的民族文化以及历史文化进而对旅游产品的内涵进行丰富，进一步提升地区旅游产品的内涵和品位，有

效实现文化产业和旅游产业“你中有我，我中有你”的强融合关系，积极拓宽和不断延长地区旅游产业发展链条。比如在横向上应当强化文化产业内部（比如文艺演出业、文化娱乐业以及电影电视业，还有图书音像业等）展开合作，并且在纵向上持续强化旅游产业和文化产业与民众生活息息相关的“吃、住、行、游、购、娱”等各个要素之间进行紧密的联系，并最终实现文化产业和旅游产业之间的相互融合，实现在水平以及垂直领域紧密结合的一条复合型的产业发展链条。

（五）大力引进现代文化产品开发与文化产业发展模式

文化是旅游的灵魂，旅游是重要的文化传播载体。因此，文化产业要不断改进传统产品的开发模式，积极实施现代文化产品开发和产业发展模式。比如可以在景区内部开展文化类产品的开发，主要可以通过影视拍摄、工艺美术制作、图书出版等较为传统的开发方式外，还应当积极引进民众感兴趣的现代型文化产品进行开发，开发集趣味性、知识性、挑战性以及体验性于一体的现代文化产品，实现旅游产品与文化产品的有效整合，充分实现文化传播功能和旅游休闲功能的有效融合。在工业发展的过程中，我们应该把重点聚焦在地方文化，运用信息技术促进文化创意的实现，把旅游与文化两大产业的连接纽带发展成“文化+创意+科技+旅游资源”相结合的新型创意产业，持续加快文化资源营销发展进程，促进旅游产业转型升级，促进旅游产业现代化发展和结构升级优化。

（六）实施品牌引领战略，走集团化和品牌化道路

品牌作为一个产业实现快速发展的强大动力，是一个地区产业发展的战略引擎；打造具有自主创新能力以及核心竞争力的产业群是促进地方产业发展的重要目标，有助于推动各大产业实现大发展。在产业整合的大背景下，地方政府要重视地方特色文化的开发和弘扬。适度发展高质量、高技术含量、高附加值的文化旅游产品。以旅游热点区域为重点，通过地方申报以及政府机构认定的方式，对符合要求以及具有较强发展前景的文化旅游项目在信息服务、行业政策、项目审批还有市场开拓等方面给予相应的支持，其向集团化和品牌化方向发展；持续引导与支持优秀的旅游区域进行规划，进而建设具有特色的旅游名街名城，全面推动文化旅游示范区建设，进而打造具有文

化旅游特色的创新性产业集聚区。

（七）培养专业型与创新型人才，提高旅游产业与文化产业联动的创新发展能力

旅游业和文化产业都是创意产业。所以，不管两大产业是自主发展还是共同发展，均需要具备多种创新能力强以及策划能力强的人才。所以，应设立一批文化旅游培训公司，在高校开展文化旅游人才培养专业，主要负责文化旅游从业人员培训和文化旅游人才培养。结合市场需求和发展文化旅游产业的要求，要定期组织文化旅游从业人员开展专业培训，培养高素质、专业化的文化旅游人才团队。打破各种限制，充分吸引国外优秀文化旅游名人和设计大师，为长沙旅游产业和文化产业的融合提供人才保障。

第八节　建立生态环境和文化资源保护机制

一、生态环境保护机制

生态环境可以尝试作为一个比较完整的地理以及生态单元，有着独特的自然地理条件以及发展模式，同时在文化传统以及生态环境景观和循环规律方面也有着突出的特色。生态环境作为承载经济以及社会发展的重要基础，是促进旅游业可持续发展十分重要的保障以及前提。如今，随着长沙文化旅游产业的快速发展，旅游业在促进社会经济发展中发挥着越来越重要的作用。切实做好生态环境保护及污染防治，转变长沙地区经济增长方式，充分实现以文化旅游为新的经济增长引擎实现协同发展，并且带来积极影响。

（一）生态准入机制建设与完善

（1）科学创建环境卫生评价监测系统，特别是对长沙市新建项目建设过程中的项目前期、在建、竣工后以及运营四个阶段展开实时监测和反馈，监测并要求新项目的顺利实施，以符合环境卫生标准和检测指标，并且从机制上保障湘江的生态环境。

（2）加强环境保护应急管理运行系统建设，对长沙市开发建设过程中不符合环境卫生标准的项目及时做出生态评价，并且对造成环境破坏和环境威

胁的项目及时停止或试运行，以达到对项目建设全过程的环境进行监测，对不符合指标的方面进行改进。

（3）积极推进生态监测的综合管理和运行机制，努力改善环境监测在传统综合管理中的地位和作用，不断转变运行机制，注重项目建设与生态环境的和谐统一。实现区域经济发展与自然环境的和谐统一，完善长沙市生态准入机制建设。

（二）政府管理部门引领与指导

（1）制定包括环境保护在内的旅游业可持续发展规划，并采取全面有效的决策，协调流域内的产业发展。全面做好长沙市环境治理的短期、中期和长期规划工作，持续强化流经乡镇的环境治理责任，做好长沙市综合环境治理和资源保护工作。湘江保护应分阶段、多层次以及全方位执行。

（2）完善旅游行政管理部门的工作职责，实行全行业管理；完善旅游环境保护法律法规，依法实施环境管理，为了实现旅游市场的健康有序发展和保护旅游环境的目标。

（3）充分利用旅游环境保护技术，建设完善的生态环境监测系统。对长沙市旅游发展建设和运营环境进行监测和评价。

（三）文化旅游产业主体配合与推动

（1）文化旅游开发公司。对旅游资源展开科学的评价，有效发挥出旅游资源的效益作用。持续发展生态旅游，有效实现人和自然的和谐相处。生态旅游业的发展促进了整个地区的经济变革，是一种可持续的旅游方式，对于富民增收和实现环保起着双赢作用。长沙要充分利用地方特色和发展状况，创造区域旅游效益和良好的外部旅游环境。

（2）旅游景点。推进景观环境保护从业人员、游客和居民的多元化环境保护宣传，制定有效的环境管理和宣传措施，招募居民参与景观环境管理决策，使其保持良好的状态，避免因损坏和污染而造成不必要的损失。科学研究风景名胜区旅游废弃物的处理，坚持无害化、减量化、循环利用的原则，鼓励游客积极参与到环境保护行列中。

（3）社区居民。应当大力宣传环境保护方面的知识宣传，全面提升群众参与保护环境的主动性以及积极性，让广大群众了解生态旅游的好处及其所能带来的经济效益，充分了解旅游行业发展规划，引导当地居民积极参与环境保护和管理，从主角的角度为该地区旅游业的发展和环境保护提出建议，实现从政府到全民积极参与到环境保护的队列中。

二、文化资源保护机制

（一）多元化的主体机制

在长沙市文化资源的保护和利用中，政府是一个必不可少的治理主体，应当对各项工作的开展从宏观上进行把握，切不可只是单方面理解为是政府在这个过程中是唯一的主体。相反，因为政府的力量是十分有限的，单纯地依靠政府力量显然是无法实现对文化资源的保护和利用的。因此，为了更好地实现长沙市文化资源的保护和利用，必然要顺应市场经济的发展规律。同时在这个过程中还应当强调多元化的主体参与，明确各主体的具体责任和职责，实现由政府主导的“统一治理”向“多元化治理”方向转变，应当由政府、社会公众、企业和非营利组织等众多主体共同参与进来，实现“多元化治理”的转变。

1. 政府要更新观念，转变职能

目前，长沙市文化资源的保护和利用正以政府主导的方式进行市场化运作，这种模式具有广泛地资源调动、实现高效发展的优势，符合长沙市文化资源保护和利用的现阶段需求。然而与此同时，政府职能越位以及错位的问题也正不断凸显出来。要实现文化资源的可持续发展，政府必须更新观念和职能。作者认为，政府职能的更新和转变应体现在以下几个方面：第一，政府的观念需要从“责任办”朝着“责任管理”的方向发展，还应该从“准入管理”朝着“责任管理”再转向“市场管理”的方向发展，应该从对文化事业单位以及文化企业的微观活动进行直接管理专项，对各类文化资源保护以及利用展开宏观把握和调控，要充分利用行政指令开展管理为主逐步转向利用法律和经济手段开展管理为主。第二，政府应尽快改变文化资源保护和利用，通过制定法律法规来实现科学系统的管理，加强对文化资源的保护和利用。第三，政府应逐步切断国有文化公司的依附关系，可以实施国企分开、政事分开、管理分开的管理模式，使文化企业更加符合市场经济发展规律，持续增强文化市场的竞争力。第四，政府应逐步改变目前以政府决策为依据界定文化项目的做法。积极探索先进的文化项目资金管理模式，可以实行专家评审以及社会公示制度，保障项目监管的公开化和透明化。

2. 企业要加强文化创新能力，兼顾资源保护义务

由于文化资源有着明显的共享性特征，虽然文化资源有着较强的产权保护功能，然而产权拥有者却无法对某项资源进行完全独享或是独占，每一项文化资源，一旦产生就是民族的，同时也是世界的以及全人类的财富和资源。面对这种情形，对于文化资源利用主体而言，应当具备较强的文化创新能力以及创意能力，这是十分重要的。作者认为，对于文化资源的充分利用需要遵循当前市场经济的良性发展规律，对于从事文化经营类业务范围的企业则需要在利用文化资源的过程中充分扮演一个十分重要的角色，并且承担起对文化进行创新发展的重要责任。对于这些文化类企业必定要充分深入地挖掘长沙地区的文化资源，充分借助产业运作力量以及市场运作机制，并且对文化资源展开精心、高质量的宣传和包装，学会用创意打造具有长沙地区本土特色的文化品牌。尤其是在利用文化资源的过程中，还应当始终坚持文化创新，同时要和群众的文化需求进行吻合，贴合群众对于文化的市场需要，只有保障对文化资源的有效利用效果能够符合广大公众的需求，方能被广大公众所接受并认可。我们从广西出台的《印象·刘三姐》以及云南的《云南印象》等打造具有本土文化特色品牌案例中可以看出，充分利用文化资源必须先符合地方大众对于文化的需求，同时也能够彰显出地方的文化差异性，并且用比较独特和新颖的创意方式创造出全新的艺术表现形式，这样才能吸引广大群众的注意力，有效提升品牌影响力，从而获得较强的社会效益以及经济效益。

在文化相关企业对文化资源进行利用的同时，还应当兼顾对湖南省内各类文化资源的有效保护，具体包含以下两个方面的内容：第一个方面是企业必须充分关注湖南省内的各项文化资源的保护，对于很多尚未得到开发或者是没有得到完全开发的文化资源进行开发，企业更应当积极配合有关部门开展文化保护工作，有效防止各类珍贵的文化资源被破坏。第二个方面，因为文化资源需要通过利用方能获得更加充分的体现，也才能显现出其经济以及文化价值，因此对文化资源的有效利用本身也被看成是一种有效的保护方式。所以，企业在利用文化资源的过程中，应当更加深入地挖掘各类文化资源当中蕴含的各项价值，积极创新思维，并且融入先进的科技，让文化资源蕴含

的文化价值能够得到体现，从而实现文化资源的传承和发展。

3. 公众要积极参与，扩大文化志愿者队伍

利用和保护文化资源其根本目的在于丰富广大群众的精神文化生活，并且满足广大民众对于文化的需要。由于公众是自身对文化需求有着直接关联的表达者，因此需要我们在对文化资源展开保护和利用的过程中充分认识到群众对于文化的需求，做出的所有工作都应当符合广大群众的文化需求。因此，公众应全面参与到各类文化资源的利用以及保护活动当中去，更应该利用有效的方式促进文化资源的发展，通过发展文化保护志愿者团队的方式，实现对文化资源的传承。文化志愿者积极参与文化资源的利用和保护主要可以从下面几个方面出发：第一，文化志愿者需要不断拓宽融资渠道，进一步减轻地方政府的经济负担，尤其是要在维持组织正常运转的过程中有效避免各类资源的浪费，全面提升对文化资源的有效保护以及利用质量；第二，文化志愿者同时也代表了广大公众对于文化的需求，积极引导各项保护和传承工作更加贴近广大公众及其生活，让公众成为文化资源保护以及利用的指挥官；第三，文化志愿者同时也代表了广大公众的意愿表达，能够为促进文化资源的有效保护及利用工作做出相关贡献，能够在实现自我价值的过程中充分激发文化工作保护中的生机和活力；第四，文化志愿者还能对文化资源的有效保护和充分利用阶段的每个环节做出有效监督，可以更加及时地发现问题，同时督促相关负责主体做出纠正和有效改善，全面推动文化资源的有效保护和充分利用。

（二）健全的制度机制

知识产权具体指的是公民、法人或是非法人单位在文学艺术以及科学技术等各个领域中创造的知识产品依法享有的相关权利。知识产权制度作为维护产权所有人通过智力创造的一类法律制度，同时也是积极鼓励人们参与发明创作的十分重要的激励制度，是民族实现科技创新、经济发展以及文化繁荣的重要保障制度。最近几年来，我国愈发重视对知识产权的有效保护，同时这种重视程度还在持续加深，先后颁布了诸如《中华人民共和国著作权法》《中华人民共和国专利法》以及《中华人民共和国商标法》等主要以保护知识产权为根本目的的专业法律法规，然而此类法律法规包含的内容却是十分有限的，同时和国际通行准则之间还存在巨大的差距。与此同时，我国

知名的商标外国公司抢先注册的案例一个接着一个，让我们充分认识到加强知识产权保护的重要性。长沙作为一个有着十分丰富的文化资源的城市，很多地区文化资源都有着十分明显的特色，同时也有着非常大的发展潜力。面对这种情形，我们更应该认识到加大对知识产权进行保护的重要性，尤其是要进一步提升对文化类品牌进行抢先注册的强大意识。我们应当切实强化对各类文化产权进行保护的完善的法律法规的建设，并且依靠健全的法制体系实现对各类知识产权的有效保护。

文化遗产作为人类智慧的重要结晶，同时承载着人类社会发展的印记，同时也镌刻着民族文化生命的密码，更是蕴含着一个伟大的民族独具特色的精神机制、文化意识以及思维方式。面对如此珍贵和优秀的文化资源，更加应该对其进行保护，并且尽可能地保护完整，应当通过更加合理和科学的手段实现对文化资源的传承和发展。长沙市发展历史十分悠久，更是中华文化十分重要的发祥地，不仅有海量的物质文化遗产遗留下来，同时也给我们留下了珍贵的精神财富。此类文化遗产不单单是过去人们文化生活的重要历史印证，同时也是现代人类文化生活十分独特的内容，我们更应该对其加以保护。

第九节　建立人才保障机制

本质上讲，顾客满意度反映的是顾客的一种心理状态，它来源于顾客对企业的某种产品服务消费所产生的感受与自己的期望所进行的对比。也就是说“满意”并不是一个绝对概念，而是一个相对概念。对于文化旅游产业来说，游客的满意度更多的是留恋于自己对服务、服务态度、产品质量、价格等指标是否优化的主观判断上，旅游服务是决定游客满意度最关键的因素。因此，要真正提高旅游服务的质量，更重要的根本措施就是要加强文化旅游队伍的建设。文化与旅游部门可联合编制文化旅游人才培训规划，组织对文化旅游从业人员进行交互培训，联合开展导游和讲解员培训，努力培养一支高素质、专业化的文化旅游队伍，全面提高文化旅游的服务质量，提高文化旅游满意度。

一、强化人才意识

应树立人才是文化创新之本的理念，切实加大文化创新人才特别是领军人才的培养、引进和使用力度，形成文化创新人才高地和人才高峰。开设“绿色通道”，引进文化领域高层次专门人才和一流创新团队，鼓励高校院所科技人才到文化企业转化科技成果，到文化产业园区自主创业。建立以品德、能力和业绩为重点的人才评价激励机制，采取有效激励制度和奖励措施，鼓励知识产权等无形资产参与投资收益分配，让全社会特别是文化人才的创造活力竞相迸发、创新源泉充分涌流。加强对文化名家的宣传推介，通过作品研讨、巡展巡演、专辑出版等形式，提升长沙文化大家的知名度和影响力。突出做好人才储备，加强青年文化人才培养，在项目资助、师徒传承、实践锻炼上下功夫，促进文化的传承和发展。统筹高校艺术学院师资力量，促进高校与艺术院团交流合作，在实践中培养锻炼人才。

二、加强旅游人才教育培训工作

应充分发挥旅游行政管理部门、培训中心、旅游院校、旅游行业协会和旅游企业等多方面的积极性、主动性和创造性，多方联动、相互支持、优势互补，形成多层次、宽领域、全覆盖的旅游人才教育培训网络。可与在湘高校合作，在对基层文化馆员的培训中增设旅游课程。特别是要加大中高素质人才的引进和培养，大力提升湖南省文化旅游规划、策划、营销和管理水平。

（一）加大旅游行政管理人员的培训力度

围绕建设廉洁、勤政、务实、高效、创新的旅游行政管理人员队伍目标，分级分类开展培训。一是长沙市、县二级旅游局长进行全员轮训。在今后10年内，每三年对全市各级旅游行政部门的领导普遍轮训一次，提高他们的理论素养、业务能力和领导水平。二是每两年举办一次旅游执法人员岗位培训班。对全市各级旅游监管、质监部门的执法人员进行业务培训，提高他们依法行政的能力和水平。三是实施旅游高层管理人员外派学习培训计划。每年选派部分旅游管理人员赴省外、境外著名高校和旅游城市进行专题培训和学习考察，形成有价值、有特色的专题论文和决策建议。四是积极选送各级旅游局局长参加国家旅游局、全国举办的各类培训、研讨班。按照市委组织部和省直机关工委组织部门的要求，完成选送各级旅游行政管理部门领导干部学习培训计划。五是组织开展机关干部上下挂职培训锻炼。将市旅游局机关干部下派到旅游景区和下级旅游局机关任职锻炼，县、区旅游局机关干部上挂市旅游局机关培训锻炼。六是开展学习型机关创建活动。建立长效学习机制，在全市各级旅游机关营造浓厚的学习氛围，努力提升各级旅游行政管理人员的思想政治素质、依法行政能力和专业服务水平。

（二）推进全市导游人员全员轮训

一是开展导游网上培训。根据国家旅游局的统一部署，建立全国统一的导游网上培训平台，编制统一的培训大纲和培训教材，开发统一的培训课件，实行统一的培训考核。二是抓实导游年审培训。重点抓好导游人员的政治思想和职业道德教育，进行政策法规知识更新和导游业务知识及技能更新。三是举办导游员、讲解员大赛。把导游培训贯穿于比赛活动的全过程，实行赛训结合，以赛带训，推出一批“导游之星”技术能手，表彰一批优秀导游员和模范导游员。四是实施名师名导工程。建立全市名师名导人才库，与全国名师名导人才库实行资源共享。实施“名导进课堂”工程，通过言传身教、案例教学，充分展现导游的风采，激发其工作的积极性以及热情，提升队伍整体形象以及综合素质。五是探索职业化导游团队建设。开展“导游形象大使”评选活动，建立一支政治过硬、业务精湛、作风优良、素质全面的职业化导游队伍，担负重大节庆活动、政务接待和品牌宣传。六是突出重点，以点带面。在政策、经费等方面进行倾斜，重点扶持生态旅游区，开展有针对性、实效性的各类导游人才培训。

（三）开展旅游企业管理人才、服务人员岗位培训

根据各类旅游企业的不同特点和能力建设要求，按照长沙市旅游人才培训四级组织网络，开展岗位培训和专题培训。市旅游行政主管部门和培训机构重点对旅游行业高层管理人员进行岗位培训，并视情况开展专题培训；县（市、区）旅游行政主管部门和培训机构重点对旅游行业一线服务人员骨干进行岗位培训；旅游企业负责本企业员工和管理人员的岗前培训和岗位培训。通过各类“短、平、快”的短期培训，促进旅游专业人才的快速成长。

（四）实施乡村旅游技能人才培训

大力推进旅游就业行动计划，结合农村劳动力转移就业培训，指导全省乡村旅游景区（点）、星级农家旅馆、农家乐从业人员进行全员轮训，全面提高乡村旅游从业人员技能素质、服务水平，建设一支乡村旅游实用人才队伍，推动全省乡村旅游标准化、特色化、规范化发展。

（五）加强旅游师资培训

一是举办旅游师资培训班。实施“培训培训者”工程，邀请省内外知名专家、学者，对全市资深导游员、讲解员和旅游院校相关专业教师进行强化培训，不断提升全市旅游培训师资的整体素质。二是与国内外知名院校建立合作关系，积极输送专业教师到国内外办学经验丰富、实践教学有特色、专家学者集中的重点院校，进行培训深造。三是建立专业教师定期到旅游企业挂职锻炼制度。鼓励旅游院校和旅游培训机构专业教师在不影响正常教学工作的前提下，到旅游企事业单位挂职、兼职锻炼，建设“双师型”师资队伍。

（六）组织各种短缺专业人才岗位培训

根据企业需要，适时举办旅游产品开发、休闲度假管理、电子商务、市场营销、资本运作、旅游会展策划、旅游小语种导游等短缺专业技术人才的岗位强化培训班，满足企业对特殊人才的需求。

三、加大旅游人才培养力度

（1）优化整合旅游教育资源，建立健全旅游人才培养体系。根据全市各旅游院校（系）和教育培训机构的职能和优势，统一规划、合理分工，建立优势互补、特色鲜明的旅游人才培养体系。力争用 10 年时间，为湖南省培养、输送 10 万名以上旅游后备人才。

（2）按照产教结合的办学方针，深化教育教学改革，创新旅游人才培养模式。建立旅游企业人才需求信息定期发布机制，鼓励各旅游院校（系）根据旅游行业动态和人才市场需求特点，开发新的专业和培养方向，形成自己的办学特色和优势，为长沙市积极输送高素质、适用型旅游人才。

（3）充分发挥现有办学资源，集中力量建设一批旅游重点院校；鼓励有实力的旅游院校走集团化的路子，打造长沙市旅游教育品牌。

（4）推进旅游教育国际化。鼓励湖南省旅游院校通过联合办学、学术交流等方式，引进国外先进的教育理念和办学模式，提升湖南省旅游教育水平。

（5）加强校企互动，建立旅游教学实训基地。积极探索产、教、研相结合的开放式办学之路，建立旅游院校专业教师和管理人员到旅游企业工作或实践制度，选择一批品牌旅游企业作为固定的教学实习基地，实现校企之间的资源共享和共同促进。

（6）加强旅游教师队伍建设。建立特殊人才的师资规格标准，积极引进国内外一流师资。建立旅游企业专业技术人员和管理人员定期到校兼职任教制度，从旅游企业吸收有丰富实践经验的旅游业内人才，充实“双师型”师资队伍。实施“三名”战略，重点扶持名师、名校和名牌专业建设。建立教师的竞争和淘汰机制，实行人才分类管理，按照“重要人才重点培养、优秀人才优先培养、紧缺人才抓紧培养、后备人才全面培养”的原则，着力建设一支德才兼备、素质一流的旅游教师队伍。

四、加强文化旅游创意人才的培养

有关文化旅游创意人才的培养，首先需要有留住或者吸引人才的环境。第一，应进行人才激励制度的建设。对收益的分配采取提成、入股、减免税收以及奖励等方式，并实行成果、技术等多要素参与的方式，同时，对那些在管理、经营、技术或者创造方面做出突出贡献的设定专门的奖励基金，提高文化创意人才工作的积极性，帮助企业留住人才。第二，培养当地创意人才。湖南省拥有众多的高校，在这些高校中存在众多的潜在创意人才，因此，可以通过充分发挥当地高校的资源优势，对那些集管理、创意设计、营销以及制作于一身的复合型人才进行充分挖掘，有条件的话还可以专门设立相关专业，重点培养各种类型以及层次的创意人才。第三，制定有关创意人才培养的方案。在企业内部连同人事等部门进行创意人才培养方案的制定，对人才的引进、培训、管理以及使用各个环节制定详细的发展策略，积极引进各项创新人才、管理人才以及信息化人才等复合型和专业型人才。第四，实行创意人才的阶梯工程。这个工程重点是在全社会范围内发现潜在的创意人才，比如在中小学中开展有关创意设计类的活动，培养青少年的创意，或者发现潜在的创意人才。

五、培育发展旅游人才市场

（1）积极推进旅游人才市场规范化建设。加强旅游主管部门与人才市场的信息交流，建立全省统一的旅游职业经理人市场、导游人才市场、旅游专业技术人才市场，发挥市场在旅游人才配置中的基础性作用。

（2）举办旅游人才专场招聘会。根据市场需求，定期或不定期召开旅游人才招聘会，积极引进旅游规划、景区策划、市场营销、会展、商务酒店管理等紧缺人才。

（3）建立旅游人才信息库。开展旅游人才资源调查统计工作，摸清全省旅游人才资源的总量、结构和素质状况，建立全省旅游人才信息库，有针对性地开展人才开发、培养工作。

（4）制定旅游人才引进优惠政策。明确湖南省现阶段旅游人才引进工作的重点，制定优惠政策和配套措施，吸引高层次人才和紧缺人才来湘创（就）业。

第十节　创新文化旅游产品的设计及定位，打造长沙特有的品牌

一、长沙旅游业对外宣传口号应该更为鲜明和成熟

目前，长沙对外宣传主要采用“快乐长沙”的宣传口号，但是这个宣传口号的涵盖面不够，我们希望长沙城市文化旅游的宣传口号要涵盖长沙“湖湘文化”“红色文化”“快乐文化”等，重新统一定位为“长沙文化”。要想将长沙的旅游业凸显出来，必须打造属于长沙自己的旅游特色，设计出属于自己的对外名片。对外宣传口号需要更加鲜明与成熟。同时长沙市旅游局应根据“政府引导，企业参与”的方针，多渠道筹措旅游宣传促销和开发建设资金，通过参加旅游交易会，举办旅游节，在电视台和报刊做广告或开设旅游专栏，开设到国内热点旅游城市或重点客源地区的旅游专列，建立旅游网站，制作宣传册，导游图和光盘等多种渠道进行宣传促销。

（一）对主要的客源群体进行重点宣传促销

省内旅游市场是长沙客源的主体，亦是宣传促销的重点。随着长株潭一

体化进程的推进，整个区域的城市人口将增加到500万人，同时城镇化建设步伐的加快也会有助于长沙旅游市场的进一步拓展。

（二）根据旅游产品特点进行宣传促销

目前旅游者在长沙市的平均逗留时间仅为1.6天，旅游的时间仅仅只有半天，这对长沙旅游业的发展是不利的。如果能够根据旅游产品特点进行宣传促销，提高旅游者的整体过夜水平，延长旅游者的逗留时间，将有助于促进长沙市旅游产业经济效益的提高。

（三）积极采取各种行之有效的销售方式，招徕和吸引国内旅游者

长沙作为区域中心，在远距离国内市场仍具有区位优势，另外像马王堆、岳麓书院、铜官窑等均是高品位的旅游资源，具有不可替代性，对国内游客具有较大吸引力，要将这些资源设计组合包装成针对远距离国内市场的专项产品。

二、创新文化旅游项目的形式

文化旅游的核心即为创意，好的创意可以令资源引人注目，让产品立刻身价倍增，甚至让游客接踵而至，让景点达到日进斗金。所以，旅游要从创意抓起，首先是高的起点、高的标准、高的规格规划，其次要努力做到“人无我有、人有我优、人优我特”。做规划的重点要体现情与景的交融，体现出景点和游客的互动性，重点突出“玩”的精髓。

三、故事性促进文化深度体验

在文化旅游过程中，旅游者改变了原有的社会角色，置身于一个具有“导泻效应”的场景中，他们可以无所顾忌地游戏，甚至“表演”，宣泄自己平时克制的感情，进入一个带有戏剧舞台和幻想色彩的生活世界。要让现有的旅游者拉长在旅游目的地的停滞时间，加大其对目的地各方面的消费，就必须在旅游相关产品的设计和开发中加入故事性的元素，以吸引旅游者在旅游信息的接收中化被动为主动，从而深化文化旅游的体验深度。具体做法是：围绕目的地相关的历史文化资源编织故事，配合相关资产注入某种意义，使其鲜活起来，并具有相关故事性所带来的愉快体验能提高游客

的满意度，直接或间接地创造学习机会，将散置的旅游点状资源整合为有机的旅游路线。

四、拓宽文化旅游纪念品消费市场，深化纪念品文化开发层次

在国内的旅游纪念品开发中，表层开发，即通过提炼本土具有代表性的资源，如建筑或文物的外观视觉要素，融入旅游纪念品的设计开发中的方式已经广为使用，如西安缩小的铜车马模型。表层开发能让旅游纪念品带有纪念地的符号，以满足纪念品开发的纪念性需求，但是却极少考虑旅游者文化体验深度上所需求的故事性。如何在满足旅游纪念品地域性和纪念性的同时，整合长沙历史文化资源以迎合旅游者的文化体验消费需求，亦是旅游纪念品在使用历史元素开发的过程中需要考虑的。提高长沙市文化旅游纪念品生产经营水平应靠以下几个方面的努力。

（1）建立生产基地，突出产品特色，更新产品花样，提高生产水平。为了加强旅游商品生产，要组织、动员有条件生产旅游商品的企业、个体户加入旅游商品生产、开发的行列，尤其是要以就地取材、就地生产、就地销售和当地传统技艺或现代工艺优势为原则，通过多种途径建立一批旅游商品生产供应基地，以保证旅游商品的正常供应，以满足旅游商品消费服务的需要。生产旅游商品时，首先要突出产品特点，即突出地方性、纪念性、艺术性、实用性、方便性、礼品性。其次，要做到旅游商品生产多种题材、多种色彩、多种式样、多种档次，尽可能使旅游商品系列化、配套化，以便更新产品花样，尽量做到不断出新产品、新品种、新花色，以满足游客求新猎异的需求。

（2）建立合理的旅游纪念品销售网络。旅游者的购物活动具有明显的即景性、即兴性、不定性和快速性。因此，旅游商品销售网点必须沿旅游线布局，即旅游购物商店须就近（或位于）旅游景区、景点。

（3）增强旅游纪念品商店的生命力、竞争力。提高经营者素质，突出旅游购物品商店的特色、灵活经营、完善服务等是增强旅游购物商品商店的生命力、竞争力的关键所在。

（4）加大科研攻关的力度。通过加大旅游纪念品的开发、设计、生产力度，组织力量对旅游商品进行重点科研攻关，根据景区及游客需求特点设计适销对路的商品，逐步实现长沙旅游商品的品牌化与系列化，在全市形成名

烟、名酒、湘绣、菊花石雕等著名旅游商品，从而不断提高旅游商品的文化品位和艺术品位及市场占有率。

五、挖掘开发长沙历史无形资源

历史资源以及历史事件的产物，能够将人推向过去的生活状态，由于“文夕大火”以及城市的建设发展，作为历史文化名城的长沙，地面历史有形资产与同类城市相比并不出众，历史重大事件的遗址更是寥寥无几。而相关的历史无形资源也因此被长期忽略。长沙的历史无形资源主要包含三个方面：第一，延续近2000余年的长沙城的城市变迁，长沙城市格局跨越千年历史、经过长期演化，其城市中心始终没有偏移。长沙的地名街名极富故事性和历史人文色彩，能够清楚地印证老长沙的变迁。这种古老城市的数千年变迁史本身就是长沙不可多得的无形资源，如何将这种无形资源变为有形的文化旅游资源，是城市经营者和旅游开发者应该认真考虑的。第二，老长沙的民生百态，那些老长沙作为城市记忆的市井民生百态，如小钵子甜酒、酱油担子、补锅担子等街巷叫卖的小贩身影如今也多只在黄兴路步行街上化为静止的铜像以供游人赏玩。如何让这些代表老长沙的市井生活通过开发具有活性，是文化旅游相关产品开发中的一个开发方向。第三，长沙可考的历史事件以及历史人物活动足迹等历史资源，尤以长沙近代史为甚。相对于当前重点开发的红色旅游，从太平天国、洋务运动到辛亥革命，长沙留下了许多人物传奇，在文化旅游开发上基本空白。而随着文化旅游开发的逐步展开，旅游消费者文化水平的提高，相关历史文化资源的挖掘和开发便势在必行。将无形历史资源转化为具有精神性或世俗意义的元素带入旅游相关产品进行开发，其历史的重大影响以及其带给人们动人心魄的印象不光能激发文化旅游的消费，而且在民族精神、文化符号以及民族身份的认同等方面也必将发挥极大的作用。

第十一节　运用四大战略，整体提升长沙文化旅游竞争力

一、质量战略

21世纪是知识经济时代，人们更注重自身阅历与修养的丰富和提高，因

而对旅游内容的要求和评判水平也越来越高。人们已经不满足于自然造型的美丑，还希望在旅行过程中获取大量知识性素材和思维性启迪。因而，如何让旅游者在有限的旅游时间内游览完后获得广泛的知识和教益，产生丰富的体验，是文化旅游开发者和经营管理者责无旁贷的使命。长沙应结合自身的资源特色，合理开发，在文化旅游产品中注重提高知识、技能、信息方面的含金量，如开发具有科普教育意义的旅游，举办交流性强的文化活动，推出文化专线旅游等，以高品位的旅游产品满足知识经济时代旅游者的求知需求，使长沙这座历史文化名城更加闻名。

二、科技战略

文化旅游要有大发展，离不开科技的支持。一方面，销售系统的科技战略是：文化资源借助科技的力量，实现资源的数字化建设，建设方便游客的旅游咨询服务系统，将各地的文化旅游资源全方位展示给游客。采用先进的科学技术实现信息管理和多渠道销售，拓展长沙文化旅游的营销策略。另一方面，解说系统的科技战略是：博物馆考古、遗址等文化旅游资源由于其历史文化知识、专业知识较强，一般的旅游者难以理解和接受，这时，可以通过科技手段以游客喜闻乐见的形式进行解说，如西安兵马俑的环型立体影视厅，通过影视形象生动地向游客介绍了兵马俑的历史、考古发现经过、历史价值等，通俗易懂，印象深刻，有益于旅游者对专业知识的吸收，同时这个影视厅还分散了客流，减少了兵马俑展厅的压力，可谓一举多得。综合开发战略是：21 世纪，文化旅游成为时尚旅游产品，但并不能否认其他旅游产品的发展前途，而且实际上，旅游者的一次旅游活动通常是数种旅游产品的结合。文化旅游由于其极强的渗透性往往很容易和其他旅游产品结合，长沙文化旅游应在充分发挥自身优势的基础上，与其他旅游产品密切结合，优势互补，从而实现长沙整个旅游业的腾飞。

三、人才战略

文化旅游的操作与运行不但需要具有较高文化素质的人才，而且更需要大批具有高新技术知识、管理才能、创新能力的人才。应依靠高新技术知识、着眼新的思维视点来开发新型高品位的文化旅游产品，并通过合理有效的途径将文化旅游产品的文化内涵、潜在价值及其乐趣传递给旅游者，从而保证文化旅游的质量。因而，培养和选用新型人才，是促进长沙文化旅游发展的重要战略。

四、参与性战略

崇尚参与和亲身感受是现代旅游的一个重要特点，在文化旅游产品开发设计时有必要研究如何让游客获得亲身感受和参与的机会，充分调动旅游者的主观能动性参与到文化旅游中去，进而使旅游者获得很深的旅游体验。应改变传统的单一的导游讲解模式，让旅游者在参与过程中自己感受其中的文化内涵和价值，如可以让旅游者参与一些人文民俗活动、有代表性的手工艺的制作（如湘绣、湘竹编织、菊花石雕等工艺）和艺术审美等活动，这样既可提高旅游者的兴致，同时也对长沙的民俗、工艺有了一定的了解和切身的感受。应充分利用长沙各种文化旅游资源，致力于城市整体文化旅游氛围的营造，改善旅游大环境，加大发展文化旅游的力度，丰富文化旅游产品的种类，开拓文化旅游专项市场，使长沙文化旅游产品开发向多元化、精品化方向发展；同时，控制旅游开发对文化产生的负面影响，对地区文化实行有效合理的保护，使长沙的文化旅游在保护的基础上实现可持续发展。

第十二节　加大政策扶持力度

一、加大财政资金投入，加强资金使用监管

各县区地方政府也应充分发挥财政杠杆作用，设立文化专项资金，提高文化发展专项资金在整个财政支出中所占的比例。在文化专项资金投入项目的选择上，既要公平公正，又要有针对性、突出重点，要特别加大对文化遗产保护、公共文化基础设施建设、民间传统文化传承等更贴近百姓生活的文化项目的资金投入。在文化专项资金使用过程中，要做到阳光管理和透明支出。首先，在资金投入的预算环节，要全面收集资料，科学预测市场，不仅要对项目发展的前景做出尽量准确的测评，而且要对项目进展各环节所需的资金做出详细的测算，运用现代会计制度对投资项目进行专业的、规范的预算编制。其次，在资金划拨使用环节中，要公示资金拨付情况，细化资金支出报告，并由专业人员定期审查资金使用情况，最大限度地确保资金使用合

法化、合理化。最后，在项目验收环节，严格核算资金使用情况，完善资金问责制度，保证资金使用的高效率、高收益。

二、实行积极的财税政策，吸引多元化投资主体

文化资源的保护和利用需要有更为多元化的投资主体参与投资，而税收则是投资主体在选择投资项目时最关注的问题之一。项目纳税与否、纳税起征点高低、税率幅度等都直接影响投资主体对投资项目的选择和对投资金额的确定，因而，财税政策也对项目所属地文化资源保护和利用的发展有着重要的影响。长沙市在文化资源保护和利用的方面要吸引更为多元化的投资主体，就必须实行更为积极的财税政策，具体可以从以下几个方面着手：一是降低税率，相关部门应通过政策的制定，降低对从事文化行业的企业、个人等主体的个别纳税项目的税率，如进行文艺创作表演获取收入的所得税、经营文化产业需缴纳的增值税、购买文化创作的版权税等，以提高各投融资主体参与文化资源保护和利用的积极性。二是实行差别税率，根据文化投资项目的不同类型、不同性质、不同规模、不同经济效益和社会影响，实行不同的税率，宏观上影响文化项目投资的方向。三是从政策层面对文化项目的资金借贷予以优惠，对于以文化项目为投资对象的资金借贷，金融机构应适度降低审核门槛，简化审批程序；同时应成立文化项目融资担保基金，开发更为灵活的抵押担保业务，降低借贷主体的投资风险，减轻投资主体筹集资金的压力。

三、采取多种方式回报，鼓励资助行为

以企业、非营利组织和个人等名义对文化项目建设进行赞助和捐赠，也是长沙市文化资源保护与利用工作中一项重要的资金来源，为了扩大这种资金来源方式的力量，应该对资助主体采取更多方式的回报，鼓励他们更为广泛地资助行为发生。例如，对于赞助过文化资源保护或文化资源利用项目的企业，在下一年度对其征收税款时，可以适当地按一定比例减少其应缴纳的税款金额，同时在其赞助的项目中可以帮助企业以冠名、广告等形式实现宣传营销。此外，相关部门还应设立专门的奖项和相应的庆典活动，邀请这些资助主体参加，同时为他们颁发奖状，对他们进行一定的精神鼓励，组织媒体对他们的资助行为进行宣传，吸引更多企业、非营利组织和个人参与其中。

第十三节　加强组织领导

充分发挥市旅游产业发展领导小组的综合协调职能作用，充分调动各级各部门的积极性，形成齐抓共管、合力推进的旅游产业发展格局。各县区政府和市直各相关部门要把促进旅游业发展改革作为一项重点工作来抓，进一步明确工作目标和工作重点，整合资源、创新举措、加快推进，确保各项工作落到实处。市政府应将旅游产业发展工作纳入政府绩效考核范围，对各级各相关部门的工作力度和效果等进行考核。

同时，应切实落实《国民旅游休闲纲要（2013-2020年）》，加大职工带薪年休假制度的执行力度；鼓励机关、团体、企事业单位引导职工灵活安排全年休假时间，完善针对民办非企业单位、有雇工的个体工商户等单位职工的休假保障措施；在教学时间总量不变的情况下，高等学校可结合实际调整寒暑假；中小学可按有关规定安排放春假；各级各部门要将职工带薪年休假情况纳入年度考核，人社部门要加强对带薪年休假落实情况的监督检查，司法行政部门要做好职工休息权益保障方面的法律服务工作。

第五章　长沙文化旅游产品的品牌建设

第一节　长沙文化旅游产品的品牌定位

一、当前定位

长沙为湖南省省会城市，地处湖南东部偏北，湘江下游，素有“荆豫唇齿，黔粤咽喉”之称。现辖长沙区（芙蓉区、天心区、岳麓区、开福区、雨花区、望城区）及长沙县、宁乡县、浏阳市，共六区二县一市。长沙是首批国家历史文化名城，也是首批对外开放的旅游城市。

细数近年来长沙文化旅游品牌，“人文山水，魅力长沙”“山水名城，休闲胜地”“历史名城，山水美城”“山水洲城，人杰地灵”“多情山水，璀璨星城”，不难看出，长沙一直以“山水”为旅游卖点标榜自己。但是，中国地大物博、历史悠久，奇山异水数不胜数。旅游产品日趋同质化是如今旅游业无法回避的事实，要想在激烈的市场竞争中找到属于自己的位置，旅游地的形象定位必须表达出自身资源的独特性和排他性。论山，长沙赢不了“神奇仙境”张家界；论水，长沙比不过“人间天堂”九寨沟。所以，一直以来以“山水”为主打的形象定位推广起来效果不够显著，市场接受度不高，始终没有办法让长沙在国内众多的山水旅游城市中脱颖而出。

经过不断的探索，这座以娱乐闻名的城市终于找到自己的优势，开始以快乐自诩。自 2013 年开始，长沙以中央电视台为主，在各类电视广播、报纸杂志上推出“走进‘快乐长沙’”专版或专题宣传，改版旅游网站，联合网络媒体，微博、微信等新媒体营销多管齐下，全面启动了“快乐长沙，宜游胜地”的城市形象宣传。首次在中央电视台 CCTV-1/新闻频道“朝闻天下”栏目，持续播放“快乐长沙”十秒钟的城市形象宣传广告，央视第三方绩效评估数据显示，受众达 14 亿人次，让“快乐长沙”城市品牌极大提升。遗憾的是，“快乐长沙，宜游胜地”只是指出了长沙的特色，没有表现出长沙这座老城长久以来的文化积淀；“宜游胜地”太过笼统，整体性与吸引性都略显不足。

二、理想定位

旅游品牌形象定位的设计要求深入挖掘城市的独特元素，引起市场注意力；同时，应当把握当下的消费需求和社会风尚，从而具备较高的公众认知度和吸引力，提高市场接受度。一般可由一句精辟的主题口号概括和表现出来。作者认为，“星耀长沙，‘辣’样快乐”是长沙现阶段比较精准恰当的旅游城市品牌形象定位。

（一）星耀长沙——彰显文化内涵

天文之星：长沙素有“星城”的美名，名称来由最为流行的说法是古天文学的星宿定位。二十八宿之一的轸宿位于荆州上空，轸宿旁边有个附属于它的小星，名叫“长沙星”。唐朝人张谓《长沙风土碑记》云：“天文长沙一星，在轸四星之侧。上为辰象，下为郡县。”所谓“下为郡县”，就是指的长沙城。

历史之星：长沙是我国历史上唯一经历3000年历史城址不变的城市，有文字可考的历史有3000多年，文化底蕴丰厚，涌现出了大批重量级历史文化名人，如屈原、贾谊、朱熹、辛弃疾、张仲景、蔡伦、曾国藩、左宗棠、魏源、谭嗣同、黄兴、蔡锷、蔡和森、毛泽东、刘少奇、彭德怀等。其中，最具代表性的有著名理学家朱熹，两度在岳麓书院开坛讲学，创立“湖湘学派”。宋代全盛时期曾出现“道林三百众，书院一千徒”的盛况，时有“惟楚有才，于斯为盛”的美誉。革命运动风起云涌之时，毛泽东在橘子洲留下了“湘江北去，橘子洲头”的著名诗篇。

现代之星：21世纪，影视湘军、文化湘军、出版湘军异军突起，长沙逐渐成为中部文化产业中心。文广传媒业的发达使得长沙成为中国最闪耀的造星之地。

（二）“辣”样快乐——凸显城市个性

吃是旅游六要素之一，可见美食对于旅游的重要程度。汉族文化饮食八大菜系之一的湘菜，誉满全球。长沙菜是湘菜的主要代表之一，制作精细、用料广泛、品种繁多，特点是油重色浓、无辣不欢。以长沙传统饮食为基础形成的著名饮食品牌有“火宫殿”“玉楼东”“杨裕兴”，同时，“臭豆腐”“口味虾”等在国内已经颇具声誉，对其饮食产品进行充分的规划，打造更具影响力的饮食品牌。

文化旅游城市形象的塑造除了基于自然人文资源等客观环境，还深深地根植于人与人互动交流而产生的感知印象。当地居民的态度和行为对旅游城市形象的塑造有着巨大的影响。长沙人吃饭无辣不欢，性格也颇“辣”。有人说，在长沙甚至不必刻意去游览著名的景点，只需在老街老巷中游走一番，与街边的长沙人随意闲聊几句，便可以感受到这座城市的十足韵味。长沙话调子高、发音短，外地人说长沙人说起话来像吵架，但这也恰恰映射出长沙人泼辣耿直、无忧快乐的性格。城市由人而生，人的性格便是城的性格，长沙人快乐，长沙城便也快乐。

所以，从最早“快乐大本营”的成功，到后来“快乐女声”“快乐男声”的大热，到现在湖南卫视“快乐中国”口号，“快乐”一直是长沙标榜的主题词，长沙也因此逐渐成为“快乐”的一个地域符号，对全国人民产生了独特的吸引力。长沙的“快乐”形象已经深入人心。“辣”是一种感官体验，“快乐”是一种心理体验。用前者形容后者，具化了抽象的心理感受，使人感同身受，印象深刻。另外，“‘辣’样快乐”是“那样快乐”的谐音，取自当下年轻人的网络用语，俏皮之余又准确地表达了长沙味道。

因此，作者认为，“星耀长沙，‘辣’样快乐”既包含了长沙的文化内涵，又表达出长沙的城市性格，同时牢牢把握住时代特征，认知度和记忆度极高，是现阶段最合适长沙的文化旅游品牌形象定位。

第二节　长沙文化旅游的形象塑造

借鉴发达国家文化旅游的先进经验，根据长沙文化旅游产业发展规划，打造精品文化旅游示范区是长沙文化旅游形象塑造的重要路径。

根据《长沙市文化旅游区规划建设方案》，长沙将建设五大文化旅游区，即马王堆文化旅游区、铜官窑文化旅游区、天心阁文化旅游区、沩山大佛文化旅游区和花明楼生态文化旅游区，涉及天心区、芙蓉区、开福区、望城区、岳麓区以及宁乡县等地，主要包括省博物馆、马王堆汉墓遗址、铜官窑遗址、天心阁、湖南第一师范、密印寺、刘少奇同志纪念馆、铜官镇、靖港镇、乔口镇、沩山镇、花明楼镇等十多个旅游景区（点）。

作为各具特色的五大板块，其中马王堆文化旅游区以名扬天下的马王堆遗址为核心，文化价值深厚，其神秘性、唯一性、不可复制性又具有巨大的市场号召力，应着力开发古遗址、古墓葬文化、考古文化为核心的旅游产品；铜官窑是长沙最具唐文化特色的重点区域，应以“大唐陶都”为整体形象定位，将铜官窑文化旅游古镇、彩陶溪特色文化名村、铜官窑遗址公园整体打造成铜官窑文化旅游区，重点建设铜官窑国家遗址公园和陶文化创意产业园；天心阁文化旅游区应突出古城特色，深入挖掘长沙历史文化名人、历史事件，开发具有地方特色的民间音乐、弹词、歌舞、戏剧、曲艺等表演艺术；沩山大佛文化旅游区地处宁乡西部，自然风光秀丽，人文底蕴深厚，拥有“密印禅寺万佛之奇”“千佛溶洞造化之奇”“四羊方尊国宝之奇”等奇妙景观，应深入挖掘宁乡风情文化、佛教文化，开发峡谷漂流、民俗风情体验、康体养生和乡村旅游等主打产品；花明楼生态文化旅游区应突出“革命圣地”“领袖故居”等红色文化，以红色旅游、山地旅游和市郊休闲为主打产品。

长沙文化旅游的形象塑造，要在突出湘楚文化资源特色和地域文化精神的基础上，对长沙文化旅游资源进行概况、发掘、升华并凝聚成长沙特色的个性化精神，大幅提升旅游产品的文化内涵，以此提升旅游产品的文化品位、文化特色及经济附加值。旅游产品要体现出强烈的民族性、地域性和独创性，充分表现自身特有的特色、亮点和优势，把握文化内涵并经由旅游产品外显，将新颖的创意恰到好处地融入旅游产品，以大幅提升产品附加值。

长沙应抓住当前良好的战略机遇期，在长沙乃至整个长株潭城市圈中规划具有湖湘文化特色的文化旅游基地。例如，依托楚文化底蕴，在长沙举办国际湖湘文化旅游节，全面开发湖湘建筑、服饰、医药、军事、青铜、体育、饮食文化等，形成湖湘文化旅游的重要产业基地；依托湖南卫视和金鹰艺术节，在长沙举办国际音乐节，让长沙成为国际音乐交流合作的中部枢纽。总之，融合发展长沙文化旅游产业，必须用长沙乃至湖南文化提升长沙旅游产品文化内涵，增强文化旅游产品的市场竞争力。

文化的表现需要创意，创意的实现需要科技，以科技支撑文化发展是文化创意及其内涵的技术化呈现，可为传统长沙文化注入创新元素，为长沙特色文化注入生机与活力，必将大力推动传统文化旅游产品的转型升级、新型文化业态的培育。首先，要加强长沙地方特色文化的信息化保护和开发，按照文化分类和自身特点建立长沙地方文化信息资源库，借助现代化的信息多媒体等技术进行本地特色文化的数字化记录、保存和传播。例如，对浏阳皮影、望城剪纸这类难以进入市场但适合保存在博物馆里的传统手工制作的民间艺术品，对其传统工艺及表现手法、技术，应用现代信息技术进行记录和保存，实现保护并方便传播的目的。其次，要认真推进文化旅游产品与科技相融合，用现代科技推动长沙文化旅游产业发展。利用现代科技，对上市的长沙文化旅游产品进行科技化改造升级，让这些文化旅游产品的艺术特色和文化气息更浓，生动感、表现力及观赏性更强。

第六章　长沙文旅产业之湘绣

湘绣，湖南省长沙市特产。湘绣是中国四大名绣之一，是以湖南长沙为中心的带有鲜明湘楚文化特色的湖南刺绣产品的总称。它起源于湖南的民间刺绣，吸取了苏绣和粤绣的优点发展起来，已经有 2000 多年历史。19 世纪末，绣工胡莲仙的儿子吴汉臣在长沙开设了第一家自绣自销的“吴彩霞绣坊”，在湖南民间刺绣的基础上吸收了“苏绣”“广绣”的优点，湘绣针法以参针为其特色。“参针”也称“乱插针”，与齐针相对应，可表现物象的立体形态和晕染效果。参针中又有接参针、拗参针、直参针、横参针、毛针等。另有排针、游针、花针、钩针、孔针、刻针、打子等针法。其丝线，经过荚仁液蒸发处理极其光洁平整，劈丝细若毫发，有“羊毛细绣”之称。湘绣的风格是形象生动逼真、色彩丰富鲜艳、十分强调用色的阴阳浓淡、针法多变、劈线细致，绣工讲究“绣花能生香、绣鸟能听声、绣虎能奔跑、绣人能传神”。绣品有荷包、怀镜袋、笔插、椅垫、桌围、枕套、帐套、帐檐、手帕、衣边、裙饰、腰带等。

湘绣以着色富于层次、绣品若画为特点，民间有苏猫、湘虎之说。湘绣狮虎毛纹刚健直竖，眼球有神，几可乱真，已发展到异色、异形、异面的双面全异绣。湘绣先后参加过日本、巴拿马、美国等地举办的国际博览会，多次获得优胜奖，在国际市场上享有盛誉。2011 年 3 月 28 日，原国家质检总局批准对“湘绣”实施地理标志产品保护。

第一节　湘绣市场业态演进

一、湘绣市场业态演进

（一）萌芽前期和萌芽期的市场业态

萌芽前期和萌芽期这两个时期的湘绣市场业态主要表现为传统家庭封闭

式生产，存在“三少”现象，即少量、少流通、少交易，常态存续。

（二）产生期市场业态

产生期的市场业态主要表现为本地绣庄为主，家庭生产为辅，稳步发展。1877~1887年间湖南一般官员的服饰全由外省输入。太平天国运动后，湖南湘军新贵官员购用的象征身份品级的刺绣品，以苏绣、粤绣产品为主。据《实业部月刊》二卷六期《全国手工艺特产品调查》一文记载：“湘绣风行一时，厥在汤卿铭、张敬尧、吴佩孚等人在湘时代……张敬尧喜于旗上绣相，每届大操，以数十面绣旗列队而出；吴佩孚在湘，当其寿诞时，僚属贺仪十之八九皆绣品。”

1898年，长沙出现第一家绣庄——吴彩霞绣坊。1926年长沙市绣庄由2家发展到26家，绣工人数由500余人发展到10000余人，全年产品由大约1000件发展到20000件左右，全业产值最高达到80多万银元。

（三）初期生长期市场业态

初期生长期主要表现为本地绣庄、外地分绣庄为主，家庭生产为辅，稳步发展。国外销售量约占湘绣全部销售量的1/3。全省共有绣庄45家，绣工人数约达15000人（细绣8000多人，粗绣7000人），绣品的年产量增加到3万件以上，产值120余万元。外省销路渐好，湘绣也在国内许多城市如上海、天津、重庆、昆明等地设立分庄。湖南省、外省、国外销量约各占1/3。

（四）濒临消失期市场业态

濒临消失期主要表现为前期绣庄为主，市场活跃，中期歇业多，中后期有所恢复，而后期转入低迷（“文夕大火”几乎烧光），曲折发展。1940年，约有绣庄10余家，规模较大的万源、广华、中美一等在衡阳、桂林、昆明、重庆等地设有分庄。1944年大部分绣庄歇业。1946~1947年长沙市的绣庄达36家，绣工人数15000人左右，每年出品约3万余件，外省销路最旺，占据50%，但国内贱卖。1949年4~5月间，全业从业人员有80%以上失业，老画师只剩9个人，长沙城乡绣工只剩下1200多人。一部分在业的职工也都挣扎在饥饿线上，几乎到了人亡艺绝的地步。

（五）复苏期市场业态

复苏期主要表现为国营绣庄为主，私营绣庄为辅，快速发展。湘绣年产量迅速增长。以 1950 年为基础，1953 年、1954 年、1955 年分别增长 3. 5 倍、9. 5 倍、14. 5 倍，供不应求。1955 年底共有绣工 26000 多人，有一家国营（湖南省湘绣厂）、十数家集体（如长沙县湘绣厂、望城湘绣厂、湘潭湘绣厂、衡阳市湘绣厂、常德市湘绣厂）湘绣厂。1978 年后，刺绣基地建设加强，开创桑植、庐溪刺绣基地，培训绣工 2000 多人。汨罗、慈利刺绣加工点培训绣工近 3000 人。1980 年，湘绣全行业生产总值突破 1000 万元。

1985 年，成立了湖南省工艺美术学会刺绣专业委员会，举办了湘绣行业的首次质检人员培训班。1986 年，湖南省经委下达《湘绣传统技艺的挖掘应用研究》科研课题，完成了传统民间绣品的收集整理、湘绣艺人从艺传略、传统名牌产品绣艺总结、挖掘传统针法、出版《湘绣史话》。

（六）茂盛期市场业态

茂盛期主要表现为公司+作坊（代收点）+家庭联合为主，机绣品充斥市场，快速发展。进入 21 世纪后，随着机械工业发展，机绣品代替或假冒手工品，占据了将近半壁江山，产品以次充好、竞争无序现象时有发生，市场一度陷于混乱。加上劳动力向发达地区、沿海地区转移，湘绣后备人才缺乏，使湘绣市场陷入进退两难境地。第一，资产偏低，劳动密集型特征明显，品种 200 多个，以内销为主，部分精品作为国礼赠品。第二，尚未形成规模效益，批次多，批量少。第三，省湘绣研究所具有原创实力，但原创作品涌现不多。第四，龙腾公司、莎棉公司绣艺服饰经济总量领先，但未形成产业群，对相关产业拉动甚微。

二、湘绣产业发展模式创新——以湘绣城为例

湘绣位列中国四大名绣之一，飞针走线，如游龙戏水，似惊鸿疾飞，人物动物，可栩栩如生，独到的蓬毛针法，在平面上形成立体的效果，被喻为布匹上的舞蹈。伴随越来越多非物质文化遗产的日渐衰弱，甚至消失，湘绣的当代传承与创新活化问题重新回到公众视野，湖南湘绣城为此做了多年的探索。

（一）创新驱动——培养企业核心竞争力

湖南湘绣城是一个集湘绣、服装、家纺、陶瓷、银饰、工艺美术等特色产业的生产体验、旅游购物、休闲娱乐、物流配送、教育培训于一体的文化产业集群。早在成立之初，就确定了走创新之路。2007年被湖南省授予“湖南省文化产业示范基地”牌匾后，湘绣城走文化与科技的嫁接之路，培养企业核心竞争力。成立了刺绣研究所，积极开展技术创新，研发出湘绣系列产品双面绣《新潇湘八景》《十二生肖》等产品。

《新潇湘八景》取景由湘江沿线扩张到湖南各市州片区，新增了张家界、凤凰古城等国内外知名景区，不仅涉及地域更广，内涵较旧版也更为丰富。其绣制的过程中运用了湘绣掺、直、游、乱、齐边、交叉、混、虚等多种针法，集中了湘绣特有的书、画、印、绣四大艺术要素，呈现出浓厚的湖湘文化气息，已成功申请国家专利。据悉，《新潇湘八景》单一产品的产量达到了1.6万件，为此湘绣城还专门出版了《古今湘绣》书籍配套发布，便于刺绣爱好者收藏流传。

如何通过新技术、新材料、新工艺，提高湘绣在文化市场的竞争力？通过反复探索，2014年湖南湘绣城旗下的金霞湘绣研发出了全新的夜视湘绣作品。其作品运用传统湘绣的色阶原理，通过在丝线上掺入各种能发出荧光的有色物质，用荧液浸泡仿丝底料，形成可在黑暗中闪闪发光的“夜视”湘绣新工艺。目前，湘绣城研制出的湖南首款“夜视湘绣”填补了我国刺绣业的科技空白。

此外，开拓传统工艺品市场的过程中，在继承传统的基础上，湘绣城大胆创新，助推双面绣向双面全异绣发展。“迎合‘一带一路’‘湘品出湘’的战略发展，我们使用人们耳熟能详的‘丝绸之路’品牌，把路上丝绸之路与海上丝绸之路融合进一副刺绣里，两面互相依托又自成一体，打造出高端湘绣精品。”曾应明表示，以前的双面全异绣多绣制狮子、孔雀等动物，近几年湘绣城将自然风景和人文景观结合，生产出一大批颇具新意和特色的绣品佳作，而《丝绸之路》就是其中的佼佼者。

“刺绣带动非刺绣、刺绣带动非工艺品、刺绣带动旅游”——湘绣创新的另一条路子，是与文化产业、旅游产业相结合。湖南有着丰富的民间工艺美术资源，而将这些资源通过产业化的节点转化为经济财富，有一个较长的过程，尤其需要擎旗人，而湘绣城正在致力擎起这面旗帜。

（二）产业延伸——以刺绣产业带动非刺绣产业发展

一直以来有一种观点盛行于整个湘绣行业——只有工艺品才属于湘绣，而刺绣服装、床上用品之类的日用品被排斥在湘绣产品范围之外。结果一度造成市场开发乏力，大量产品有价无市，许多湘绣企业相继倒闭。这时的曾应明却清醒地意识到要将产业做大做强，艺术与市场的合理对接才是关键所在。因此，曾应明带领湘绣城员工，研发大众日用湘绣产品，如湘绣服装、鞋、帽、箱包、围巾、靠垫和床上用品等，也就是这一创新，让曾应明的生意一下子做开了。

乘胜追击，曾应明充分利用湘绣这个举世闻名的文化名牌，大力推行湘绣产业的品牌建设，经国家工商总局先后批准了“丝绸之路”“锦绣潇湘”“顺龙”“梦芙蓉”等四大自主品牌。在这四大品牌中，根据市场需求，细分市场。以“丝绸之路”商标主攻国际高档豪华刺绣品市场，以“顺龙”和“梦芙蓉”两个品牌主攻湘绣日用产品，做“老百姓买得起、用得上的产品”，终于带着湘绣企业摆脱了产品大量滞销的困局，走上了一条通向世界的光明大道。

湘绣产业的带动是 1∶16，即 1 亿元的湘绣产值可以带动 16 亿元的其他产业的发展。绣是一种文化，更是一门集诗、书、画、绣、印于一体的艺术，在国际市场一套高档服装，只要加入手工刺绣艺术元素，价值动辄翻倍，目前美国的花花公子服装品牌就将生产权授予湘绣城。因此，扩大以湘绣为基础载体的产业链，形成人无我有、人有我新的特色产品才是企业的市场之路。

（三）文化渗透——用文字、影视把湘绣文化展示给现代受众

文化积累了湘绣的厚重，也搭起了它成长的阶梯。曾应明告诉记者，为了宣传保护湘绣这一非物质文化遗产，湘绣城带头建立了湖南省民间工艺博览馆，收集整理了一大批湘绣传统产品。1988 年，曾应明参与编著了《湘绣传说故事》，将流传了千百年的湘绣故事收编成集，从此中国湘绣有了自己的第一本书。

为了让湘绣行业其他企业掌握湘绣产品在国际市场的发展动态和信息，2009 年曾应明编著了《手工艺大市场——湘绣走向世界启示录》一书，其目

的是让更多的人了解湘绣、宣传湘绣、生产湘绣和开拓湘绣市场。此后，长篇小说《荷鹤图传奇》《芙蓉坊密码》相继亮相，一个从湘军到湘绣、再到湘商的优秀历史人物跃然纸上。

2017 年 1 月 22 日，电影《国礼》在湖南湘绣城开机，从创作到故事内容，从投资到拍摄，是典型的“湘字号”品牌。影片未播先热，开机后的 3 个月里，湘绣城的销量都是平常的 3 倍，影片宣传效应明显，湘绣城在跨界创业中迈出坚实的一步，用电影展示了湘绣城的文化自信和道路自信。

近几年，湘绣城斥资 3000 余万对湘绣专业文化市场进行提质改造，除了完善基础设施以外，还将再现湖南湘绣 2000 多年发展的历史故事和景点；同时，湘绣城还打造了一条“绣坊街”，恢复湘绣行业的八大景点，今后的湘绣城会成为一个体验式的游园区，市民和游客既可以在这里挑针引线，体验传统湘绣的魅力，还可以逛湘绣展示馆，感受湘绣文化的博大精深。

从一个名不见经传的无名小厂，一跃成为行业的“旗舰”，目前的湖南湘绣城凭借湘绣的特色产业资源，形成了一个绣工+绣站+公司+市场+乡村基地建设+互联网的综合业态体系。湘绣城立足现有国际市场平台，发挥特色文化产业优势，抱团小微企业，集群化发展，预计 5 年内，湖南湘绣城将实现产值 20 亿元，成为长沙乃至湖南文化产业发展的新高地。

第二节　湘绣文化旅游及其形成机制

一、湘绣文化旅游概念界定

湘绣文化旅游是指游客为探寻湘绣起源、技术工艺，体验湖湘民间“活态”文化和古今历史及其文化内涵、艺术境界、“男耕女织”农耕文明等，满足对乡土文化的高端需求、增强民族凝聚力和团结心的“原真性”旅游形式。

湘绣文化旅游是一类满足游客高层次心理需求的旅游形式，其内涵由“湘绣”“文化”“旅游”三大要素组成（如图 6-1 所示），具有独特的基本属性。

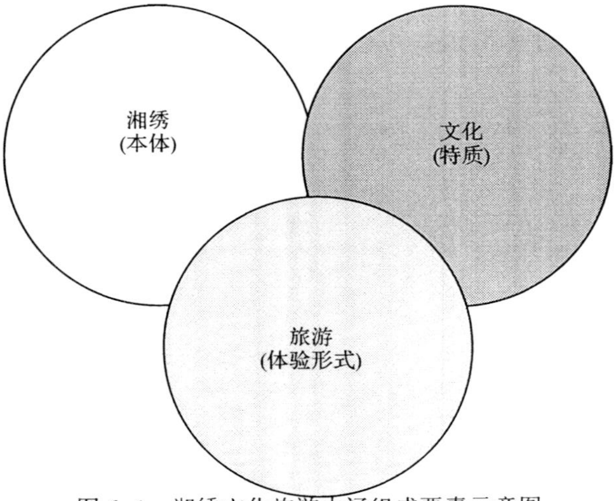

图 6-1　湘绣文化旅游内涵组成要素示意图

湘绣文化旅游中的“湘绣”，包括它的历史溯源、艺术风格、工艺特点、产品形态、市场业态等（如前文所述“湘绣时空演进”），它是湘绣文化旅游中的“本体”。

湘绣文化旅游中的“文化”，包括三个层次内容。一是指“湘绣”本身所体现的“表层”文化，如湘绣艺人的“文化素养”“湘绣”绣品图案、线条、色彩所展示的“文化意境”等；二是指“湘绣”所处特定时空的“时代文化”和“时代精神”；三是指“湘绣”背景下的“中华传统文化”“农耕文化”“女性文化”等。它是湘绣文化旅游中的“特质”。

湘绣文化旅游中的“旅游”，也包括三个层次的内容。第一层，是指基于当前多元化旅游需求的核心——旅游者不同的文化旅游需求的旅游形式，是较深层次的旅游形式，体现的是“旅游憧憬”或“旅游向往”。第二层，是指对特定旅游“本体”和旅游“客体”（旅游目的地）的旅游，旅游者不同的文化背景、不同的文化行为、不同的文化感受，构成了文化旅游需求的导向，属“旅游中体验”。第三层，是旅游者体验“湘绣文化旅游”后不同的文化质量评价、不同的文化传播、不同的文化影响，它是长期潜存在人的心灵深处的，对人的心理、行为存在影响、发挥作用的“旅游后效应”。

二、湘绣文化旅游形成机制

作者认为，湘绣文化旅游是由旅游主体、旅游客体、旅游通道、旅游本体等4部分组成的系统（如图6-2所示）。

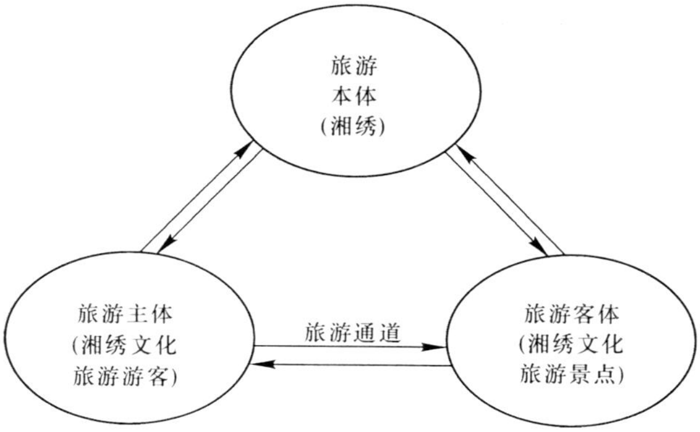

图6-2　湘绣文化旅游组成

旅游主体是来自四面八方的游客，其固定或长期居住地为旅游客源地，分本地主体、外地主体，国外主体、国内主体等。

旅游客体是旅游目的地以及分布在旅游目的地的基于旅游地自然、社会、生态资源等形成的形式多样的旅游产品，分布地点在现实或虚拟的旅游目的地（后者为虚拟旅游形式），形式表现为不同的旅游产品。

旅游通道是将旅游主体和旅游客体连接（如道路系统等）或联系（如网络等）起来的旅游交通以及宏观政策环境等媒介。

旅游本体是指旅游客体的形象载体、文化载体或意象载体。如温泉旅游地的“温泉”、湘绣文化旅游中的“湘绣”等。旅游本体是旅游系统的重要组成部分。

（一）湘绣文化旅游客体形成——旅游地形成

在旅游地形成研究中，除常规的地理溯源外，目前还尚未见到相关理论和方法的研究。作者结合前人研究，尝试提出一种研究方法，即“依据旅游线路反向寻找形成机制”的方法来找旅游地形成机制。

而目前湘绣文化旅游的线路一般是：

（1）第一步：观光欣赏，艺术审美，潜在购物者居多。交通便捷的旅游商品集中展示地——湖南省湘绣研究所，欣赏和观瞻湘绣艺术博物馆内的极品级作品，形成初步印象。

（2）第二步：初步了解，积累感性认识，实际购物可能性大。有条件、有兴趣的游客到湘绣产品大规模集散地——湖南省星沙湘绣城，进一步参观企业和洽谈贸易窗口。

（3）第三步：深入探寻，接受教育，进行理性思考。探究湘绣迷人而瑰丽艺术的历史背景——湖南省开福区沙坪湘绣城，原真地体味乡土气息，亲身体验绣制湘绣作品的过程。

当前，湘绣文化旅游的客体（旅游目的地）分布较广，主要集中在长沙地区（含长沙、望城等地）。

长沙地区湘绣站点主要分布在长沙市、长沙县、望城县等地。长沙市开福区境内有捞刀河、高岭、沙坪等乡镇，以及所辖长沙县境内的北山、石常、牌楼、新桥、星沙、水渡河、安沙、顶功桥、青山铺、福临铺、开慧、望新、黄花、春华山、回龙、果因、路口、金井、双江、榔梨、干杉、梅花、河田等乡镇；望城县境内有霞凝、丁字、桥骚、杨桥、茶亭、西湖、书堂、东城、铜官、靖港·新康、雷锋、白若、麻田、莲花、桐木等乡镇。

但目前主要的客体集中在三个地方，一是长沙市开福区捞刀河镇沙坪村，二是长沙市八一路湖南省湘绣研究所，三是湖南湘绣城（星沙）。

1. 客体形成的地理学动因

新西兰的旅游人类学专家科林·比姆指出“一个地方的独特之处就是这个地方的主要财富”。根据核心—边缘理论和极化—涓滴效应理论，在湖南省推进“三化”和“富民强省”进程中，工业反哺农业和服务业、城市反哺农村和较落后城郊的趋势日益明显，这极大地促进了湘绣文化旅游地三大板块的独特性的凸显和客体形成。

（1）深厚的湖湘文化底蕴促使客体形成。湖湘文化的人文底蕴体现在两个方面，一是素以“心忧天下”（核心内容）、“百折不挠”（高贵品质）、“敢为人先”（显著特征）、“兼容并蓄”（活力源泉）而广为知晓和推崇。二是长沙是湖南省政治、经济、文化和交通中心，古为楚之重镇、秦之名郡、汉之国都。从“潇洒洙泗，屈贾之乡”到张仲景的《伤寒论》、从20万~15万多年前的旧石器时代遗址、千年学府“岳麓书院”到长沙窑的“釉下彩”，从享誉中外的“革命摇帐”，到湘绣、湘菜、湘戏、湘瓷等“文化名片”，无不彰显着深厚的湖湘文化特色。

湖湘文化的自然底蕴包括三个方面。一是长沙城独特的地理位置。长沙市为湖南省省会，也是湘绣的发源地。长沙地理坐标为东经 111°53′~114°5′北纬 27°51′~28′40′，山地、丘陵、岗地、平原大体各占 1/4。不仅是全国首批 24 个历史文化名城之一，拥有岳麓名山，湘江秀水，而且还拥有稀世罕见的橘子洲沙洲，是全国唯一一个融山、水、洲、城于一身的省会城市。

其次，“湖广熟，天下足”，富有“鱼米之乡”“湘绣之乡”“花炮之乡”“陶器之乡”“有色金属之乡”的美誉。属亚热带季风性湿润气候，除了湘江外，还载有美好传说、享有盛誉、广为人知的浏阳河、捞刀河、靳江和沩水等，是四季分明、适宜人类居住和农耕文明的起源地之一。自古商贸繁荣，历史上曾为中国四大茶市、四大米市、五大陶都之一。

最后，“秋风万里芙蓉国”，长沙所在的省份湖南省，名胜古迹众多，闻名遐迩。正如“不游洞庭，怎知水秀连天、烟波浩渺；不登衡山，怎知峦岳拔天、峰奇山险；不到湘西，怎知钟灵毓秀。真是览不尽的山水，饮不完的民风”。再如常德——近 2300 年历史文化名城，素有“文物之邦”“人文渊数”“五省通衢”和“湘西门户”之称，盛产稻棉，“左包洞庭之险，右扼五溪之要”。再如益阳，拥有 7000 年以前人类遗址南县涂家台遗址。“三周一叶一张”和书院文化、梅山文化、湖乡文化、竹文化、花鼓戏等举国皆知。再如岳阳，是国家历史文化名城，长江沿岸首批对外开放城市，集名山、名水、名楼、名人、名文为一体，拥有岳阳楼、君山，平江起义旧址、任弼时故居等傲人风景，是龙舟文化发源地。再如永州，拥有嶷山舜庙、浯溪碑林、宁远文庙、阳明山国家森林公园、江永千家峒、世界瑶族的发祥地柳子庙，柳文化、瑶文化、碑文化、女书文化、草书文化闻名于世，真是文化荟萃。再如邵阳，拥有 39 个少数民族、1 个苗族自治县（城步苗族自治县）、25 个民族乡，拥有“风景赛桂林”的良山等佳地。再如怀化，是巫傩文化主体地带。再如娄底，是有名的“全国群众书画艺术之乡”“梅山文化之乡”“蚩尤故里文化之乡”。再如株洲，炎黄文化的重要发祥地，“茶陵诗派”“将军之乡”。再如湘潭，历史文化名城、湖湘文化的发源地、中国“湘莲之乡”、老一辈无产阶级革命家之乡。再如湘西，湖南省武陵源是当今中国重点风景名胜区，中国旅游胜地四十家之一，武陵源被国内外游客誉为“人间仙境，世外桃源”“天下第一奇山”“扩大的盆景，缩小的仙境”“中国山水画的原本”。张家界国家森林公园、索溪峪自然保护区、天子山自然保护区和杨家界景区世人皆知。

综上所述，厚重的湖湘文化、秀美的山水名郡、神秘的伟人故里、良好的区域环境，是湘绣得以成形、兴盛繁荣的源泉，也是境内旅游和过境旅游的强大吸力，构成了湘绣文化旅游客体形成的地理动因。

（2）湖南省湘绣研究所的地理位置和独特研究优势促使客体形成。湖南省湘绣研究所位于长沙市八一路，富有丰富馆藏，建有湖南省湘绣文化博物馆，里面汇集了名师、大师的系列佳作和最新的湘绣技法创新成果展示，与湖南省委、长沙市火车站、长沙市友谊阿波罗商业广场、紫东阁华天宾馆毗邻，是政、商、企聚集之所，更是游客集散之地，便于参观浏览、驻足欣赏。

（3）湖南湘绣城的产品形态和市场业态促使客体形成。2003 年，由韩国高丽丝绸会社、中国台湾金霞湘绣有限公司和湖南龙腾工艺服饰公司三家刺绣行业联盟合资组建了长沙市锦龙丝绸有限公司，并投巨资打造湖南星沙湘绣城。

2005 年落成的湖南星沙湘绣城（第一期）位于京珠高速与长沙县星沙镇主干道开元西路交汇处，东接长沙县政府，西临世界之窗、国际会展中心，北靠高尔夫球场，占地 300 亩，总建筑面积 32 万平方米。湖南湘绣城主体工程全部竣工后，将秉承“民族的也是世界的”的宗旨，成为融湘绣的生产、研究、艺术展示、国际刺绣艺术交流和娱乐为一体的新兴商业旅游园区，这种“寓艺术于休闲，寓教育于休闲，寓人才培训于休闲”的理念，本身就是湘绣文化旅游的亮点。

目前，湖南湘绣城的公交网络较为发达，有 808 路、704 路等九路公交车直接经过或抵达，将来还有湘绣城汽车站，湘绣城轻轨站等相继坐落湘绣城。

与此同时，“釜山虎”（林起大）钟情湘绣、“阿里郎”（何国庆）情定长沙、“中国龙”（湖南龙腾工艺服饰公司）出海腾飞已成为湘绣业界的一段佳话，也为湖南湘绣城成为湘绣文化旅游的重要板块奠定了坚实基础。

（4）沙坪的独特魅力促使客体形成。沙坪是“湘绣之乡”“湘绣发祥地”，目前“沙坪”地理标志已顺利申报成功，沙坪湘绣城在各级党委和政府的关心下，已建成沙坪湘绣博物馆（湘绣文化广场）、沙坪湘绣产业园、中国工艺美术湘绣大师楼。

2009 年 10 月 23 日，沙坪湘绣城等 19 个景点“一日游”正式启动，标志着沙坪湘绣城已被纳入正式旅游线路，迈出了湘绣文化旅游的第一步。

与此同时，修建的独具风情的沙坪老街、“江南水乡”风格的沙坪新街及撤洪渠，清雅别致的湘绣演艺中心和展示大师风范的湘绣大师工作室，为湘绣文化旅游增添了令人期待的艺术神秘感。

2. 客体形成的社会学动因

（1）劳动力价格上涨导致产业发展区域“漂移”，为湘绣行业发展提供了良好机遇。当前，伴随着经济和社会的高速发展，生产力和生产关系之间得以进一步调整，劳动力价格上涨。根据空间集聚理论推导，在此过程中，国内产业发展的区域呈现由发达地区向欠发达地区转移，沿海地区向内陆地区转移的特征。

由于湘绣行业是以手工劳作为主，属劳动密集型产业，生产效率不高，这为包括湘绣行业在内的传统产业尤其是手工业的发展提供了良好的机遇。尤其是在湘绣的主产区——沙坪湘绣博物馆、星沙湘绣城，其劳动力资源、产品研发、规范管理、品牌效应、产品市场等具有基础优势，行业发展生命力强。

（2）新农村建设促使农村城镇化建设步伐加快，大大增加了旅游“可达性”。湘绣的起源地——沙坪村作为长沙市开福区捞刀河镇的中心村域，是该镇新农村建设的重点和示范点。在短短的几年内，沙坪村、星沙的公共基础设施加快，交通系统、水利、电利、网络进一步完善，大大增加了旅游的“可达性”和“通达性”，使湘绣文化旅游发展“道路”畅通无阻。

（3）政府文化战略意识增强，使湘绣原产地文化凸显。近年来，湖南省委省政府提出了“建设文化强省”的战略，建设和发展包括湘绣文化旅游在内的文化产业链成为迫切需要。为了强化长株潭区域旅游合作优势，省政府加快了“长株潭+3+5”城市群的建设，长株潭正逐步实现交通同环、电力同网、金融同城、信息同享和环境同治。随着交通的现代化，空间距离缩短，政府的主导作用不断增强，旅游要素流通愈加便利，使得湘绣文化旅游市场空间越来越广阔。

（4）随着现代农业的发展，休闲农业及其文化崭露头角，为地处农村的沙坪湘绣文化提供了突破口。根据产业结构演化理论，随着城乡经济的发展和第一、二、三产业的结构调整，城乡形态发生改变，城乡间旅游空间扩大。沙坪处于城市周边地区和大景区景点附近，周边乡村旅游资源也较为独特，结合休闲农业与乡村旅游发展湘绣文化旅游，发展空间十分广阔。

（5）“一村一品”民艺运动使沙坪出现了刺绣村落产业，象征家庭手工业方式在市场经济时期新的复归。20 世纪 80 年代初，受日本“一村一品”民艺运动的影响，我国各地出现了众多以家庭手工艺为形式的村落产业或产业集群、如苏绣产业和产业集群，湘绣产业等。它们具有本土文化与地域资源的传统关联，同时也带有国家文化产业调控的意志特征。从一定程度上说，当时官营工艺美术系统纷纷解体，暴露了社会经济体制弊病，正是我国社会经济体制的整体转型，才促进了刺绣产业和产业集群的形成。长沙沙坪也不例外地受到了“一村一品”的影响，形成了相对集中的刺绣产业。

3. 客体形成的经济学动因

社会经济学中的梯度推移理论认为，社会生产力具有一种内在扩张力，当它发展到一定阶段后，就会向新的区域扩张、延伸和转移，区域间生产要素将进行重新组合，从而大大提高生产要素利用率。

（1）“朝阳产业”——湖南的旅游经济正处于快速发展期。当前，我国旅游业正从自然增长转向竞争增长。旅游业具有关联性高、带动性广、辐射性强、乘数效应高、就业容量大等优势，已成为经济发展最直接、最稳定的推动力。

近年来，北京、海南、广东、上海、湖南等都将旅游业作为重点产业、支柱型产业、先导型产业重点发展，目前已成为新的经济增长点，被誉为“朝阳产业”。

湖南地处我国中心地区，属沿海的内地、内地的前沿，处于我国人口较密、发展较快、旅游消费能力较强的区域，位于桂林、井冈山、黄山、黄果树、三峡等旅游热点的中心区，旅游资源丰富，交通便利，游客集散快捷，已基本形成景点合理、品种多样、容客能力较强的格局，拥有世界级旅游品牌张家界（含索溪峪），一批国内较有影响的（如韶山、南岳、岳阳楼在内的）国家级景区景点，客源充足，既便于接待东南沿海和港澳台地区游客观光旅游和休闲度假，又是内地游客赴沿海开发地区和境外旅游的重要通道，有利于发展过境旅游。

（2）湘绣文化旅游为无烟产业——低碳呼唤经济增长方式的转变。当前，旅游业正在慢慢转型。21 世纪中国旅游的方向直指文化旅游。随着人们文化品位的提升、旅游业的兴旺以及国外对中国民族手工艺文化的喜爱，寻求文化享受已成为当前旅游者的一种风尚，全国各地文化与旅游结合趋势越来越明显。2007 年河南文化旅游产业体系和产业规模进一步扩大，其中郑州少林寺、洛阳龙门石窟、巩义康百万庄园等文化景区游客同比分别增长 35%、81.8%和 80%；2008 年湖北省大力整合省内旅游资源，打造“鄂西生态文化旅游圈”，并出台了“2009—2020 年鄂西生态文化旅游圈发展规划”；2009 年以来安徽文化旅游项目广泛受到投资者青睐。

湘绣文化旅游的兴起，正是顺应了当前改变经济增长方式、建设低碳社会的潮流。

4. 客体形成的生态学动因

（1）环境生态。从景观生态学和农业生态学角度分析，近年来，随着城镇化建设步伐加快，环境生态问题日益突出，生态危机日益明显。中国社会科学院《城市蓝皮书》指出，至 2008 年底我国城镇化率达 45，城镇人口达 6.07 亿人，百万人口以上特大城市 118 座。许多城郊、市郊的农田被高楼大厦代替，数不清的地方农作物和畜禽品种被无形“边缘化”，“飞地”现象越来越严重，人们的生存空间和生活环境改变很大，环境生态系统与农田生态系统遭到不同程度的破坏。在此背景下，以破坏环境小为特点的手工业态的湘绣和湘绣文化旅游受到政府和民众的认可和欢迎。

（2）文化生态——非物质文化遗产。人类创造的文化可分为物质文化和非物质文化，文化遗产分为物质文化遗产和非物质文化遗产。物质文化遗产是指具有历史、艺术和科学价值的文物，包括古文化遗址、古墓葬、古建筑等不可移动文物和各时代重要实物、艺术品、文献等可移动文物。非物质文化遗产是指人类世代相承、与群众生活密切相关的各种传统文化表现形式和文化空间。其范围包括口耳相传的民间传统知识、诗歌故事、神话传说及手工艺技能等；传统音乐、舞蹈、戏剧等民间表演艺术；世代传承的节日庆典、礼仪习俗等；表现文化形式的相关场所等。

当今中国，经济建设飞速发展，无形的“飞地”现象也在不断蔓延，现代文化使古老文化和遗产日益边缘化，因此，抢救与保护优秀非物质文化遗产也进入全新时代。文化寻根、文化保护、文化继承和文化发展成为政治任务、经济任务和文化任务。国家文化软实力的增强、中华文化国际影响力和竞争力的提升、国内外人民感情和友谊的维系，尤其是民族凝聚力和国家向心力的提高，都离不开文化旅游。

湖南十多个非物质文化遗产项目分别为湘绣、醴陵釉下五彩瓷、土家织锦、苗族银饰、宝庆竹刻、小郁竹艺、长沙棕编、土家族织锦壁挂、织锦拖鞋、织锦挎包、织锦围巾、织锦双面披肩、土家族服饰等。其中，湘绣正逐渐从原生态方式走向市场产业化发展道路，并取得了长足发展。不久的将来，湘绣这个非物质文化遗产将借助文化旅游，接近更广大的人群，走向更广大的游客。

（二）湘绣文化旅游主体形成——游客或消费者

1. 主体形成的社会学动因

除了常规游客外，湘绣文化旅游主体有三大重点。

一是城市家庭旅游团体。中华民族是十分崇尚和讲究孝道和伦理的民族，仁义礼智信是普遍遵守的社会准则。《论语 · 里仁》里有一耳熟能详的名句："父母在，不远游，游必有方。"原意是指在当时通信、交通不发达的年代，劝导晚辈待在长辈身边以尽孝道。在现代社会，人口组成和家庭结构发生了较大变化，一方面，老龄化社会已经来临；另一方面，60 后、70 后、80 后有相对较多的读书机会和就业机会，"三口之家"模式较普遍，有相当一部分在外奋斗小有成就后成家立业的人将父母接去同住。由于经济条件允许，越来越多的人周末或节假日进行家庭旅游。因此，在社会鼓励和普遍倡导"父母在，共远游"的情形下，城郊家庭旅游势头较好，城市区域家庭旅游倾向也将日益明显。湖南省内及周边省份的游客数量逐年增多。

二是集体旅游或单位旅游。随着消费观念的改变，许多企事业单位在员工待遇、奖励、福利或培训上，逐步改变以往发钱、发物的传统模式，将重点放在利用节假日组织长距离、短距离旅游或素质拓展培训，尤其是拥有寒暑假期的各种类型的学校体现最为明显。

三是外国游客。有差异的文化容易形成"文化距离"，即不同国别、不同地域的文化之间表现出一定的"文化时空"差异。基于对中华文明和古老文化的好奇、憧憬或追求，许多外国游客来到长沙后，除了游山玩水外，他们中的大部分游客都对湖湘文化抱有浓厚兴趣，湘绣文化旅游自然而然成为他们的配选。

2. 主体形成的心理学动因

美国心理学家亚伯拉罕 · 马斯洛于 1943 年在《人类激励理论》提出了著名的马斯洛需求层次理论（Maslow's hierarchy of needs），亦称"基本需求层次理论”。该理论认为，人的需求分五大类：第一类是生理需求，第二类是安全需求，第三类是社交需求，第四类是尊重需求，第五类是自我实现需求。而且，一个国家多数人需要层次结构，同这个国家的经济发展、科技进步、文化氛围和人民受教育的程度直接相关。在不发达国家，生理需要和安全需要占主导的人数比例较大，而高级需要占主导的人数比例较小；在发达国家，则刚好相反。有学者认为，文化旅游的心理倾向有三类：第一，寻求不同文化形式的生活经验；第二，转移注意力，拓展视野，以逃避现实；第三，寻求并重新确定文化精神生活的中心。

作为个体，一方面，人们总是充满梦想，正所谓“心有多远，就能走多远”，“世界有多远，就想走多远”。文化旅游，对于被“城市病”困扰的“都市人”来说，对于异域他乡的游客来说，是最好的心灵安抚和精神寄托。另一方面，人们对世界充满好奇，对人类自身充满好奇。我到底从哪里来？我的祖先是谁？他们当时的生活情形如何？如此等的问题，都在人们的潜意识里，藏在人们心中最柔软的地方。我们会常常怀念那些家庭式的耕种习惯，怀念那些儿童时代的歌谣和水车，怀念记忆深处绣有百花或龙凤的被面，或绸缎的光滑与温暖，怀念祖母手中密密麻麻的针线……我们甚至还时常感怀，几千年后的今天，我们勤劳、朴实、憨厚的父老乡亲，依然在湖湘原野上，在祖先洒遍血汗的地上日出而作，日落而息……这些潜意识，一旦被无意激活，或条件具备，人们便会有意识地去探究先祖的遗风，或去乡间走走，要么重温一下那些绣有瓜瓞绵绵纹样的鞋垫，要么欣赏一下村头、树底下三三两两的乡村绣娘。

作为整体，或者作为中华民族，总会有一脉相承的“共同”的精神品格、风俗习惯、理想信仰等。尤其是民族内、民族间的感情和友谊，更大程度上讲，民族凝聚力和向心力，都靠这些“共同”来维系。在人类社会发展的农业、工业、科技、信息的每一个时代每一次革命中，农业文明始终统而贯之，并在社会经济结构和生产关系中处于主导和基础地位。灿烂的“农耕文化”经过无数代的大浪淘沙后，在人类文明高度发达的今天，成为几千年不变的极少数文明基因之一。而湘绣和湘绣文化，是串起这些历史的珍珠。所以，无论对于中国游客，还是外国游客，都断然不会拒绝。

基于此，蕴含浓厚“中华湖湘文化”和“农耕文明”的湘绣文化，无论对于个体旅游者，还是群体旅游者，都是寻根、探根的最佳契合点之一。

3. 湘绣文化旅游主体形成的经济学动因

有着“中国湘绣之乡”美誉的沙坪，是一座拥有2000多年湘楚文化历史的湘绣小镇，从长沙马王堆汉墓中出土的绣品，印证着湘绣在沙坪悠久的历史。从西汉辛追夫人到乾隆时期的沙坪绣女陈九姑等，沙坪湘绣同时演绎着无数美丽的绣娘传说。近年来，湘绣作品更是作为国礼赠送海外，受到布什家族、奥巴马家族的盛赞。更有意义的是，湘绣作品还曾登上“神舟”号载人航天飞船，遨游宇宙。如今，走进小镇，一步一景，处处透露出绣品般的精致与秀美。在这里，人文精髓早已渗透进小镇上的一砖一瓦，被评为国家级非物质文化遗产全程传承保护基地。

在国家大力发展旅游产业以及长沙城市发展重心一路向北的趋势下，沙坪片区作为长沙市政府重点建设及开福区政府投资项目，以自然生态为基底、以湘绣文化为核心、以休闲度假为功能导向，在大旅游概念之下，将“湘绣产业、生态农业、艺术创意、养生养老、旅游度假”产业联动融合，大力发展湘绣文化、休闲观光农业、现代旅游和养老养生四大支柱产业，凭其不可复制的先天资源以及高屋建瓴式的后天规划打造最具湖湘文化特色的旅游地标级小镇，成为未来长沙市民及来湘游客的旅游新去处。“目前，片区已被成功评为国家3A级旅游景区，随着旅游综合服务设施的逐步完善，将力争创国家4A级特色文化旅游景区，树立湖湘首屈一指的国字号旅游品牌。”开福区商务和旅游局党组副书记、副局长刘家庆说。

沙坪小镇除孕育了2000多年的湘绣而名声在外，还保留着百年历史的汉回民俗村，是长沙市唯一一个少数民族聚居村落，它们和古铁炉寺、清真寺一道平添了小镇的民俗风情。开福区政府全资控股的湖南沙坪湘绣股份公司重新规划开发，将沙坪湘绣、汉回风情融合成片打造综合旅游景区，通过湖湘文化为原点来布局整个旅游休闲格局，带来全新的旅游体验。未来还将与周边的太阳山森林公园、苏托垸湿地公园串联成城北生态旅游链，打造2天1夜的都市轻旅行目的地。

伴随着改革开放的脚步，我国旅游行业经历了起步、成长、拓展，产业逐渐发展壮大，目前正走向综合发展阶段。随着我国旅游消费主力群体的消费意愿不断提升，国内交通基础设施的完善，行业收入目标突破7万亿元。据前瞻产业研究院发布的《中国旅游行业市场前瞻与投资战略规划分析报告》统计数据显示，2018年，我国旅游业发展迅猛，产业规模持续扩大，产品体系日益完善，市场秩序不断优化，全年全国旅游业总收入达 5.97 万亿元，对我国 GDP 的综合贡献为 9.94 万亿元，占我国国内 GDP 总量的 11.04%。旅游业带动相关产业和社会经济活动的全面发展，是我国经济发展的支柱性产业之一，旅游产业的发展极具活力。国内游市场是全国旅游市场的主力军，无论从人数还是贡献的旅游收入来看，都是我国旅游业主要的增长点。“十三五”期间，我国旅游业发展迅猛，产业规模持续扩大，产品体系日益完善，市场秩序不断优化，旅游及相关产业逐渐成为国民经济新的增长点。根据国家文化和旅游部数据显示，2018 年，国内旅游人数达到 55.39 亿人次，同比增长 10.8%；而国内旅游收入为 5.13 万亿元，同比增长 12.3%。近年来，我国国内交通基础设施建设不断完善推进我国居民在国内旅游。根据交通部的统计，截至 2018 年底，我国铁路营运里程达到 13.1 万公里，高速铁路运营里程超过 2.9 万公里。得益于我国高铁的快速建设，拉近了我国各城市间的距离，缩短了人们在城市间移动的时间，高铁已逐渐成为我国旅游消费者的主流交通运输工具。目前，我国 80、90 后逐渐成家立业，发展成为我国旅游消费的主要群体。据尼尔森数据统计显示，在消费意愿方面，90 后消费意愿为 63 点，高于 80 后（60 点）、70 后（54 点）、60 后（54 点），可以看出 80、90 后正在逐渐成为旅游消费市场的中坚力量。伴随着我国经济社会发展，居民可支配收入逐年增长，消费升级加快，用于旅游的花费越来越高，旅游消费成为一种刚需，大众旅游时代全面来临。根据国家“十三五”旅游业发展规划，我国旅游行业“十三五”期间的主要目标：城乡居民出游人数年均增长 10%左右，旅游总收入年均增长 11%以上。到 2020 年，全国旅游市场总规模达到 67 亿人次，旅游业总收入达到 7 万亿元，旅游业对国民经济的综合贡献度达到 12%。未来，我国旅游业依旧保持快速发展。据中国旅游研究院李局长公开评论表示，随着国家大力推行“旅游+”战略“全域旅游”战略“一带一路”旅游合作的实施，我国旅游业或将迎来提质增效的阶段，全球都将充分分享我国旅游市场带来的巨大红利。此外，由于国家实行“五天工作制”，“双休日”适合省内人们短期短途旅游，而“五一”“十一”“春节”等长假休息制，适合外地人们长距、长时旅游，这就增加了过境旅客选择湘绣文化旅游的几率。此外，据世界旅游组织预测，到 2015 年，全球将进入全民休闲时代，旅游热将持续升温。

湘绣作为一种古老且极具地域特色的传统工艺，其内容和形式随着社会的变迁而不断地演化和发展，在商品经济与工业文化的影响和冲击下，湘绣逐渐从自绣自用的原生态的存在方式走向了市场态的产业化发展之路。为落实打造百亿湘绣产业的目标，将创建以工艺美术学院、湖南湘绣城、湖南顺龙工美集团三位一体的湘绣科教园指导工作委员会，以长沙县湘绣产业园为抓手，促进湖南湘绣“学、研、产”全面发展。实施科技、旅游“绣女进绣庄”、“新侨创新创业”扶持计划，创立绣庄路特色产业街。2020 年，湖南湘绣将加速“湘绣、科技、旅游”融合发展，在湖南湘绣城打造一个繁华、具有湘绣文化底蕴的商业街区，使之成为湖南工艺美术行业的新地标。从 2020 年开始，湘绣产业促进协会计划用三年时间，筹备二千万资金，重点扶持 20 家绣庄。引导每个绣庄培养、招聘 1～3 名专业人才和新技术人才，实施“人才兴业”计划。同时，工艺美术大楼根据企业需求提供 40～100 平方米的创业空间（岗位）108 个，300 平方米创业空间 50 个。通过广交会、国外展会促推湘绣走向国际市场，明年计划将组织赴五个国家参会参展。搭建跨境电子商务平台，培训电商人才，在长沙县政府引进下深圳智易信息技术有限公司、宝蒂方蓝网络科技有限公司、重庆大龙网跨境电商。

这样，更多的游客拥有了用于旅游的经济实力，同时又拥有了用于旅游的闲暇时段，随着旅客基数的增大，选择湘绣文化旅游的现实游客和潜在游客将大幅增加。

4. 湘绣文化旅游主体形成的行为学动因

物以类聚，人以群分。根据有关消费者行为理论，一般而言，在人类社会中，处于不同文化背景下的人群，可分为民族群体、地理区域群体等不同的亚文化群体，这些亚文化群体中的人群，又可分为不同的社会阶层，相同或相似的社会阶层往往具有相同、相近或相似的人生观、世界观、价值观、消费观，乃至行为方式等。而消费者（游客）行为往往受直接或间接影响人们观点和行为的参照群体的影响较大。

当周围的亲朋好友、领导、同事、邻居或者明星等选择某种消费行为时，人们往往会采取趋同行为。同理，当身边越来越多的不同亚文化群体或参照群体进入湘绣文化旅游市场后，人们往往会愿意选择加入湘绣文化旅游的行列。

（三）湘绣文化旅游本体形成——湘绣艺术

1. 湘绣艺术基础——蚕丝与丝绸文化

早在原始社会初期，人们就已经发明了麻纺织、毛纺织、丝纺织和棉纺织技术。中国古代的蚕丝文化是中国传统文化的精华之一。在5000多年的历史长河中，从蚕丝的由来传说、诗歌、艺术、医药、丝绸之路，到蚕丝技术的传播，丰富了蚕丝文化，它曾在中国文明史和世界文明史上占有相当重要的地位。

西汉建元三年（公元前138年）至元朔三年（公元前126年），汉武帝派张骞出使，与帕米尔高原以西的一些国家建立联系，元狩四年（公元前119年），张骞第2次出使，从长安出发，随带"贵金、币、帛，直数千巨万"，用以馈赠沿途国家，实为官方商队，受到各国欢迎。最早使用丝绸之路的学者是德国地理学家 Fdinand von Richthofter（1833—1905）。丝绸文化对中国科技（纺织技术、造船技术、农作物栽培技术等）、生活方式（服饰、饮食和娱乐等）、意识形态（区分尊卑贵贱的服饰制度等）影响最大。

2. 湘绣本体表层艺术——湘绣技艺

春秋战国时期，楚文化进入以青铜冶铸、丝织刺绣、漆艺、道家哲学、屈骚文学、美术和乐舞为要素的鼎盛阶段，楚地巫风及神话传说为湘绣之源——江陵楚绣与马王堆汉绣提供了地域文化背景。

清朝丁佩《绣谱》以"以针为笔，以纤素为纸，以丝绒为颜色"形容刺绣。在百余年的发展过程中，随着时代和社会的变革、绣制材料更新、作品题材变化和刺绣针法创新，湘绣的独立风格及技艺体系逐渐形成；同时，通过艺术和技术的不断交流，经数代画师和绣工的努力，历经数年风风雨雨，逐步完善。

3. 湘绣本体物化形式——湘绣产品

19世纪末，绣工胡莲仙的儿子吴汉臣在长沙开设第一家自绣自销的"吴彩霞绣坊"，在湖南民间刺绣基础上吸收"苏绣""广绣"之优点，使湘绣针法以参针为其特色。"参针"也称"乱插针"，与齐针相对应。可表现物象的立体形态和晕染效果。参针中又有接参针、拗参针、直参针、横参针、毛针等。另有排针、游针、花针、钩针、孔针、刻针、打子等针法。其丝线，经过荚仁液蒸发处理后极光洁平整，劈丝细若毫发，有"羊毛细绣"之称。湘绣的风格是形象生动逼真、色彩丰富鲜艳、十分强调用色的阴阳浓淡、针法多变、劈线细致，绣工讲究“绣花能生香、绣鸟能听声、绣虎能奔跑，绣人能传神”。绣品还有荷包、怀镜袋、笔插、椅垫、桌围、枕套、帐套、帐檐、手帕、衣边、裙饰、腰带等。湘绣主要以纯丝、硬缎、软缎、透明纱和各种颜色的丝线、绒线绣制而成。其特点是构图严谨，色彩鲜明，各种针法富于表现力，通过丰富的色线和千变万化的针法，使绣出的人物、动物、山水、花鸟等具有特殊的艺术效果。在湘绣中，无论平绣、织绣、网绣、结绣、打子绣、剪绒绣、立体绣、双面绣、乱针绣等，都注重刻画物象的外形和内质。湘绣以中国画为基础，运用七十多种针法和一百多种颜色的绣线，充分发挥针法的表现力，精细入微地刻划物象外形内质的特点，绣品形象生动逼真、色彩鲜明、质感强烈、形神兼备、风格豪放，曾有“绣花花生香，绣鸟能听声，绣虎能奔跑，绣人能传神”的美誉。

长沙市将打造举国闻名的湘绣产品。沙坪小镇旅游品牌塑造灵感就是从湘绣多彩丝线中抽离出“五彩绣”的概念，从而打造一个全景体验系统，产品覆盖“食、住、行、游、购、娱”旅游全产业。开福区围绕“五彩绣”的主题来打造沙坪的品牌特色，将沙坪地区分为五彩地带，利用不同的建筑、作物、地被、水域等元素，从色彩和空间上诠释沙坪的五彩意向。五彩地带分别由核心项目引领，对应湘绣小镇、教育培训、养生养老、山林度假、艺术体验五大功能分区，为沙坪注入丰富的产业和旅游内涵。沙坪街道将作为五彩之一的“中国湘绣之乡”，着力推动沙坪湘绣产品品质化、行业产业化、发展数字化；以沙坪湘绣为核心吸引资源，将沙坪风情小镇打造成集“吃喝游乐购”等要素于一体的国家文化产业示范基地、两型社会城乡一体化示范基地。五彩之二是指省会工业新区，沙坪工业组团规划面积 17 平方公里，已入驻规模以上工业企业 69 家。预计 2015 年工业生产总值达 300 亿元，总规划人口 10 万人。沙坪街道将以工业化推动城市化，以城市化支撑工业化，实现产城一体，使之成为“两型社会都市型工业示范园、湖南工业经济新亮点、长沙工业新引擎”。五彩之三为市民休闲天堂。沙坪将引进农业产业生产基地，有意识地引导区域内的生态农业产业沿沙坪—汉回景观轴发展。在汉沙路沿线形成一条集湘绣文化、民俗文化、宗教文化、科教文化于一体的生态文化旅游带，打造湖南省旅游服务中心、省会市民生态观光休闲首选旅游区。五彩之四是健康养生福地。街道依托环境优势，加强与医疗单位的合作，引进老年人服务中心、老年公寓等，打造大型健康养老园区。五彩之五指的是生态宜居家园。街道充分利用区位、生态等优势，结合高岭组团和青竹湖片区，服务金霞经开区创建国家级现代物流园区，发展高品质生态商住产业，开发高端商务、商住楼盘，把沙坪街道打造成宜居宜业的新城。

4. 湘绣本体隐性艺术——感情纽带

中国和西方两大文明通过丝绸之路相互交流、相互促进，现代一些学者将"丝绸之路"誉为"世界历史"展开的"主轴"、世界主要文化的"母胎"、东西文明的"桥梁"。

1986~2010年，国家多次分批派出著名湘绣艺人周金秀、刘爱云等人远赴非洲、津巴布韦、美国等讲学并传授刺绣技艺，传播中国文化，增进国际友谊。值得一提的是，2010年11月，长沙市民间文艺家协会赴中国台湾地区交流访问。台湾新竹县请湘绣城为其绣制县花（茶花）、县鸟（五色鸟）、县树（竹柏）纪念品，还将专门为湘绣在中国台湾筹建"湖南湘绣艺术馆"。湘绣城不定期举办各类文化艺术休闲活动、艺术表演、中外文化交流博览，全部面向社会公众免费开放；先后接待韩国大使、土耳其参赞等国外友人，是了解湖南文化艺术的窗口。

（四）湘绣文化旅游通道形成

1. 政府关心与政策支持

旅游产业关联性强、牵涉面广，其发展依赖于各行各业的配合。从湖南省尤其是"长株潭、3+5城市群经济、文化及旅游业"本身的发展来看，不管是过去、现在还是将来，政府在文化旅游发展中始终起主导作用。如旅游市场促销活动、旅游节庆活动、旅游产品设计、旅游交通等基础设施的考虑，都是在政府的顶层设计、宏观调控和政策支持下完成。湘绣文化旅游通道的形成也不例外。

一是打造全国最大的刺绣生产基地及国家级非物质文化遗产保护研究重点基地。长沙市政府于2004年将湘绣城列入市重点工程，2005年将之列入《长沙市十一五文化产业发展规划纲要》重点扶植的八大主导产业之一。2007年7月列为"湖南文化产业示范基地""湖南省涉外参观定点单位"，2009年成为被中国文联及中国民协正式授牌的首家国家级非物质文化遗产保护研究基地。2010年，长沙市开福区委、区政府将发展旅游经济作为扩内需、保增长的重大战略，重点开发湘绣原产地沙坪湘绣城。

二是实施品牌战略联盟。在政府支持下，湖南星沙湘绣城相继与全国著名服装品牌广东“丝丽”、全国著名床上用品佛山“嘉美”、浙江柯桥著名纺织品牌“金涛丝绸”“长兴纺织”、中国四大名绣代表企业的粤绣深圳“金米奇”绣庄、苏绣苏州“大浩”刺绣工艺品厂、蜀绣重庆“候星工艺美术公司”以及长沙丝绸之路工艺有限公司等 8 家企业签订了招商入园经营合同。与美国著名连锁企业“APISAI 公司”正式签订营销合作协议，扩大湘绣对美出口。与上海捷达货运公司、海程邦联公司、老百姓物流中心建立了战略合作伙伴关系。

三是借助大型活动扩大影响。在政府支持下，2005 年 12 月举办湖南省首届文化产业发展高峰论坛。时任中国文联书记处书记白庚胜将湘绣城誉为中国文化产业发展的旗手。2006 年，召开“湖南省工艺美术产业博览会”，形成以“湖南湘绣城”为主体的工艺美术产业生产中心、展览中心和旅游中心。2007 年，全国第八届民间艺术博览会在湘绣城召开。湖南湘绣获得“山花奖”民间工艺美术奖，实现该奖项设立以来全国刺绣类（苏绣、湘绣、蜀绣、粤绣）零的突破。2009 年，“山花奖”终评在湘绣城召开。时任中国文联副主席、中国民协主席、国务院参事冯骥才主讲“全国民间文化产业高峰论坛”。2009 年，湖南省旅游商品博览会在湘绣城召开。世界各地的 55 个代表团参加湖南省旅游商品博览会，参评参展的企业有 1512 家，展品 10 万余件。2010 年 1 月 8 日，举办首届湘绣服装艺术节。2010 年 10 月举办首届湘绣文化艺术节暨第三届湖南省工艺美术品博览会，2010 年 10 月开启包括沙坪湘绣景点在内的长沙市“一日游”旅游线路，大大扩大了湘绣文化旅游景点的影响。

四是打造湘绣文化镇——沙坪小镇。作为沙坪小镇最核心的商业项目，总投资 7.4 亿元的沙坪绣坊街全长约 1300 米，南起毛家湾路，北至沙坪路，西邻新建的长青路，东近老长青公路，与现有的沙坪老街平行，总建筑面积达 13 万平方米。一、二层为商业店铺，三、四、五层为空中四合院，将沙坪湘绣文化底蕴结合现代旅游开发理念，形成一站式满足游客“吃、住、行、游、购、娱”需求的文化旅游商业街。

沙坪 · 绣坊街位于长沙城北，周边经开区、物流园、专业市场、高端住宅区密布，辐射 200 万常驻客群，填补了片区内吃、住、行、娱、购、游等商业综合体空白，是全国首个以湘绣文化为题材的特色旅游商业街。整条街分千年寻梦、绣女情怀、活力赏绣和魅力湘绣四段，布局追溯刺绣起源的女红广场、承袭楚绣情怀的辛追广场、追忆长汨古道的驿站广场、力创吉尼斯纪录的绣球广场、演绎湖湘文化的湖湘戏台、见证浪漫爱情的七夕广场六大景观节点，街区业态涵盖时尚旅游、文化艺术、特色美食、非遗展示等，规划有大师工作室、绣庄、湘绣主题文化酒店、湘绣艺术博览中心、湖湘特色美食中心、非遗展示中心、湖南旅游商品展示中心等多种主力业态，绣坊街建成之后，将成为集文化、旅游、商业于一体的一站式综合旅游商业街区。湖南沙坪湘绣股份有限公司董事长肖友义说，沙坪绣坊街布局的六大广场中，绣球广场将成为一大看点，该广场安放的绣球直径达 7 米，为绣女绣制。绣球除白天的展示外，晚上则通过 3D 投影，尽显湘绣魅力。经过前期建设，沙坪绣坊街 26 栋建筑已主体完工，并正式开街。全国唯一以湘绣为特色的休闲旅游商业步行街呈现在长沙城北，成为沙坪小镇景区的新去处。

2. 资源优势的无形互补

一般而言，旅游者在选择目的地时，一方面要重点考虑与自己所处地有自然、文化差异的地区；另一方面，对于相似的旅游地，一般选择距离较近的地方进行旅游。如果旅游地拥有的旅游资源具有一定的差异性和互补性，且相互之间距离较近、交通便利，则彼此可互为旅游目的地和旅游客源地。这样，旅游方式更易实现，可促进小区域内旅游发展的良性循环。此外，旅游资源优势明显、交通便利，距城市较近的地方会得到优先开发，将资源优势变为产业优势；而旅游市场相对较差的地域，市场规模较小，很难形成优势。根据梯度推移学说，当两者有机联合时，资源要素就会从强区转移至弱区。

沙坪村镇既富有良好的田园风光和农业旅游景点，又有沙坪湘绣这个文化旅游品牌无形的资源优势互补，大大推动了湘绣文化旅游通道形成。

3. 旅游合作模式的转变

作者认为，随着“行政区经济”的不断淡化，“旅游区经济”正逐步形成。一段时期后，“政府支持、市场主导、企业主体、社会参与”的旅游合作新模式将取代原有的传统意义上的“政府主导型”模式。各地的旅游要素流动将按照旅游业发展的内在规律和地区分工特点，在市场机制主导下，介入政府和民间力量，将会形成“旅游区经济”发展的良性格局，无障碍旅游区将会得以实现。因此，旅游合作模式的逐步转变，可大大促进湘绣文化旅游通道的形成。

有着“中国湘绣之乡”美誉的沙坪，是一座拥有 2000 多年湘楚文化历史的湘绣小镇，从长沙马王堆汉墓中出土的绣品，印证着湘绣在沙坪悠久的历史。从西汉辛追夫人到乾隆时期的沙坪绣女陈九姑等，沙坪湘绣同时演绎着无数美丽的绣娘传说。近年来，湘绣作品更是作为国礼赠送海外，受到布什家族、奥巴马家族的盛赞。更有意义的是，湘绣作品还曾登上“神舟”号载人航天飞船，遨游宇宙。如今，走进小镇，一步一景，处处透露出绣品般的精致与秀美。在这里，人文精髓早已渗透进小镇上的一砖一瓦，被评为国家级非物质文化遗产全程传承保护基地。

在国家大力发展旅游产业以及长沙城市发展重心一路向北的趋势下，沙坪片区作为长沙市政府重点建设及开发区政府投资项目，以自然生态为基底，以湘绣文化为核心，以休闲度假为功能导向，在大旅游概念之下，将“湘绣产业、生态农业、艺术创意、养生养老、旅游度假”产业联动融合，大力发展湘绣文化、休闲观光农业、现代旅游和养老养生四大支柱产业，凭其不可复制的先天资源以及高屋建瓴式的后天规划打造最具湖湘文化特色的旅游地标级小镇，成为未来长沙市民及来湘游客的旅游新去处。“目前，片区已被成功评为国家 3A 级旅游景区，随着旅游综合服务设施的逐步完善，将力争创国家 4A 级特色文化旅游景区，树立湖湘首屈一指的国字号旅游品牌。”开福区商务和旅游局党组副书记、副局长刘家庆说。

沙坪小镇除孕育了两千多年的湘绣而名声在外，还保留着百年历史的汉回民俗村，是长沙市唯一一个少数民族聚居村落，它们和古铁炉寺、清真寺一道平添了小镇的民俗风情。开福区政府全资控股的湖南沙坪湘绣股份公司重新规划开发，将沙坪湘绣、汉回风情融合成片打造综合旅游景区，通过湖湘文化为原点来布局整个旅游休闲格局，带来全新的旅游体验。未来还将与周边的太阳山森林公园、苏托垸湿地公园串联成城北生态旅游链，打造 2 天 1 夜的都市轻旅行目的地。

（五）湘绣文化旅游形成机制

主体、客体、通道和本体形成存在相互促进作用机制。在地理学、社会学、生态学、经济学、心理学等各类不同因素的促进下，湘绣文化旅游主体的需求呈现日益多样化、丰富化、高端化趋势，客体供给也必将形成更多的吸引力，而且主体的多样性需求，将直接或间接推动客体的形成，乃至客体日后的变迁与扩张；主体形成和本体形成之间存在导向和吸引等相互作用，而本体和客体之间存在载体衬托和促进作用；主体形成促进通道形成，而通道形成鼓励和推动主体形成；客体形成促进通道形成，而通道形成加速、支持和引导客体形成（如图 6-3 所示）。

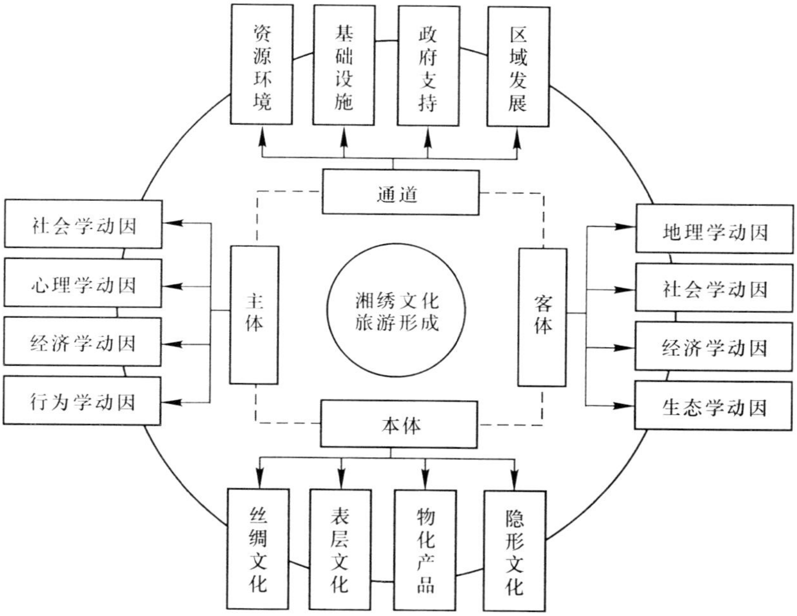

图 6-3　湘绣文化旅游形成机制

第三节　湘绣文化旅游基本属性

随着我国经济社会的发展和旅游产业的壮大，2020 年中国将成为世界第一大旅游目的地。在游客文化需求日渐高涨、文化旅游渐成时尚的背景下，对湘绣文化旅游这张湖南旅游“名片”的独特属性进行分析，将有助于湘绣文化旅游战略拟定、形象定位、市场占领和品牌培育等，从而推进湘绣文化旅游事业可持续发展。

一、学术界对于旅游属性和文化旅游特征的界定

旅游是一种社会现象，是人类社会生产力和生产关系发展到一定阶段的产物。学术界对于旅游属性的界定较少。吕莹认为现代旅游具有 5 个基本属性，即主体性、大众性、综合性、产业性以及社会影响的广泛性和深刻性等。南开大学王健 2009 年提出，旅游的基本属性包括市场经济的产物、综合性社会现象、本质是文化、具有非实体性、因运动而存在、作为一种多元系统网络结构而存在等六个方面。翟辅东在对旅游“吃、住、行、游、购、娱”六要素的理论属性进行探讨的基础上，提出了旅游学科体系结构的三个层次系统，即主体系统、动力系统和支撑系统等。

文化旅游是生产力和生产关系发展到更高阶段的产物，它是立足文化资源、满足文化需求的旅游。文化旅游是旅游业文化与经济双重属性体现的一种典型形态，它具有民族性、艺术性、神秘性、多样性、互动性等五大特征。陈永正指出，文化旅游与旅游的根本区别在于是否以创意为前提。从旅游者需求角度讲，在新旅游时代，人类的旅游需求已从较浅层次的“走马观花”式向较深层次的精神需求转变，包括社会交往需求、尊重需求、求知需求、审美需求和自我实现的需求等，从根本上说就是对文化的需求。从旅游心理学角度讲，旅游对象越具有独特形象和突出属性，就越易被游客感知。尤其是旅游对象的文化特质，将维持一种较长久的吸引力和影响力。

二、湘绣文化旅游的概念及属性

（一）概念与属性的关系

概念是反映思维对象及其本质属性的思维形态，基于人们认识事物的规律性，因而对某个事物的概念也有由最初形成的浅层次（先反映对象的非本质的特有属性）的日常应用型概念（也称初级概念）发展成反映事物的本质属性的深层次概念（也称“科学概念”）的过程。只有认识到事物的本质属性并形成科学概念时，才算真正认识了事物的本质。所以，对象往往具有多方面、多角度的本质属性。

逻辑学角度的属性，是指对象的性质及对象之间关系的统称。对象（事

物）的属性有特有属性和共有属性之分。对象的特有属性是指为一类对象独有而为别类对象所不具有的属性。而特有属性又可分为本质属性和非本质属性，本质属性是决定一个事物之所以成为该事物而区别于其他事物的属性，具有某事物固有的规定性和与其他事物的区别性这两个特点。本书中所指属性是指特有属性，即基本属性。

（二）湘绣文化旅游的概念

湘绣文化旅游是指游客为探寻湘绣起源、历史及其文化内涵、艺术境界、技术工艺，体验湖湘民间“活态”文化和古今“男耕女织”农耕文明等，以满足对乡土文化的高端需求、增强民族凝聚力和团结心的“原真性”旅游形式。

三、湘绣文化旅游属性分析

（一）基于地缘视野的属性——现实态沙坪旅游与虚拟态沙坪旅游并存的旅游

根据文化旅游的时空位移理论，旅游者对旅游地的认知，遵从背景律、接近律、相似律及其形象替代等空间规律，由于地域分异，游客通过对旅游目的地地理文脉的认知，形成旅游地“地方性”形象。

长沙3000余年历史及文化资源蓄集了无穷吸引力。湘绣文化便是其中耀眼点之一。众所周知，湘绣最早起源于长沙沙坪镇。近年来，湘绣文化旅游发展成以“沙坪·湘绣之乡”“星沙·湘绣城”和“八一路·湖南湘绣研究所”等三大湘绣文化旅游板块为主的空间格局。与此同时，随着全球网络营销的普及、发展和70后、80后、90后等新生代旅游群体的增长，以沙坪为地理标志的湘绣网络虚拟旅游空间将成为空间格局的“第四板块”。

（二）基于文化视野的属性——楚汉文化与女性文化结合的旅游

1. 体现楚汉文化的旅游

楚汉文化是湘绣文化的“灵魂”。据文献记载及考古发掘证实，战国时期楚文化核心地区湖南与湖北的刺绣艺术已非常成熟。《史记》云：“楚庄王有爱马，衣以文绣，置之华屋之下。”《礼记》有：“诸侯之棺，必衣絺绣。”

近年来，随着长沙烈士公园战国木廓墓（1953 年）、马王堆汉墓（1972 年）、湖北江陵马山楚墓（1982 年）等重大的考古发现，大量埋藏昔日楚汉地底的古绣品的出土，已基本廓清湘绣与楚汉刺绣的渊源关系。

2. 以女性为主导的旅游

（1）集中体现女性文化。无论是在人类社会发展初期的母系社会里上山采集棉花、纺织，还是在奴隶和封建社会里民间家庭劳作，如种养桑蚕、织染和刺绣等，这些都是女性的本分。刺绣的手艺，自古以来都是母传女、婆传媳，她们凭借着原始的古朴的丰富的想象力，把对亲人的关爱、对朋友的牵挂、对生活的向往，一针一线绣入。老年妇人绣的是慈祥的心态和对儿时美好的回忆，中年母亲绣的是夫妻恩爱和对儿女们的关爱，年轻女子绣的是儿女情长和对心上人的思念。

虽然清末男性著名画家杨世焯和新中国杨应修、黄淬锋等人对湘绣的发展做出了较大贡献，但从产品角度看，在一定程度上，湘绣文化是女性创造的文化。从马王堆汉墓出土的辛追夫人所着刺绣服饰上的乘龙飞凤、怪兽鸟燕、卷草祥云等，到带来第一次工艺革命的掺针法创始人李仪徽，从开办湘绣史上的第一家绣庄——吴彩霞绣庄的胡莲仙到使湘绣脱颖的著名绣女，如神针肖咏霞、柳敏姑、杨佩珍、廖家惠等，无不显示着女性及女性文化的魅力。而在当代，无论是绣品的产品定位，还是柔、美的艺术定位，都充分体现了女性特点。

（2）旅游消费者以女性群体为主。湘绣文化旅游虽然刚刚起步，处于萌芽时期，但在中国家庭文化背景下，也表现出其消费群体以女性为主的特征。如湘绣产品中的日用品（如被套、枕芯、口红盒、袖珍钱包、披肩等）和装饰性欣赏品（如立式屏风、墙画等），感兴趣、有购买欲和购买力的消费者大多为家庭主妇。

（3）湘绣创始及其市场源于女子远嫁。有文献记载，清代嘉庆年间，长沙县有很多妇女从事刺绣。祖籍安徽的湘绣创始人胡莲仙生于 1832 年，幼时随父江苏为官而长住江苏吴县研习刺绣和绘画，1862 年嫁给湖南湘阴人吴健生，婚后随夫回到湘阴，中年丧夫后便以刺绣手艺维持一家生计，1878 年迁至长沙，因授艺与曾国藩家族结缘，并于 1898 年开设吴彩霞绣庄，使“湘绣”之名初被外界知晓，此后结合湖南民间技法和需求，她不断改进刺绣技艺，并由其好友魏式女子（长沙县沙坪袁家冲人）推广到农村，形成了湘绣深厚的民间基础。

（三）基于经济视野的属性——生产力相对发达条件下的湖湘农耕文化旅游

湘绣文化的生成与我国远古文明有关。远古文化中，农耕文化是主流，是历史上唯一能使全世界50%以上人口得以生存的文化，人类只有脱离了饥荒的困扰，女子才会有余力和闲暇脱离田间劳作，从事织绣工作。众所周知，中国四大名绣的发源地均是当时全国相对富裕的地区，湘绣发源地——沙坪，也是当时长沙县农业相对发达、农村相对富足、男女分工相对明显的地区，农民只有基本满足了对生产用具（如水车、牛等）的低层次需求后，才有可能发展起“女工”和“刺绣”文化。所以，包括稻作文化、蚕桑与织染文化在内的“男耕女织”是远古农耕文化基本特征。中国南宋时期的《耕织图》，为南宋绍兴初年于潜县令楼帖任内所绘，宋、元、明、清各朝及日本、朝鲜等国有众多摹本流传，并通过陶器、壁画、雕刻、年画等载体广泛传播，在中国历史上形成了一种特有的《耕织图》文化现象，被誉为“世界第一部农业科普画册”，成为举世瞩目的珍品。

1. 稻作文化

学术界公认的中国稻作起源于长江中游偏南的武夷山及南岭一线以北的生态脆弱带，始于距今12000年前旧石器时代向新石器时代过渡期。世界上最早的普通野生稻和古栽培稻发现于湖南道县玉蟾洞（北纬25°35′），距今大约有12000~15000年的历史。先进的稻作文化为远古的湖南人民“男耕女织”生活提供了历史的时间背景。

2. 蚕桑文化

我国是世界上最早种桑养蚕的国家。《孝经》注引《援神契》载：“神农耕桑得利，究年受福。”《史记·黄帝内传》载：“黄帝斩蚩尤，蚕神献丝，称织维之功。”《皇图要览》又载：“西陵氏（嫘祖）始蚕。”《诗经》有云：“春日载阳，有鸣仓庚。女执氯筐。遵彼微行，爰求柔桑……”1926年，清华大学李济博士在山西夏县西阴村发掘到属于仰韶文化（公元前3000年）遗址的半个茧壳，20世纪50年代起，全国各地陆续发现多处骨、石、陶器上刻有蚕纹。现代考古学证明，新石器时代中期，中国便开始了种桑养蚕、取丝、织绸。北起大兴安岭，南至珠江上下，长江南北、黄河两岸，都有先民从事蚕桑生产的足迹。隋代以后，由于三国、两晋、南北朝时期黄河流域长期战乱的影响，蚕桑丝绸业重心逐步转移到长江流域及其以南地区。

鸦片战争后海运大开，丝绸对外贸易迅速发展，生丝外销价高，刺激了农民的养蚕积极性。清光绪甲午年（1894 年），湖南巡抚吴大微购湖桑苗，发给乡民种植。由此，常德的遭县、临遭和石门，湘中的长沙、湘潭、平江和益阳，湘南的衡山和牧县，湘西的辰溪、泸溪和溆浦成为清末和民国初期湖南的重要蚕桑产区。加上清末出现了脚踏木车，民国 20 年（1931 年）前后，全省土丝年产量均达 200 吨以上。同时开始大量生产丝棉。这为当时湖南女子从事刺绣提供了历史的物质背景。

3. 织染文化

中国南方的稻作民族不仅是农耕的始行者，也是纺织技术的发明者。同样在湖南道县玉蟾洞遗址，考古学家发现了以植物纤维为原料的粗糙编织纹印痕，商代及以后，丝绸生产及其织造手艺都有长足进步。此外，考古学上已发现的确证为家蚕的丝织物有河南荣阳青台村发掘到的公元前 3500 年左右的绛色罗，浙江湖州钱山漾发掘到的公元前 2570 年左右的平纹绸片、丝线和丝带。这为当时的湖南女子从事刺绣提供了历史的技术背景。

（四）基于艺术视野的属性——“活态”原真性艺术旅游

湘绣是非物质文化遗产，是特定文化系统的表现符号。千百年来，都是采用家庭“老”传“新”手把手儿教或“师父”带“徒弟”的“口”传“心”授方式，刺绣民间文化和技艺传承至今，是难得一见、难能可贵的原生性的活态艺术。从游客角度来看，“原真性”是最难能可贵的体验，原真性可分为旅游者原真性体验和旅游对象的原创性。中国传统文化等级观念（尊卑有分）、宗教思想（敬天祭祖）、宇宙思维（天人感应）、传承意识（永不忘本）、民俗传统（辟邪纳吉）在湘绣上融为一体，虽然有些思想显得不合时宜，但作为旅游产品的原真性，湘绣旅游地依然是游客心中的神圣之地。

（五）基于社会视野的属性——对内凝心聚力、对外文化交流的旅游

1. 对内，是增强民族凝聚力的有效途径

根植于楚汉文化、刺绣传统的湘绣，来源于湖湘民间，传承于湖湘民间，

创新于湖湘民间。湘绣从哪里来，到哪里去，湘绣为谁而绣，由谁来绣，富有地域差异感知的游客，对神秘的原生态民间刺绣手工艺抱有探求和学习的心理，不但有助于发掘和保护湖湘文化资源，弘扬和发展传统文化，更有助于人们了解人类文明历史进程，增进中华民族自豪感，陶冶爱国情操，是爱国主义教育和熏陶的有效途径。

2. 对外，是增强种族交流和文化合作的有效载体

旅游素有“民间外交”的美誉，对加强国际交流、缓和国际紧张关系，具有重大作用。湘绣文化旅游也不例外。很多具有“中国情结”的外国友人收藏了众多湘绣艺术品。1911 年和 1915 年湘绣分别参加了意大利都朗博览会和美国旧金山巴拿马博览会。20 世纪 30 年代，湘绣艺术家杨佩珍绣制的“罗斯福肖像”，被作为赠送罗斯福的礼品。文化旅游既是地方的，更是国际的。近年来，有近 20 万外国游客游览湘绣文化有关景点，大大增进了不同文化、不同种族人民之间的友谊。

第四节　湘绣文化旅游适应机制

任何事物的发生与发展都将经历系列的过程，当可预测事物发展趋势无可阻挡或不可逆转时，则需有相应的适应。对于旅游领域适应机制，以前少有探讨，仅张晓明于 2009 年基于探讨特定乡村（以西递村为例）为何选择旅游发展道路且长期延续，并最终走上以旅游为主导的道路，提出过起点(发展初始状态，由历史赋存和偶然事件组成）—动力（来自社会、文化、经济等，体现在人的空间固化、观念与行为的强化和社会关联的硬化）假说。还有学者认为，旅游活动中的“旅游者”和“旅游接待地”是一对矛盾体。

作者认为，湘绣文化旅游还属于新事物，还处于起步阶段，虽旅游主体、客体、通道和本体已基本形成，但不仅旅游“主体”和“客体”之间存在矛盾性，而且“主体”“客体”“通道”“本体”这四者彼此之间也存在“相容性”和“不相容性”的现象或可能。因此，促使它们四者间的相互适应非常必要，是关系到湘绣文化旅游可持续发展的重大问题，对于日后发展湘绣文化旅游产业、丰富文化旅游的理论和实践体系，

必将产生深远影响。

一、湘绣文化旅游现状

2010 年，湖南以“百家企业招商，千名绣工表演，万幅湘绣展示”为主题举办了首届湘绣文化艺术节，联合“苏绣”“蜀绣”和“粤绣”等发布《继承和发扬中国刺绣产业，联合申报世界非物质文化遗产》的《沙坪宣言》。长沙县沙坪镇因此渐入社会公众视野。

目前，沙坪湘绣游的形式为合作旅游模式，旅游的“主体地位”并不明显，影响力和美誉度还有待提高。2010 年，长沙市开福区委、区政府启动“开福一日游”精品休闲旅游路线，主要分为“觅古游”“快乐游”“生态游”三种类型。“觅古游”以“古城精粹”为主题，包括博物馆看文物、清水塘淘古董、潮宗街访金九（韩国著名的独立运动家和政治家，曾住在潮宗街的楠木厅 6 号）、开福寺数罗汉等，让游客饱览文化开福之风韵。“快乐游”以“快乐时尚”为主题，包括世界之窗登城堡、海底世界看表演、西湖楼品美味、挪亚游轮游湘江等，让游客感受时尚元素。“生态游”以“锦绣河山”主题，包括沙坪街买湘绣、铁炉寺品斋食、农家乐观鹭鸟、生态园赏葵花等，让游客体验生态开福、文体开福的魅力。

二、湘绣文化旅游主体适应分析——重点是“时空促绣”战略

“时空促绣”战略，是指利用不同的现实游客或潜力游客总是来自不同的时间和地域的特点，结合湘绣文化旅游无季节限制的优势，充分展现湘绣文化旅游的时空魅力，促进“湘绣游”的快速发展。

（一）游客（消费者）适应分析

1. 主体生态适应——亚健康人类的自然与文化生态适应

健康观念已从 1947 年“人们的身体、心理和社会适应等的良好状态”发展至 1986 年“新大众健康”，再至今日“生理、心理、道德和社会适应健康”理念。社会适应主要指人在社会生活中的角色适应，即在工作职业、婚姻家庭、学习及娱乐中的角色识别、转换和人际适应。

从生态学角度来分析，健康是人类充分享受物质文明、精神文明、政治文明和生态文明成果的最高追求。处于能量金字塔最高端的人类，通过复杂

的食物链与外界相连，通过体能、智能和情感能的流动达到和谐与平衡。而现实是，人类通过自然生态适应和社会生态适应来发展人类自身，消耗和浪费了大量的资源，人类生命质量退化与人类生存环境正日益恶化。大自然给予人类的“回报”日渐“丰厚”，水污染、大气污染、土壤污染等随处可见，与此同时，现代经济社会的高速发展、社会财富分配不公等不和谐现象，也使得人类随之积累的如心理失衡、精神抑郁、犯罪等“压力病”日益浮出水面。据统计，60%的人处于这种因不断恶化的自然和社会环境而产生的“亚健康”困扰中。只有适时释放压力，才能有效缓解，朝“健康”目标迈进。

众所周知，生物的生态适应是通过生物遗传获得的。人的生态适应通过生物遗传和文化传承而获得。因为人是生物的人，更是社会的人，人类对环境的社会适应性即是人类文化。所以，选择湘绣文化旅游是主体自然与文化生态适应的结果。

2. 入湘国内外游客潜力市场类型

虽然目前湘绣文化旅游的游客数量和规模较小，但其客源市场空间巨大，潜力无穷。客源潜力可分为以下四种类型：

第一，一级潜力客源。一级潜力客源是指近程游客，以湖南省尤其是“长株潭”3+5 城市群客源为主，旅游时间主要是周末小长假。

第二，二级潜力客源。二级潜力客源是指中程+短程游客，尤以广东、四川、湖南、江苏、云南等地客源为主。这类游客中的一部分来自同为四大名绣“苏绣”“蜀绣”“粤绣”的故乡，对湘绣文化旅游有天然的亲切感和强烈的共鸣；一部分来自“革命老区”“红色情结”较重，相对而言，对湖湘文化怀着较浓的景仰之情。

第三，三级潜力客源。三级潜力客源是指远程+辅助性游客。中国华北、西北、西南各省游客，尤以华北、西北游客为主。一方面，由于地理位置的差异性，北方游客对南方的山水有一种特殊而强烈的情感，在北方还是严寒枯冷的 3 月，南方已是春色盎然、柳浪闻莺的情景；另一方面，中华文明分为黄河文明和长江文明两大部分。黄河流域和黄河文明是中国古代的历代君王定都建朝之所，那里的游客，中华情结较为深厚，从某种意义上讲，对“丝绸之路”“农耕文明”有更深的眷恋，对湘绣文化旅游的兴趣更为浓厚。这种“过境旅游”的潜力不容忽视。

第四，四级潜力客源。四级潜力客源是指超远程游客，尤以外国旅游观光者为主。如前所述，由于湘绣文化的特质性，湘绣文化旅游并不是全民旅游，对“文化距离”有美感的游客相对而言选择的机会较大。旅游时间表现出无季节性。

3. 入湘游客性别与年龄结构特征

（1）入湘外国游客性别与年龄结构特征。分析《中国统计年鉴》和《湖南统计年鉴》数据，可以发现如下规律，2001~2010 年，入湘外国游客男性游客比例略高于女性，男性游客占 60%左右，女性游客占 40%左右。亚洲游客以日本、韩国和马来西亚游客为主，欧洲游客以俄罗斯、英国、德国游客为主，美洲游客以美国、加拿大和墨西哥游客为主，大洋洲游客以澳大利亚和新西兰游客为主。游客年龄构成有明显的区域特征，其中亚洲游客、非洲游客的年龄特征相近，25~44 岁比例最大，45~64 岁比例居中，15~24 岁比例排第三；欧洲游客前两项一致，游客比例排第三的是 65 岁以上的游客。而美洲和大洋洲游客的年龄特征相近，45~64 岁比例最大，25~44 岁比例居中，65 岁以上比例排第三。

基于这一趋势将继续保持的情形，湘绣文化旅游的外国游客市场潜力较大，必须结合上述特点，适应不国国别、不同地域、不同年龄的游客需求。

（2）入湘国内游客性别与年龄结构特征。关于入湘国内游客性别与年龄结构特征等方面的统计资料和数据鲜见报道，未能对此进行精确统计。

4. 入湘游客客流量分布特征

（1）入湘外国游客客流量分布特征。据《中国统计年鉴》和《湖南统计年鉴》数据，发现规律如下，2001~2010 年，从总体看，亚洲游客数量最多，欧洲游客数量第二，美洲游客数量第三，大洋洲游客数量第四，非洲游客数量相对较少。入湘客流量分布相对均衡，长节假日客流量达高峰，但总体上表现出第三季度最多、第四季度第二、第二季度第三、第一季度游客最少。游客出游目的也表现出一定的规律性，即会议/商务旅游和观光休闲这两类数量较多，服务员工和探亲访友相对较少。亚洲游客商务旅游人数较观光休闲多，而美洲、欧洲、大洋洲和非洲观光休闲游客较商务旅游的多。

2005~2010 年，湖南国际旅游收入在全国排名第 12 位（2008 年排第 13 位），2010 年收入达 906.22 万美元，较 2009 年的 672.70 万美元增长了 34.71%，但与排名前三位的广东、上海、北京（2005~2006 年北京第二，上海第三）相较，还有很大的上升空间。

（2）入湘国内游客客流量分布特征。入湘国内游客总体数量逐年增加，1995年为10.55万人、2000年29.61万人、2007~2010年分别为1.07亿人、1.27亿人、1.59亿人和2.03亿人，年度增长率分别为18.7%、25.2%和27.7%。2010年湖南国内游客量由高到低分布区域分别为长沙市、张家界市、衡阳市、湘潭市、郴州市、常德市、岳阳市、益阳市、湘西州、株洲市、怀化市、永州市、娄底市、邵阳市。

据实地调查，湘绣文化旅游全年客流量较为均衡，但寒假期间较少。

（二）游客（消费者）消费适应分析

1. 湘绣文化旅游适应游客景点类型消费

据问卷调查显示，游客对湘绣文化旅游景点或景区布局或设计较为敏感，亲子游玩区和亲身体验区较受欢迎，占60%左右，而文艺表演区和湘绣文化静赏区占40%左右。在功能分区时，要尽可能适应游客或消费者的现实需求和隐性需求，不断改进和完善功能分区及相关景区设施配备，边成熟边开发相关服务项目。

2. 湘绣文化旅游适应游客消费水平分析

（1）面向国内和国际的湘绣产品和文化旅游价格策略分析。湘绣文化旅游的开支不外乎“六要素”，即吃、住、行、游、购、娱等六方面。由于湘绣本体的特殊性和湘绣文化旅游的独特属性，与其他旅游相较，游客对于“购”的决策难度较大，其核心是价格问题。

（2）面向国内的定价策略分析。据调查，赴湘绣文化景点或景区旅游的四大类游客中，单纯以旅游消费为目的的游客、单纯以绣品消费为目的的游客、以旅游消费为目的去消费绣品的游客和以绣品消费为目的去旅游的游客之比分别为40%、20%、10%和30%，游客或消费者分别以团队游客为主、公务游客为主，家庭游客为主和单位游客为主。在现有湘绣绣品中，欣赏类产品中的挂件类、大型摆件类、小型摆件类等的销量分别占欣赏类产品总量的70%、20%和10%，游客或消费者以公务游客为主，家庭游客为辅。旅游类产品中的围巾、披肩、手帕、首饰盒等的销量分别占旅游产品总量的80%、15%、3%和2%，游客或消费者以团队游客和国内外散客为主。日用家纺产品类中，被面（被套、床罩、枕套等）和服饰（如衬衣、睡衣、旗袍等）的销量各占40%和60%左右，游客或消费者以单位游客为主，家庭游客为辅。这就意味着面向国内定价优先序应为：适当提高门票价格（目前是不收费，连程通票）；在确保质量的前提下，适当提高绣工工时价格，扩大旅游类产品的生产，提高市场占有率。

（3）面向国际的价格策略分析。

一是湘绣产品价格。有两种方式：第一，在全世界以相同价格出售湘绣产品。断绝灰市，控制国际市场。第二，成本导向定价。要侧重于考虑成本的补偿问题，即在成本之外加上一定的利润和税金形成价格。价格=产品的完全成本（1+成本加成率）/（1-税率）。这种虽然无法反映供求状况和市场竞争状况，但湘绣产品在国际上的地位无法替代。

二是湘绣文化旅游价格。湘绣文化旅游产品价格可基于货币对等原则进行适当调整，建议采用需求导向定价和竞争导向定价。

（4）普通城镇居民家庭支出日渐向“旅游”漂移假说。近年来，根据国家有关统计部门统计，我国城镇和农村居民的平均可支配收入逐年增长。在家庭八大类消费中，消费类支出（教育文化娱乐支出、居住、家庭设备及用品、衣着服饰、医疗保健）和非消费类支出（住房、转移性支出、社会保障类支出等）的比例呈现出一定的规律性。根据国家工资体系测算，对于中部省份一般工薪阶层家庭收入来讲，其中转移类支出、社会保障类支出的比例一般在5%和5%以内。

作者从旅游角度思考，提出家庭支出漂移假说。在家庭支出中，非消费类支出属强刚性支出，非家庭成员所能支配和控制，家庭成员只能理性支配消费类支出。而在消费类支出中，居住支出、家庭设备及用品支出具有中刚性，支出比例随物价上涨而缓增，衣着服饰与医疗保健属中软性；教育文化娱乐服务中，教育支出属中刚性，一定时期内呈稳定态；只有文化和娱乐支出属强软性。在收入有所增加，而家庭恩格尔系数日渐下降时的总体趋势下，随着家庭生命周期中结构和类型转变。家庭“健康”和生活品质的提高主要靠文化和娱乐来体现和达到，而人们随着文化教育程度的普遍提高，对文化和娱乐的追求倾向越来越转向旅游，尤其是学习型、知识型、艺术型、殷实型家庭更为明显，这将会导致家庭支出向旅游“漂移”。

以湖南省为例，2001年城镇居民人均消费性支出5546.22元，增长6.3%。其中旅游消费增长67.6%；2003年人均旅游消费支出为88.04元，2004年人均旅游消费为182.88元，增长近1倍；2005年为228.34元，增长

20.8%；2010年人均旅游消费为312元，较2009年增长42.2%，是消费类支出中增长最快、增幅最大的项目。

三、湘绣文化旅游客体适应分析——重点是“形象塑绣”战略

“形象塑绣”战略是指利用旅游景点、景区布局和服务质量来塑造“湘绣游”的整体形象，增加客体吸引力。

（一）旅游景点形象设计适应分析

根据CIS理论，景点形象是指景点在社会公众心目中形成的图景和造型，是景点文化的综合反映和外部表现，是公众以其直观感受对景点做出的全部看法和评价。具体体现在景点的理念形象、视觉形象和活动形象上。本节以沙坪景点为例进行说明。沙坪是湘绣的发源地和湘绣的形象载体，要科学合理地设计湘绣文化景点形象，使之备受中外游客的青睐，从而将湘绣打造成湖南更耀眼的“文化名片”，推进湘绣文化旅游崛起，提高客体适应性。

1. 长沙县沙坪镇湘绣文化景点形象上的不足

（1）景点理念形象的不足。目前，沙坪尚未对湘绣肩负的社会和文化使命、景点地理性格与精神性格、景点运营与服务理念等进行明确定位，导致景点的理念形象不够明朗，对发展方向存在一定程度的“迷茫”。

（2）景点视觉形象的不足。主要表现在立体资源利用不足，导致景点缺乏丰富度。目前，游客可驻足游览的是沙坪湘绣产业园，包括明清风格建筑特色的湖南省沙坪湘绣博物馆（湘绣文化广场）、中国工艺美术湘绣大师楼、沙坪老街、“江南水乡”风格的沙坪新街及撇洪渠、湘绣演艺中心和湘绣大师工作室。实际上，湘绣发源地沙坪镇地属长沙县，拥有如土地、景观、产业、文化、人物等丰富多样的立体资源，目前尚未充分利用这些构成旅游景点的要素。与此同时，景区内尚未形成统一的标识，没有建立统一规范的解说系统，从而导致景点格调单一、游客活动范围狭小、停留时间短。

（3）景点活动形象不足。

第一，对外活动形象的不足导致景点缺乏显示度。一是形象广告很少。目前，沙坪以提高知名度和声誉为目的的战略性广告和以提高市场占有率为目的的战术性广告未有效运作起来。尤其对于沙坪这个崭露头角的“AAA”

级景区和“湘绣地理标志”的宣传还远未到位。二是旅游公关力度不够。由于与各大网络尤其是“广电湘军”的联系和合作不够深入，沙坪形象对外有效“输出”较少，知名度和显示度不够，导致人们对湘绣的认识大都停留在“儿时受教育”感知的层面。除在沙坪举办首届湘绣文化艺术节的新闻略有显示外，网络上多为推介产品的“碎片式”宣传。

第二，体验项目设计的不足导致景点缺乏亲和度。起源于20世纪40年代的体验经济理论使“体验”日渐成为新的旅游价值新潮流。景点所能提供给游客的独特的、个性化的体验活动项目，必将在游客心中留下深刻的、难忘的烙印，继而对景点产生持久的印象和好感，从而景点的吸引力也将无形增强。目前，沙坪景点策划中，对活动形象和游客体验项目的重视程度还远远不够，游客体验度差，由此导致其与景点间的亲密度不够。

2. 湘绣文化景点形象设计原则

（1）文化原创性原则。文化原创性原则是指沙坪作为湘绣起源地，本身具有地理、文化资源上的独特原生性、原创性特质，因此在景点布局、功能分区、体验项目、游客服务品质等方面，不能照抄照搬别处景点的做法，要专为服务游客精心设计，处处体现差异化的创意。

（2）利益整体性原则。利益整体性原则是指沙坪景点在国家宏观政策调控和政府主导的大框架下，要在注重社会效益、产业利益的同时，更加注重顾全农民利益，大力满足消费者即广大游客的需求。

（3）生态美学原则。生态美学原则是指注重自然环境生态美，注重农业资源应用美，注重自然与人和之色、自然与人造之形、自然与人情之味、自然与人心之声的协调共生，使游客在沙坪享受到视觉、听觉、触觉、嗅觉、味觉和心灵感觉的盛宴。

3. 湘绣文化景点形象设计策略

结合作者对沙坪的了解和工作实践，对沙坪湘绣文化景点的形象设计可从以下三方面入手。

（1）理念形象设计。可根据沙坪的湘绣地理和人文文脉，在注重社会担当、产业使命、意境营造的前提下，从以下几方面进行理念形象设计。一是地理性格定位，如“湘绣之乡”。二是社会使命定位，如“让湘绣走向全世界”。三是文化使命定位，如“弘扬湖湘文化，彰显中华特色”。四是湘绣产业定位，如“培育湘绣品牌，绣尽万物风华”。五是沙坪小镇定位，如“院落式风情小镇/湖湘文化小巷”。六是经营理念定位，如“一针一线，一丝一缕，皆以品质赢天下”。

（2）视觉形象设计。一方面，加强沙坪景点的标志设计，如设计统一的图案、文字标准字形、字体以及标准色，尤其是标志、广告宣传品、建筑及其装饰、陈列展示，注重建筑物布局与风格、景点象征图案、吉祥物、口号、旗帜、标识牌、景点服务人员的佩戴服饰服装等，尤其要建立起完善的景区交通导引系统和景区动、静态解说系统等。

另一方面，结合乡间院落，营造难忘场景。如出水芙蓉的清纯乡里、芍药带雨的新潮城镇，或农闲时节，或工作之余，庭院里、商店旁、温婉老儒、丰润少妇、清纯小女，一簇簇、一团团，坐在一起穿针引线，或谈笑风生，或窃窃私语，或低声吟唱（如七彩花线细又长，绣双鞋垫送情郎，物轻人重奴情深，伴君稳步走四方。七彩花线细又长，奴家日夜绣花忙，黄连怎知相思苦，万线千针寄鸳鸯。七彩花线细又长，情人行商在他邦，莫踏野花勿重财，榴子红时还家乡……旁边还可衬一些古色古香的展示板），那动作、那神情，柳摆春风，花枝招展……由内而外散发出中国女子娴雅与文静、勤劳与贤惠、温柔与善良的传统风韵。

（3）活动形象设计。一是在形象广告的宣传与策划上下功夫。如“沙坪，现代男耕女织的诗意生活”“女红之妙，十指风韵”等。二是着力在旅游公关上下功夫，如“湘绣天下，五彩沙坪”“文化之旅，心灵之旅，时空之旅”，或是借助文学剧本、影视创作、电视节目等，加大旅游公关力度。三是在体验项目设计上下功夫。配合主景点的游、购、娱项目，充分利用沙坪的土地（如动植物生态、山林农田水文等）、景观（如四季田园风光、休闲农业资源等）、产业（现代农业和手工业资源如湘绣等）、文化（农耕文化、湘绣文化等）、人物（当地历史和现代知名人物、拥有特殊技艺的大师级绣工资源）等五大立体资源，设计供游客游憩、参与、体验的辅助项目，如“亲手绣湘绣”坊、“采摘园”“亲子园”等。

除形象设计外，形象宣传也是重要环节，宜采取品牌营销策略，谋划形象；在各级载体提供湘绣文化旅游信息；加强与媒体合作，做专题采风；参与各级政府的经济活动如洽谈会、交易会、展览会；深挖当地传统习俗文化，举办节庆活动；和客源城市的有关部门合作，尤其是旅行社要积极推介，组织客源，把湘绣文化旅游列入“菜单”。

总之，要以沙坪景点整体形象、高丰度风景风情、高素质现代农民群体、高效率旅游服务软环境丰富游客体验，加深游客好感，增强景点吸引力，将湘绣打造成湖南“文化名片”之一，从而推进湘绣文化产业的快速发展。

（二）旅游景区整体布局适应分析

1. 整体布局体现一、二、三产业系统耦合

湘绣游景区布局要以“中国乡村游”和“中国文化游”为着眼点，体现湘绣游业内的第一、二、三产业的耦合，形成“刺绣文化产业”“生态旅游产业”和“现代休闲农业”互补共进、协调发展的整体布局。

第一产业：以自然山水为载体，设计一定面积的种桑养蚕观赏区，果蔬采摘区、田园风光欣赏区等。

第二产业：各种不同时期的抽蚕丝、剥蚕茧、织染技术展示区、刺绣绣工现场演示区等。

第三产业：一是分期建立各类“静态”博物馆、风情馆等，如中国四大名绣博物馆（全国刺绣艺术中心）、湘绣文化博物馆；二是湘绣文化“活态”文娱体验区，如亲子游乐区，亲身刺绣体验区、DIY 作坊等。

在整体布局上，还应体现这三个产业的生态学耦合。一是体现完整的湘绣本体的产业链，二是注重各个环节的清洁生产，三是侧重三大产业的生态和文化融合。

2. 湘绣旅游景点及周边布局

一是大沙坪布局——生态城镇。生态城镇是指“遵照生态学原理建立的一类社会、经济、自然协调发展、物质、能量、信息高效利用、生态良性循环的人类聚居地”。

二是湘绣旅游内部景点功能布局合理。周边旅游服务设施配套，如交通、绿化、就医、商业、餐饮、酒店、休闲广场等。

三是与当地休闲农业和乡村旅游连成一体。

（三）旅游服务环境适应分析

随着湘绣文化旅游由起步阶段逐步过渡到发展阶段，游客对湘绣文化旅游的认知水平由知晓程度向了解、信任和购买阶段过渡，越来越多的潜在游客将变为现实游客。可预测的游客量增加，将无疑为景区的接待能力带来一

定的压力。服务环境如何适应湘绣文化旅游的快速发展，将是摆在景区管理人员面前的一道难题。

1. 景区人员服务游客适应性分析

景区人员服务游客适应，应包括以下两方面，一是需要增加景区工作者，二是提高景区工作者的服务和接待技能。主要包括提供更宽泛的服务和履行职责，改善市场推广和公共技能，在服务上要努力做到态度热情，以较好的人文素养示人，注重细节服务。

2. 景区设施服务游客适应性分析

景区设施服务游客适应性主要包括三个方面：一是具备合理的生态承载力，含自然环境容量、人工环境容量和社会环境容量；二是提供人性化服务设施，满足游客多样化需求；三是及时维修与养护相关设施。

四、湘绣文化旅游通道适应性分析——重点是“规划助绣”战略和“产业强绣”战略

（一）政府规划适应性分析——重点是“规划助绣”战略

2009年，国家出台了文化旅游业发展指导意见，对全国文化旅游业的发展提出了“做好战略规划”、进行“生产性发展”等方面的指导意见。

结合湘绣文化旅游的现状，政府规划适应性主要在对湘绣非物质文化遗产进行生产性发展与生产性保护的基础上，体现在做好战略规划，形成五大圈层。分步推进区域无障碍旅游合作。无论是旅游资源开发、线路设计、客源互动、企业经营，还是旅游形象塑造、产品定位、行业规范、公关协调、文化培育等，进行全方位合作。

第一圈层：将远期规划和近期计划有机结合，实施“百家绣厂、千家绣庄、万户绣坊、十万绣娘”的湘绣“百千万”振兴工程，建设湘绣文化产业园区、湘绣特色产区和湘绣文化旅游风景区。打造好湘绣游三大主要板块景点，如湖南湘绣城，以外贸为龙头，以工业为基础，以园区为基地，以创新为动力，以文化为品牌，以旅游为辅助，以效益为中心。需突出刺绣工艺、观光旅游、服装布匹三个主题，组建抽纱刺绣、布艺和雕刻、陶瓷工艺、织锦蜡染、服装鞋帽、包箱手袋、丝绸布匹、轻纺辅料、床上用品、食储物流十大主体产品市场，形成功能分区明确、绣种齐全、产品丰富、质量精美、

生产原辅材料配套、物流出入便捷的全国最大刺绣生产基地和旅游中转站。

第二圈层：省会长沙加快向北发展，带动区域旅游“向北游”，打造开福旅游。依托丰富的山水资源优势、绿色生态优势、宗教文化优势和红色旅游资源优势，重点开发湘绣原产地沙坪湘绣城、楠木厅 6 号金九活动旧址提质改造和金色比华丽酒店、湘江世纪城酒店等旅游项目建设。强调利用本地资源，包括各种原材料和人力资源，优化配套相关产业，在本地生产和销售产品，形成完整的产业链，最大限度地使旅游收益留在本地，避免农业旅游发展过程中出现“飞地化”“城镇化”。

第三圈层：形成“泛长株潭”旅游合作区，西进“大湘西旅游圈”，北入“洞庭湖旅游圈”，南融“大南岳旅游圈”。

第四圈层：融入“泛珠三角旅游圈”。泛珠三角旅游城市包括成都、广州、海口、福州、长沙、南宁、昆明、贵阳等。建立合作旅游联盟，畅通旅游链。

第五圈层：旅游圈辐射港澳台乃至全球。联合中国香港、中国澳门、中国台湾等地，将区域扩展，与国外客源互流、旅游互动。

（二）湘绣文化旅游产业适应性分析——重点是“产业强绣”战略

作者认为，湘绣产业具有劳动密集带来的就业优势，且不受国际贸易配额限制的产业特性，湘绣文化旅游产业具有不可估量的潜力和优势。湘绣游产业由核心产业、关联产业和支持组织组成，且在一定的条件下，它们可组成有机联系、功能全面的产业链，并形成宏观、中观、微观动力系统。

1. 湘绣文化旅游产业组成探讨

湘绣文化旅游产业主要由核心产业、关联产业与支持组织组成。核心产业由文化生态型住宿产业（旅馆）、文化生态型交通、文化生态型旅行社、文化生态型娱乐项目、文化生态型餐饮业、文化生态型旅游商品、生态环境监控与保护等组成；关联产业由休闲产业、桑蚕织染业、艺术产业、手工业、信息技术产业等组成；支持组织由学术科研机构和高等院校、培训教育与资源管理机构等组成。

2. 湘绣文化旅游产业链组成探讨

湘绣文化旅游的核心产业与关联产业在时间空间、资源互补、产业上下游等方面有机衔接，在具备生产阶段化、产品可流动等必要条件和产品差异化、价值链体系较全、创新环境好以及旅游市场潜力大等充分条件时，将形成完整的产业链。在源动力（游客需求与供给，旅游行业和湘绣企业利益驱动）和次生动力（如支持组织支撑等）的驱动下，湘绣文化旅游产业将步入可持续发展的快车道。

（三）湘绣文化旅游管理适应性分析

1. 旅游管理将由结构化向功能化旅游转变

湘绣文化旅游政策和管理的最终走向将是由结构化的旅游管理走向功能化的旅游管理，实现途径是旅游管理的专业化、集约化。湖南省各级政府是协调湘绣文化旅游组织的发展进程并最终迈向区域旅游组织的牵头人，区域旅游组织的级别相较于分属各市、县的旅游组织，据相关经验，其形式可参照责任有限公司执行，专业化导向旅游目的地的集约管理。

2. 湘绣企业的行业管理将由散户管理向层次管理转变

根据利益主体理论，不同的利益群体，在管理湘绣资源方面作用不同、地位相异，优势领域和积极性发挥差别很大。

具体而言，政府部门有旅游部门、环保部门、文化部门、民族宗教事务局、建设部门、园林部门、乡镇企业局、各相关乡政府、当地社区、“长株潭”管委会等。

企业有长沙沙坪金球湘绣有限公司、湖南湘绣城、长沙市开福区手牌湘绣厂、湘女绣庄、长沙市开福湘绣研究所、湖南沙坪天利湘绣有限公司、长沙市伊飞湘绣有限公司、青竹湖绣庄、长沙市玉玲湘绣总厂、长沙县双起湘绣厂等。

研究机构有湖南省湘绣研究所、湖南省社会科学研究院、湖南省“三农”问题研究所等。

高等院校有湖南农业大学、湖南工艺美术职院、湖南商学院、湖南师范大学、中南林业科技大学等。

基层组织有长沙市湘绣协会、妇联、湖南省休闲农业协会、共青团、旅游合作社等。

国际组织有世界非物质文化遗产保护机构等。

结合湘绣企业的行业管理需求，在湘绣文化旅游走向发展期时，在条件许可的情况下，必须对不同利益群体进行科学的管理能力考核与评价，以促进将来的湘绣文化旅游的管理适应。内容包括七方面，即管理或权力机构分析、对文化传统保护的重视分析、对当地社区发展的重视分析、组织能力分析、专业知识和技能分析、经营能力分析和资金水平分析。

（四）市场环境适应性分析

1. 市场规划适应性分析

湘绣文化旅游的可持续发展，离不开科学合理的市场规划。理想地说，一个好的市场发展规划，应该达到三个条件：一是能保证市场最大的经济增长；二是对现有和潜在财富和资源尽可能公平地分配；三是对自然环境破坏的最小化。在湘绣游的市场规划适应里，应坚持内源式发展。内源式发展（Endogenous Development）指某个区域的经济结构建立在当地自然条件、文化传统、技术的基础上，深入研究外部的经济环境，以促进区域内部经济链条上的收入增长。就湘绣游而言，结合三个条件和内源式发展的内在要求，需注意三项原则：第一，发展的基础是湘绣游景区及周边的资源和潜力；第二，开发湘绣游的前后向联系，将第一、二、三产业有机联系，促进就业和提高收入；第三，推动与湘绣、湘绣文化、湘绣文化旅游有关的阶层、机构和组织参与。

2. 准确的潜力分析

在事物发展中，潜力是指能促进事物发展的各种现有的和潜在的资源。广义概念，既包括普通意义上的自然资源、技术、资金、信息等社会资源，还包括在这些资源基础上发展的或可以发展的产业或活动。

湘绣历史悠久，劳动密集带来就业优势，且不受国际贸易配额限制，具有巨大的潜力。就湘绣文化旅游而言，发展潜力可分为初级（一级）潜力、二级潜力、三级潜力、四级潜力等多个级别的潜力。基础潜力是最原始、最基础的现有资源，如现存自然资源、蚕桑织染原料等。一级潜力是利用基础潜力发展的产业或活动，如湘绣等。二级潜力是利用基础和一级潜力发展起来的产业或活动，如湘绣产业。三级潜力是指利用前面的几级潜力发展起来的产业或活动，以此类推。四级潜力是在三级潜力基础之上结合当下时代发展热点，以创造符合年轻人喜好并适用于传承的湘绣文化。发展潜力分析最后结果是一个包括基础潜力、初级潜力、二级潜力、三级潜力、四级潜力等的简单矩阵。因主题限制，在此不作深入的潜力分析。

3. 市场战略适应性分析

孙子兵法："故善战者，求之于势，不求于人。"市场竞争战略理论认为，首先应对竞争者进行分析，因知己知彼，才能取得竞争优势。其中，最关键的是市场竞争者识别。根据产品生命周期和市场营销有关理论分析，湘绣及文化旅游在业界应当定位于市场挑战者，且可从以下两方面进行适应。

一是努力提高市场占有率。相对于中国四大名绣中的其他三种，无论是湘绣文化旅游，还是湘绣产业，最理想的市场占有率为40%~50%。尤其是占领日韩市场，日本和服和韩国绣服使用量大，日本人均拥有和服1~2套，而韩国青年结婚至少须备6套绣服供婚宴新郎、新娘及双方父母使用。

二是采取恰当的宣传与促销方式。根据市场营销学相关理论，结合人们对产品的认知规律和调研情况，作者认为，基于当前湘绣文化旅游正处于起步期（即介绍期）、人们对湘绣文化旅游的认识处于知晓期的特点，应当采取以广告和公共关系为主、人员推销为辅的市场营销战略。

4. 虚拟市场环境适应性分析

理论上讲，并不是所有的中国人，或者是地球上的所有人都有机会来湖南、来湘绣景区进行实地旅游，获得常规意义上的旅游体验。总有相当一部分人因为不具备条件，或经济条件，或身体条件，或时间条件等而不能前往。现代社会，这些人潜藏的愿望可通过现代科技支持下的虚拟旅游（即网络旅游）来实现。

虚拟旅游并不离开常住地，而是将"旅游景点搬回家"，虽然并不能完全代替旅游活动中的人际交往、环境体验等要素，但在实现路径与感知效果上，与真实的旅游体验有着惊人的相似性。斯丹木布里斯、斯堪尼斯指出体验的再现和模拟有助于延伸目的地与旅游者之间的交互关系，从而有助于体验的重现。

李君轶对Web旅游数据和实地调研旅游数据的相关性进行了研究，得出实地调研数据（实际需求）和Web数据之间具有很强的关联性，不论是客源市场的空间结构或时间分布，两者均具有高度的一致性。

在现代条件下，消费者对虚拟旅游的体验似乎满意，并且在模拟环境中旅游已经是社会事实。由于种种原因，世界上许多人不能前往上海参加2010年上海世博会，但无数人通过网络对其进行了身临其境般的虚拟旅游。正如

《古墓丽影》模仿劳拉寻宝，反恐精英模拟反恐现场，虚拟旅游是模仿真实旅游，可体现和谐性与公平性，为残障人士、不易出家门的老年人士提供服务。与此同时，虚拟旅游体验者往往是潜在旅游者，通过旅游网站进行虚拟旅游，获得镜像体验，实现对旅游产品的“试用”，从而可为其旅游决策提供参考。这为解决旅游产品“客货不可见面”的弊端寻求了思路。

CNNIC 于 2012 年公布的《第 19 次中国互联网络发展状况统计报告》显示，全球网民已超过 15 亿人，我国网民达到了 2. 25 亿人。

因此，湘绣游虚拟市场适应的关键在于集成网络广告、许可 E-mail 营销、个性化营销、会员制营销、网络视频等网络营销方法优势，建立强大的网络营销系统，开辟并全方位覆盖全球市场。

五、湘绣文化旅游的本体适应性分析——重点是“品牌立绣”和“特色兴绣”战略

（一）产品适应性分析

本体适应性主要是湘绣产品适应性，关键是寻找差异性需求。湘绣文化旅游不同于传统意义上全民同乐的旅游，主要应根据不同性别、年龄、职业、收入的消费群体来确定核心产品、有形产品和附加产品。特别要体现“一站式体验”“一站式满足需求”等特色，并针对不同的游客群体，设计、开发不同的核心产品、形式产品和附加产品，从而形成湘绣文化旅游产品品牌。湘绣产品目前已经经历了 20 世纪 80 年代的品牌无意识阶段、80 年代末至 90 年代中期的品牌模糊阶段和 90 年代中后期至现在的品牌认知阶段。

1. 核心产品设计策略分析

核心产品是为满足游客特定需求提供的效用和利益，是最具特色的卖点。功能上是广大游客能参与体验的体验型产品，具有生命力的产品。

对于湘绣文化旅游而言，就是要设计一系列能满足不同游客的核心产品，并赋予产品特定的感情色彩。

第一类，设计开发“我能动手做什么”为核心的产品。比如，DIY 亲手绣花鞋体验作坊、亲手绣围巾体验作坊等。此类产品主要适合学生游客、家庭游客等。

第二类，设计开发“能为我做什么”为核心的产品。比如，家庭结婚纪

念绣像、小孩成长纪念绣像，旅游纪念像等。此类产品主要适合家庭游客、外国游客等。

第三类，设计开发“我需什么做什么”为核心的产品。比如，按照游客意愿订做高档礼品等。此类产品主要适合公务游客，如单位、官方游客、外国游客，同时也适合个体游客或家庭游客。

2. 形式产品设计策略分析

形式产品是指游客所需产品实体的颜色、式样、质量、特征、牌名、包装等具体外观。

第一类，外周产品设计开发。功能上属观光型产品，适合青少年、老人、单位和外国游客等。如湘绣文化景点或景区附近或周边优美的自然景观、浓郁的田园风情、温馨的休闲氛围等。

第二类，室内产品设计开发。功能上属认知型和实用型产品，适合青少年、研究型、学习型游客等。除现在湘绣产品外，可另设计开发一类颇有特色的绣品馆，如湘绣名人展示馆（湘绣名家、艺人）、世界名人（各类明星、艺术家、政治家、军事家、企业家、哲学家等）绣像馆、世界名胜遗风绣品馆（各地著名风景采风、民俗等）、世界童话寓言绣品馆（安徒生、格林、伊索等）等。

3. 附加产品设计原则分析

附加产品是游客购买形式产品时获得的全部附加服务和利益，即产品带给游客更大的满足。如免费寄送货、上门安装、售后保养等。湘绣游的附加产品设计与开发要注重快速、精准、即时原则。要设计与开发适合不同运输（送达）方式（如邮寄、物流派送、随时携带需求）的产品，适合不同用法（如壁挂、桌椅摆放、厅堂摆放等）需求的产品等。

（二）教育与研究适应分析

1. 非物质文化领域的国际环境适应

湘绣文化旅游本体是“湘绣”，而“湘绣”体现的是非物质文化。准确分析当今时代和未来50年非物质文化领域的国际环境，将十分有助于湘绣文化旅游的发展定位和战略制订。

（1）如何适应21世纪初非物质文化领域的现有国际环境。一是国际文化呈现出多样性特征，且文明水平不同；二是国际文化结构呈现出强势文化、弱势文化和网络文化特征；三是包括文化遗产保护、交流和贸易、协定和组织等在内的国际文化制度日益完善；四是从个体层次到国际体系层次的国际文化互动日益频繁。

在此环境下，湘绣和湘绣文化旅游已成功开拓部分国内外市场，但如何彰显出更强的表现力和竞争力，以吸引越来越多的关注目光，更好地丰满地域形象、区域形象乃至国家形象，是摆在各利益主体面前的重要课题。

（2）如何适应21世纪初非物质文化领域未来50年的国际环境。一是世界文化多样性和文化收敛性并存，知识和生态文明将代表人类文明的前沿水平和发展方向，工业文明和农业文明将被知识化和生态化；二是国际文化结构不均衡，网络文化成为新型文化；三是国际旅游制度、科技交流和合作制度会进一步发展和完善；四是国际文化制度中关于国际文化遗产保护和文化多样性的关注会继续加强；五是国际文化互动将是合作、交流、竞争和冲突并存，并将可能产生文化中心化、文化边缘化、文化遗产化、文化消失化和文化商业化五大趋势。

在此未来国际环境下，湘绣和湘绣文化旅游将面临良好机遇和严峻挑战，如何高瞻远瞩、运筹帷幄，如何对之进行SWOT分析并寻找出相应对策，以更全面、更系统地展示湘绣和湘绣文化旅游的形象贡献、生态贡献和经济贡献，是众多高校、企业、政府和商家必须高度关注的话题。

2. 教育适应性分析

（1）国民广普教育适应性的三大措施。一是加大湘绣文化宣传力度。在无农不稳、无工不富、无商不活、无旅不优的新时代，倡导大文化观念，增加人们对湖湘文化、农耕文化乃至中华文化等的文化认同和文化自尊，让湘绣文化成为凝聚人心的重要力量之一，使湘绣文化在社会矛盾凸显期发挥积极作用。可在中央农业、科教、军事频道或地方台节目中，播放湘绣历史、湘绣艺术、湘绣制作等宣传片，加深国民对湘绣的认识和了解。可借鉴影视剧《十万人家》对钱塘湖镇绛丝工艺、织锦艺术和电脑刺绣工艺的宣传技巧。二是增强原生态手工意识和技能培养。鼓励在小学、中学、大学劳动课程或第二课堂、学术讲座中开设湘绣手工课、湘绣文化知识讲座等，邀请湘绣艺人现场演示、教学，帮助不同年龄层次学生了解湘绣文化、湖湘文化，培养对湘绣的感情，增强人文素养。三是科学设置入湘的省内外游客的旅游线路，增设湘绣在省内不同景区的产品形象展示点，全方位、多角度增加国人对湘绣的了解，激发各方游客兴趣，从而增加湘绣“伴生”旅游机会。

（2）专业人才教育适应性的三个方面。一是鼓励省内高职院校借鉴湖南工艺美术职院经验，开设湘绣专业，与省湘绣研究所和众多湘绣企业进行合作，订单培养湘绣技艺专业人才。二是营造更加有利于湘绣人才脱颖而出的氛围。尤其是优化用人环境，吸引更多的美术（绘画）、摄影等专业人才加入湘绣的创作队伍中来，增强湘绣的原创力和生命力。三是在加强业务培训的同时，在有关院校的旅游专业中增设湘绣类选修课程，加强未来旅游从业人员尤其是导游人员的湘绣文化意识培养。

3. 研究适应性的四大领域

随着人们逐步进入全民休闲时代和高消费时代，人们对湘绣精品的青睐程度将大大增加，审美水平也将大幅提升。如何使有关非物质文化遗产保护研究工作更适应湘绣文化旅游，是一个崭新课题。

一是加强与湖南十大非物质文化遗产挖掘、保护的协同研究，形成非物质文化遗产挖掘、保护、传承与发展的强大合力。二是对湘绣文化旅游进行系统研究，尤其是要加强湘绣文化旅游心理学、行为学研究和现实市场、潜在市场与虚拟市场的研究，为更好地促进湘绣文化旅游事业可持续发展提供理论指导。三是探索湘绣艺术创作知识产权保护机制。鉴于手工高档绣品的唯一性和资源的稀缺性，进一步处理好生产性保护和保护性生产的关系，推动湘绣文化旅游规范化和专业化管理。四是加强湘绣技艺技法的研究。借鉴苏州研制成功国产电脑刺绣机及其编程系统，使“苏绣针法实现了计算机语言化”的实践，结合现代科技和刺绣工艺的进展，加强立意构思（艺术意境、绣品主题等）、绣品图案（光感色感搭配等）、面料质地（防电磁辐射、防紫外线、纳米材料等）、绣法针法（技法改进等）的研究与探索，使湘绣产品紧随市场需求，不断改革创新。

六、湘绣文化旅游适应性机制

无论旅游或旅游地处于形成阶段、发展阶段还是成熟阶段，湘绣文化旅游适应机制都主要围绕“文化”“体验”“创意”“畅通”来进行系统适应。主要体现在如下方面：

一是客体更好地适应“文化”要求——以旅游景点、景区的浓郁的文化形象设计、气质和整体布局吸引游客，体现“文化”服务理念。二是主体更多地适应“体验”要求——湘绣文化旅游者在动机上求知、求新、求变，针对不同时空的游客提供不同体验服务，体现“时空”服务理念。三是本体更多地适应“创意”要求——湘绣文化旅游新产品、新工艺的人性化、个性化与多极化创新，体现“品牌”和“特色”服务理念。四是通道更多的适应“畅通”（无障碍）要求——旅游政策导向、国民教育、专技人才培养等更多地倾向湘绣文化旅游。四方面的适应相互配合、相互映衬、相互支撑、相互融通，以实现湘绣文化旅游的螺旋适应（如图 6-4 所示）。

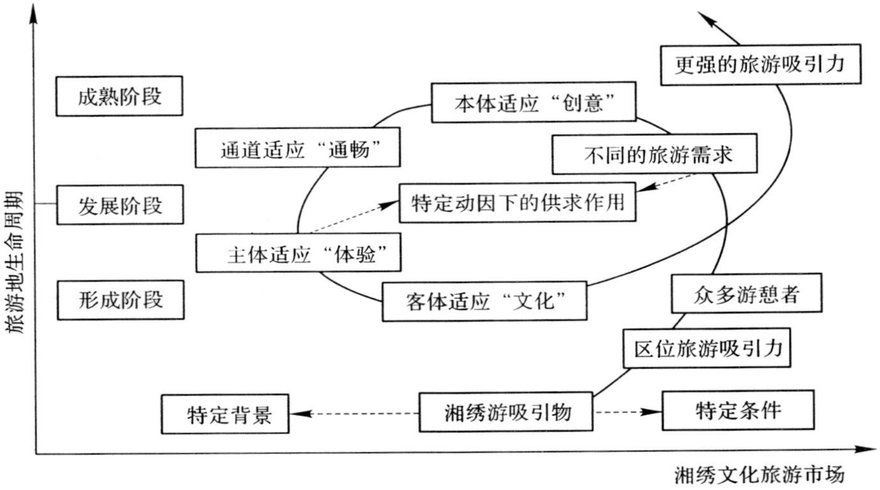

图 6-4　湘绣文化旅游适应机制（螺旋模式）

第七章 长沙文旅产业之浏阳河文化旅游产业带

第一节 浏阳河文旅产业带概述

浏阳河又名浏渭河，位于湖南省东部，全长共 234.8 公里，流域面积 4665 平方公里，流经浏阳市、长沙县、芙蓉区、雨花区、开福区等共 40 多个乡镇。浏阳河是湘江的一级支流河，发源于罗霄山脉大围山北麓，有大溪河和小溪河两个源流。浏阳河上游为杨潭乡（现高坪乡）双江口河段；中游为双江口至镇头市河段；下游从镇头市起始，在长沙市的陈家屋场注入湘江。在浏阳河上设有三角洲水站。浏阳河东岸风光带分舟桥载月、乐秋晨韵、疏林秀色等 8 个景观区域，设有 40 公里环绕绿道和数座人行天桥；同时，还在风光带主要节点建设了国内唯一水稻博物馆及隆平主题公园。

浏阳河文化旅游产业带在浏阳河（浏阳市）沿线建设 1 个园区，打造 3 个基地，铺排系列文旅项目，形成“连点成线，以线织面”的浏阳河文化产业带，项目总投资约 25 亿元。1 个园区是建设浏阳河文化产业园。产业园是 2012 年开始建设的平台园区，通过品牌体系建设、创意平台搭建和专业服务体系，在“浏阳河”两岸招商文化项目，促进产业集聚的文化园区；3 个基地是智慧浏阳河文化创意孵化基地、国际烟花创意梦工场、“米仓”创意产业基地。智慧浏阳河文化创意孵化基地孵化了“蒸浏记”“烟花汇”“有你蒸好”等创意品牌；国际烟花创意梦工场建筑面积 3.8 万平方米，着力面向全球打造“烟花+创意+科技+移动互联网”的集中孵化平台和产业集聚中心；“米仓”创意产业基地总面积 18 亩，拟通过艺术改造和产业融合，打造成集文化体验、创意策划、创意酒店、艺术展演、非物质文化展示于一体的文化创意集聚区。2017 年，浏阳市沿浏阳河铺排了 15 个文旅项目，包括一河两岸景观提质改造、绿化亮化等重点景区滨江风光带打造，枨冲段湿地公园建设，普迹段浏阳河跑马塘休闲文化公园建设，官渡段“一道湾”美食休闲街建设等15个项目。

浏阳河文化旅游产业带规划建设项目范围覆盖浏阳市、长沙县、雨花区、芙蓉区、开福区五个县市，主要建设内容为：

（1）浏阳片区。重点推介大围山国家生态旅游示范区项目，主要包括大围山国家森林公园综合开发、大围山镇旅游片区综合开发和达浒镇旅游片区综合开发项目；同时推介浏阳河生态经济示范区开发项目。

（2）芙蓉片区。主推“一带、一园、两馆、两桥、三中心”综合旅游区，重点建设隆平新区·种业硅谷；浏河之心·芙蓉滨水文化产业带及渤海·中部大宗商品交易中心项目。

（3）开福片区。着力打造金鹰文化区，重点建设金鹰文化创意产业园项目，总投资230亿元；苏拓垸湿地公园项目，总投资500亿元。

（4）雨花片区。重点推荐湖南花木科技产业示范园，总投资3亿元，及跳马郊野公园。

（5）长沙县片区。以江背、黄兴、干杉、跳马、榔梨等4镇1街为主体，重点建设开元天地·综合文化项目、榔梨街道环湖片区建设项目和天舟数字文化基地建设项目。

第二节　浏阳河文旅产业带的现状分析

浏阳河文化旅游产业带建设起步于2015年4月，在长沙市浏阳河文化旅游产业建设战略统领下，浏阳河上中下游联动，加快推进浏阳河文化旅游产业带建设。浏阳市的城区和沿线乡镇推出了一系列特色项目：浏阳市城区段两岸亮化工程、大围山国家森林公园提质改造、“浏阳河第一湾”加勒比水世界、官渡古镇改造、镇头镇的沿河风光带、甘棠村铜锣广场的幸福屋场等。浏阳河长沙县段的江背镇、黄兴镇、梨镇等沿线各镇以浏阳河文化旅游产业带建设为契机，正致力打造产业经济带、服务经济带、旅游观光带以及创新创业走廊。浏阳河芙蓉段建设了浏阳河风光带，风光带两岸聚集了浏阳河婚庆园、隆平水稻博物馆、浏河十景等。浏阳河雨花段正积极推动浏阳河、圭塘河水域的环境综合治理，打造潭阳洲国家千亩生态绿地，建成左宗棠文化公园和三国文化主题公园。浏阳河开福段正在建设南北两岸风光带，将两岸风光带打造成开福区的标志性景观轴。

浏阳河文化旅游产业带建设至今，已经取得了一定的成绩，但同时还存在一些问题和不足：第一，旅游资源开发不足，旅游产品结构单一；第二，缺乏常态化的业态支撑；第三，旅游业与其他产业的融合度不够；第四，缺乏区域联动发展机制。

第三节　提升浏阳河文旅产业带发展水平的建设思路

自古以来，逐水而居就是人类选址定居的基本模式。世界上几乎所有的历史名城都和河流紧密相邻，如泰晤士河之于伦敦，塞纳河之于巴黎。许多国家和城市把沿江沿河流域作为战略发展重点区域，以水源为依托，打造具有一定规模、分工合理、互补互给的产业带，拉动全流域发展。2015 年 4 月，时任湖南省委常委、长沙市委书记易炼红在调研长沙市旅游工作时强调，要做足“山水洲城”文章，打造“游乐在长沙”的品牌，把旅游业作为长沙转型创新发展的重要支撑点，实施一批新项目，兴旺一批新业态，实现新的融合式发展，形成长沙旅游新品牌。作为长沙的母亲河，浏阳河承载着长沙的文化标记，构建了长沙的城市印象，是长沙城市品牌“山水洲城”建设的重要组成部分。借鉴异地先进经验，提升产业规划品质，对浏阳河文化旅游产业带的建设有着不言而喻的参考意义。

一、综合统筹，全面铺开基础设施重点项目建设

完善的基础设施既是区域发展的先行步骤，也是产业布局的重要保证。当前浏阳河沿线经济发展水平不平衡、基础设施建设水平不均衡，极大压缩了浏阳河沿线发展潜在空间，降低了商业资本对沿线区域的关注。因此，浏阳河文化旅游产业带建设的首要任务是尽快启动浏阳河沿线基础设施重点项目建设，以经济溢出效应带动区域经济总量提升。应以浏阳河文化旅游产业带基础设施重大项目建设为总揽，促成浏阳河沿线交通要道全线贯通，形成两岸交通的快速通道，搭建直达黄花国际机场、长沙市火车站、五一广场、武广长沙站等地的快速交通网络；高水平实施堤岸改造、水体治理、绿化工程，改善沿河生态景观环境，优化沿河观赏浏览体验；利用九曲浏河的曲折特性，开发浏阳河游览通航水道，美化修饰 30 余座浏阳河跨河大桥；精心设计各具主题、别具特色的夜景灯光秀，打造流光溢彩不夜河，利用“夜景平

台”招商引资，以夜景带动周围餐饮、酒吧、船舶等产业经济发展。

二、文化复兴，集中诠释湖湘历史文化核心特质

浏阳河素有花炮之乡、雨花石之乡、花木之乡、湘茶之乡和杂交水稻发源之地等美誉。沿河名人荟萃、景点众多，有谭嗣同、黄兴、胡耀邦、徐特立等名人故居，浏阳文庙、李公庙、陶公庙、东山、常丰古城、马王堆汉墓、开福寺等景点，这些景点将湖湘文化串成故事娓娓道来。由于浏阳河沿线开发相对滞后且缺乏全流域沟通、互动机制，故事性、文化性没有得到有效整合，没有形成文化主线，因此，学习多地先进经验，站在品牌塑造、产业运作角度对浏阳河故事进行再加工是塑造浏阳河文化旅游产业带核心灵魂的前提与基础，也是凝聚长沙乃至湖南历史文化精神、打造长沙城市名片的要义。以湖湘文化提炼、城市品牌熔铸为目的，深入挖掘、精美包装湖湘传统故事、近现代故事，赋予老故事、老传说新说法、新活力、新魅力；修复长沙传统民居，展示老长沙传统建筑风韵；以主题划分区域，兴建马王堆西汉文化街、龙王庙民俗美食文化街、刘海砍樵婚庆公园等，形成“九道湾”的各湾主题；承接城区历史文化遗存外移及复建，如异地重建定王台，建成“老长沙”历史文化实地展示园；保存与恢复传统民俗，如龙舟赛、庙会等，为文化展示赋予生机；集中建设文化基础设施，将湘剧院、花鼓戏院等湖湘文化研习场馆、展示中心或博物馆等移至浏阳河沿岸，浓厚湖湘传统文化氛围。

三、推动产业带走产业集成的旅游发展模式

随着旅游业竞争的日益激烈，当下浏阳河文化旅游产业带的发展需要寻找一条新的路径，构建一种新型的产业结构，获得持续的竞争力。旅游产业集成通过与相关产业的融合，运用创新性思维的运作和管理，构建功能互补、产业链优化、价值增值的产业集成系统，有效提高区域旅游的创新能力和持续的竞争力，是未来区域旅游产业发展的新路径。经过两年的发展，浏阳河文化旅游产业带已经具备了产业集成的基本条件，未来应该将旅游资源整合、旅游产品开发、产业融合、行业管理等作为切入点，构建产业集成化旅游发展模式。

四、用创意旅游的理念指导产业带旅游开发

旅游业发展要有创意产业思维，应将创意旅游的理念运用到旅游产业带发展全过程，具体包括：第一，从创意视角发掘旅游资源。这里的旅游资源，包括有形的资源和无形的资源，以及各种形式多样的活动。根据旅游市场的需要变化，发掘出有市场潜力的旅游资源，赋予其丰富的旅游功能。如浏阳大围山山水运动旅游资源，官渡古镇民俗旅游资源；长沙县田汉、杨开慧名人故里旅游资源，榔梨工业旅游资源，浔龙河生态小镇乡村旅游资源；开福区金鹰文化产业园文化旅游资源，开福寺宗教旅游资源；雨花区潭阳千亩绿地生态科普旅游资源，左宗棠墓、明潘王陵历史文化旅游资源；芙蓉区马王堆汉墓旅游资源，袁隆平休闲农业旅游资源，婚庆园现代节庆旅游资源等。第二，用创意思维开发旅游产品。如通过文化创意，打造浏阳花炮艺术产业园、开福区动漫科技艺术产业园、芙蓉区湖湘工艺品艺术产业园、影视艺术创意产业园等。通过游客需求导向，打造大围山山水运动休闲产业园、袁隆平水稻休闲农业产业园、浔龙河生态艺术产业园。

五、多方融合开拓产业带旅游价值体系

旅游产业融合的核心就是通过发掘相关资源的旅游价值，构建完整的旅游产业体系，实现旅游资源优势向旅游产业优势转化，推进产业带旅游产业集成化经营。主要包括：（1）与相关产业的资源融合，比如和农业、工业、文体业、房地产业、交通业、医疗健康业等多业的融合，发掘有价值的资源要素，形成新的旅游业态。积极打造袁隆平水稻休闲农业示范区、榔梨工业旅游示范区、浏阳河景观大桥、湘军影视艺术创意基地。（2）与相关产业的功能融合，主要是在固有功能性产品中有意识地融入旅游产业功能，实现产业功能的复合利用。比如在开福区段建立具有景观和休闲度假功能的开福寺禅修中心，在芙蓉区段建立具有休闲娱乐功能工艺传承功能的旅游购物一条街。（3）与相关产业的技术融合，主要是以现代高科技信息技术或者传统手工技术为纽带，打造新型旅游单体产品和旅游综合体。比如以现代高科技为纽带，为浏阳河文化产业带创作一部实地情境演出剧，塑造出具有核心竞争力的复合型旅游产品，形成具有一定影响力的旅游品牌。或者以传统手工技术为纽带，建立旅游商品创意加工基地。

六、双向联动促进旅游产业链价值增值

产业联动是为了实现旅游产业价值链的延伸和增值，主要通过旅游产业链各节点产业根据自身特色，延伸其上下游产业链条，提升旅游产品价值。比如从餐饮业延伸到上游的食品创意加工制作、特色农产品种养；从旅游购物延伸到旅游商品的创意设计、加工；从葡萄采摘园旅游观光到葡萄研究所、葡萄博物馆，红酒庄园，建立酿酒、品酒、储藏等一系列深加工、高附加值产品开发的产业链。浏阳河文化旅游产业带目前主要有五大核心产品：大围山山水体验、长沙县文化休闲、芙蓉区历史文化体验、雨花区的生态休闲、开福区的文化创意，应以此为核心，通过打造山水观光、峡谷探险、森林疗养、户外体验等几大特色丰富山水体验旅游产品的内容，打造名人文化、古镇文化、乡村文化、饮食文化、工业企业文化等丰富文化休闲游旅游产品的内容，打造湖湘“浏阳河之恋”演出中心、名人文化、西汉文化、楚文化、滨水文化等丰富历史文化体验旅游产品的内容，打造湿地观鸟、绿地踏青、生态科普等丰富生态休闲旅游产品的内容，打造动漫创意基地、影视拍摄基地、旅游商品创意加工基地等丰富文化创意旅游产品的内容。

七、全面协同实现产业带动态平衡发展

产业带的发展属于区域旅游发展范畴，旅游产业带的发展需要区域内相关产业协调发展，建立区域旅游协调发展机制。首先，旅游业应与相关产业协调发展，旅游业是一个综合性强、涉及面广的产业，涉及吃、住、行、游、购、娱六大产业，以及上下游产业。旅游业对其他产业具有极强的带动性，也有极大的依赖性。应充分发挥旅游业的带动性和渗透力，促进其他产业的发展。同时，旅游业也要依靠其他产业的发展，实现自身的快速发展。其次，浏阳河旅游产业带与环境保护协调发展。浏阳河属于滨水旅游资源，对自然环境的依赖性很大。同时，滨水旅游资源的生态环境十分脆弱，必须树立全民环保意识，保护浏阳河整体的生态环境，尽可能地将旅游业开发对浏阳河的破坏降到最低。最后，建立政府区域引导机制。政府出台区域合作政策、区域产业政策、区域投资政策、区域财政政策，引导企业相互联系和合作，建立区域合作、互动、共赢的协调机制。

八、筑巢引凤，充分发挥产业对人才的聚集效应

家有梧桐，有凤来栖。以美国旧金山湾区为例，大名鼎鼎的硅谷坐落在湾区，依仗斯坦福大学的科技、科研优势，湾区迅速催化成为以信息技术和生物技术核心的高技术企业聚集区，惠普、英特尔、思科等世界级顶尖科技公司总部驻扎硅谷，成千上万的电子科技相关企业也选择湾区作为自己的总部基地，经济上的马太效应日益固化了湾区在全球科技产业的话语权和区域优势，成为不可替代之地，更有美国好莱坞、北京中关村等科技文化聚集区示范在先，产业聚集区口碑的塑造为专业人才流入指明了方向。浏阳河文化旅游产业带的建设应当立足湖南，放眼世界，集中整合全流域旅游品牌优势，打造具有国际水准的产业聚集区，以产业带建设吸引人才，以吸引人才加快产业带建设。如发挥湖南广电集团在国内外节目制作、运营的优势，打造“金鹰湾”，为媒体人、广告人、电影人、电视剧人等传媒行业人士提供创意孵化基地，为传媒产品投融资、策划、推广、交易等提供平台。发挥两院院士袁隆平及相关农业科技人才在种业、农业上的号召力，打造“水稻湾”，为农业科学研究、农业科技研究提供政策支持，为涉农产品验证、展示、交易、交流、教学提供平台等。搭建具有鲜明主题特色的人才交流、互动平台，吸引相关产业人才汇聚，为浏阳河文化旅游产业带提供更多的智力支持，从中汲取产业带发展的奇思妙想和人际优势，利用人才的聚集效应，进一步提升浏阳河文化旅游产业带的定位与品质，真正将浏阳河文化旅游产业带打造为具有国际标识的长沙城市名片，成为名副其实的世界名河。

参考文献

[1] 邱玉茜. 近代城市历史文化街区文化景观保护与旅游开发研究 [J]. 湖北开放职业学院学报, 2019, 12

[2] 于志勇, 郭子文. 城市文化与旅游产业融合发展探究——以天津市滨海新区为例 [J]. 领导科学论坛, 2019, 21

[3] 何晓红. 旅游与城市共生——文化旅游与城市经济协调实践创新 [J]. 旅游纵览, 2018, 12.

[4] 李秋. 文化资本视域下的城市文化旅游产品开发 [D]. 济南: 山东大学, 2012.

[5] 唐敏. 可持续发展背景下区域旅游业竞争力评价研究 [J]. 湖南大学学报, 2007, 27 (4): 69~72.

[6] 何建民. 旅游发展的理念与模式研究: 兼论全域旅游发展的理念与模式 [J]. 旅游学刊, 2016, 31 (12): 3~5.

[7] 郭润葵, 胡兆红. 推动长沙文旅融合高质量发展 [N]. 长沙晚报, 2020-09-23 (004).

[8] 陈家闯, 孔维龙. 国内外文化旅游产业融合发展的成功经验及启示 [J]. 产业创新研究, 2020 (22): 128~129.

[9] 黄大勇, 刘军林. 文化旅游融合的认知、动力与发展向度 [J]. 贵州社会科学, 2019 (12): 141~146.

[10] 刘建娥. 长沙夜间文化旅游创新发展研究 [J]. 旅游纵览, 2020 (17): 97~99.

[11] 李典琼. 长沙市文化惠民工程建设研究 [D]. 长沙: 湖南师范大学, 2019.

[12] 黄琰. 望城湘江古镇群历史文化变迁及旅游开发研究 [D]. 湘潭: 湘潭大学, 2019.

[13] 刘芳. 长沙县发展全域旅游的问题及对策研究 [D]. 长沙: 湖南大学, 2018.

[14] 刘建娥. 智慧旅游背景下长沙文化旅游产业建设发展研究 [J]. 中国战略新兴产业, 2018 (44): 50~51, 54.

[15] 余求根. 试论湖湘文化与长沙旅游文化 [J]. 湖南科技学院学报, 2017, 38 (3): 90~93.

[16] 祖鹏, 邓梅. 湖南文化旅游发展策略研究 [J]. 旅游纵览 (下半月), 2012 (22): 44~45.

[17] 许青. 非遗文化话语建构与传播: 以湖南湘绣为例 [J]. 长沙大学学报, 2020, 34 (6): 31~35.

[18] 颜璐. 当代湘绣艺术的探析 [J]. 福建茶叶, 2020, 42 (2): 124~125.

[19] 尹卫东. 发展浏阳河文化旅游产业的思考 [N]. 长沙晚报, 2015-08-07 (B04).

[20] 尹卫东. 将浏阳河文化旅游产业带打造成长沙新名片 [N]. 湖南日报, 2015-08-11 (007).